손광성의 수필 쓰기

손광성의
수필 쓰기

손광성 지음

을유문화사

지은이 **손광성**

손광성은 함경남도 홍원에서 태어나 흥남철수 때 월남해서, 서울대학교 사범대학 국어교육과를 졸업하고, 다시 동국대학교 교육대학원 미술교육과에서 한국화를 전공하였다. 졸업 후 서울고등학교와 동남대학 등에서 교편을 잡았으며, 1995년 한국일보 문화센터에서 수필 창작 강의를 시작으로 2000년부터 현재까지 서울시립대학교 평생교육원에서 수필 창작 강의를 맡고 있다. 그의 수필은 피천득이 "한 편 한 편이 모두 시"라고 할 정도로 문학성이 뛰어났다. 특히 '수필은 말맛으로 쓰고 말맛으로 읽는다'는 그의 주장처럼 문장의 중요성에 기초한 실기 지도에 주안점을 두고 있으며, 수필이 신변잡기가 아닌 예술 작품이 되기 위해서는 형상화에 중점을 두어야 한다는 주장을 오랫동안 펴오고 있다.

그는 『한 송이 수련 위에 부는 바람처럼』을 시작으로 『나도 꽃처럼 피어나고 싶다』, 『달팽이』와 같은 작품집으로 널리 알려져 있는 수필가이다. 그 가운데 『달팽이』와 화문집 『작은 것들의 눈부신 이야기』는 문예진흥원 우수도서로 선정되었으며, 특히 『달팽이』는 국방부 진중문고로 채택되기도 했다. 그 외에도 고전 한문 수필을 번역한 『아름다운 우리 고전 수필』은 현대 수필의 전통의 근원이 어디에 있는가를 탐색한 책이다. 1998년 제16회 한국현대수필문학상을, 2005년 제21회 국제펜(PEN)문학상을, 2006년 제1회 가천환경문학상을, 2011년 제11회 한국현대수필 문학대상을 수상했다.

손광성의 수필 쓰기

초판 제1쇄 발행 2008년 10월 30일
초판 제7쇄 발행 2024년 12월 10일

지은이 손광성
펴낸이 정무영, 정상준
펴낸곳 (주)을유문화사

창립 1945년 12월 1일
주소 서울시 마포구 서교동 469-48
전화 02-733-8153
팩스 02-732-9154
홈페이지 www.eulyoo.co.kr

ISBN 978-89-324-7139-6 03800
값 15,000원

* 지은이와의 합의하에 인지를 붙이지 않습니다.

머리말

최근 들어 글쓰기에 대한 책들이 많이 출간되고 있다. 그 가운데는 수필 쓰기에 대한 책도 적지 않다. 수필을 쓰고 또 가르치는 한 사람으로서 여간 반가운 일이 아니다.

그러나 몇 가지 아쉬운 점도 없지 않다. 첫째는 대부분의 책들이 수필이 '언어를 표현 수단'으로 한다는 사실을 놓치고 있는 점이고, 둘째는 수필 쓰기도 '예술'이기 이전에 '기술'의 영역에 속한다는 사실을 소홀히 하고 있는 점이며, 셋째는 대부분의 내용이 다음과 같이 추상적 충고로 일관하고 있다는 점이다.

"써라, 계속 써라"
"낯설게 하라"
"발가벗으라"
"사고의 경계를 허물라"
"너만의 글을 써라"

"잘 쓰고 싶으면 잘 들어라"
"이해와 통찰력을 담아라"

모두 유익한 충고들임에 틀림없다. 따라서 부정할 생각이 없다. 다만 필자가 강조하고자 하는 것은, 한 편의 수필을 쓰는 과정에서 우리가 현실적으로 부딪치는 문제에 대한 충고는 이런 것이 아니라는 사실이다. 우리에게 절실한 것은 이보다는 다음과 같은 질문에 대한 실질적이고 기술적인 해답이다.

서정 수필에 적절한 단어는 고유어인가 한자어인가?
극적 정황의 묘사에 효과적인 문장은 짧은 것인가 긴 것인가?
중심 심상이 빠진 묘사는 왜 지리멸렬한가?
미적 감동을 극대화하기 위한 내용 배열의 순서는?
서두부터가 아니라 본문부터 구성하는 것이 더 효과적인 이유는?
어떻게 하면 문장을 낭창거리게 할 수 있는가?
시제는 어떻게 일치시킬 수 있는가?
원관념과 보조관념의 짝짓기는 어떻게 할 때 가장 효과적인가?
시는 절규하는 언어이고 희곡은 폭발하는 언어라면 수필의 언어는?
수필을 소설적 언어로 쓰면 지루해지는 이유는?
수필의 예술성은 구체적으로 어떻게 실현되는가?

이런 질문들은 거의가 '언어'의 문제로 귀착된다. 만약 이런 질문에 대하여 해답을 제시하지 못한다면 그것은 한마디로 말해서 수필이 '언어를 표현 수단'으로 하는 예술이란 사실을 놓치고 있다는 증거로 봐도 된다. 만약 수필 쓰기에 대한 해설서에서 '언어'에 대한 언급이 누락되었다면 그것은 마치 '색채를 표현 수단'으로 하는 그림 그리기에 대한 해설서에서 '색채'에 대한 언급이 누락된 경우와 마찬가지다. 명의가 되는 길은 어렵지 않다. 정확한 진단을 내리는 것이 첫째요, 가장 효율적인 처방전을 떼는 일이 둘째다. 이 책은 수필 쓰기에 있어서 실질적이고 본질적인 의문에 대한 정확한 진단에 근거한, 가장 효과적인 처방전이 되고자 한다. 따라서 추상적 충고와 이론은 물론, 보다 실질적이고 기술적인 부분에 이르기까지 정확한 해답을 제시하는 데 소홀함이 없을 것이다. 이런 목적을 이루기 위하여 이 책의 내용은 다음과 같이 배열되었다.

제1장은 수필의 이해를 돕는 장이다. 즉 수필 명칭의 형성과 수필의 특성을 밝히고 그 기초 위에서 수필의 새로운 정의를 내렸다. 그리고 새로운 기준에 의하여 수필을 분류하였다.

제2장은 전략적 수필 쓰기에서 준비해야 할 여러 가지 실질적인 문제에 대한 해법을 제시했다. 이 장은 그런 의미에서 특히 언어에 대한 여러 문제에 주목하고자 한다. 문장의 기본 단위인 단어의 의미와 종류에는 어떤 것이 있으며, 어떤 내용에는 어떤 단어가 효과적인가 하는 단어의 선택 문제에서부터 시작해서, 문장의 종류와 길이에 따른 효과의 차이점과 우리말의 시제 문제를 다루었다. 그리고 효과적인 내용 전개 방법을 말하고, 나아가서 표현 기법에 대하여 언급했으며, 마지막으로 아름다운 수필이 갖추어야 할 일곱 가지 요건에 대하여 심도 있는 분석을 통하여 실제로 체험하게 했다.

제3장은 이 책의 핵심이 되는 장으로 '수필 쓰기 실전'의 장이다. 세 가지 제재를 제시하고 그것에 대하여 5단계, 즉 발상—조정—구성—집필—퇴고까지의 전 과정을 그림을 곁들여서 일목요연하게 체험하도록 했다. 실전에 관심이 많은 독자는 우선 제3장부터 읽어도 무방할 것이다.

이 책의 표제는 "손광성의 수필 쓰기"이다. 그러나 "분석적 수필 쓰기" 또는 "실증적 수필 쓰기"라고 바꾸어도 좋을 것이다. 왜냐하면 모든 문제의 핵심에 접근하기 위하여 실증적이고 분석적인 방법을 동원했기 때문이다.

책이 나오기까지 많은 분들의 도움이 있었다. 모든 참고 문헌의 저자들에게 우선 감사한다. 그리고 복잡한 설명과 까다로운 도형에 이르기까지 꼼꼼히 챙겨 준 을유문화사 편집부 여러분께 이 자리를 빌려 고마운 마음을 전하고 싶다.

수필의 세계에 첫발을 내디디는 독자들에게 이 책은 자상한 안내자가 되어 줄 것이다. 10년 이상 써 왔지만 최근 들어 슬럼프에 빠졌다고 의기소침해 있는 독자들에게 이 책은 새로운 도약의 발판을 마련해 줄 것이다. 무엇보다 수필 창작 강의를 맡고 있는 분들에게 이 책은 요긴한 텍스트가 되리라 믿는다. 필자가 이 책을 집필하게 된 동기가 바로 거기에 있기 때문이다.

2008. 8.

손광성

차 례

머리말 _5

제1장 수필에 대한 이해

01 수필의 명칭 _15

02 수필의 특성과 정의 _17
    (1) 수필적 언어의 특성
    (2) 수필의 형식적 특성
    (3) 수필의 제재와 주제의 특성
    (4) 수필의 내용 제시 방법의 특성
    (5) 수필의 정의

03 수필의 몇 가지 요소 _29
    (1) 심상
        가. 심상의 개념 | 나. 심상의 종류
    (2) 운율
        가. 운율의 개념 | 나. 운율의 종류
    (3) 문체
        가. 문체의 개념 | 나. 문체의 구성 요소 | 다. 문체의 종류

04 수필의 종류 _54

(1) 제재에 따른 종류

　　가. 추상수필 | 나. 구상수필 | 다. 자전수필 | 라. 비판수필

(2) 형식에 따른 종류

　　가. 시적 수필 | 나. 소설적 수필 | 다. 극적 수필 | 라. 비평적 수필

제2장 수필 쓰기 전략

01 수필의 언어 _71

(1) 단어

　　가. 단어들의 관계 | 나. 단어의 의미

　　다. 단어의 종류 | 라. 단어 선택의 실전

(2) 문장

　　가. 문장 성분 | 나. 문장 성분 사이의 호응 | 다. 문장의 구성과 종류

　　라. 문장의 길이에 따른 표현 효과 | 마. 우리말의 시제

　　바. 시제 표현의 실전 | 사. 번역투의 문장

(3) 문단

　　가. 문단의 의미와 기능 | 나. 문단의 구성

02 수필의 효과적 내용 전개 _115

(1) 묘사

　　가. 묘사의 순서 | 나. 중심적 심상 | 다. 묘사의 시점

(2) 서사

　　가. 서사의 순서 | 나. 서사의 시점

　　다. 서사의 구조 | 라. 소설 서사와 수필 서사의 차이

(3) 설명

　　　　　가. 비교와 대조 | 나. 분류와 분석

　　　　　다. 물음과 대답 | 라. 효과적인 대화처리 방법

　03 수필의 효과적 표현 _152

　　　(1) 수사의 개념

　　　(2) 수사의 종류

　　　　　가. 생각의 비유_ *직유와 은유　*상징과 풍유　*인유와 패러디

　　　　　나. 말의 비유_ *과장　*대조와 대구　*반복과 열거

　　　　　　　　*반어와 역설 그리고 경구

　04 아름다운 수필의 요건 _195

　　　(1) 통일성

　　　(2) 일관성

　　　(3) 완결성

　　　(4) 경제성

　　　(5) 명료성

　　　(6) 균형

　　　(7) 예술성

제3장 **수필 쓰기 실전**

　01 내용 선정 _245

　　　(1) 주제 선정

　　　(2) 소재와 제재 선정

　　　(3) 제목 달기

02 구성의 원리와 종류 _258
    (1) 전개적 구성
    (2) 논리적 구성
    (3) 삽입구성

03 발상에서 조정, 구성, 집필까지 _274
    (1) 실전 1 – 수박송
        가. 발상 단계 | 나. 조정 단계 | 다. 구성 단계 | 다. 집필 단계
    (2) 실전 2 – 등잔불
        가. 발상 단계 | 나. 조정 단계 | 다. 구성 단계 | 라. 집필 단계
    (3) 실전 3 – 빛 바랜 나의 신화
        가. 발상 단계 | 나. 조정 단계 | 다. 구성 단계 | 라. 집필 단계

04 퇴고의 원리와 실전 _317
    (1) 구성 차원의 퇴고
    (2) 단어, 문장, 표현 차원의 퇴고

참고 문헌 _330

제1장

수필에 대한 이해

01
수필의 명칭

'수필'이란 용어가 처음 쓰이기 시작한 것은 12세기 남송 때 사람 홍매 洪邁가 자신의 문집에 『용재수필容齋隨筆』이라는 표제를 붙이면서이다.[1] 이 용어는 17세기 이후 우리나라 학자들에 의해서 차용되기 시작했는데, 박지원의 「일신수필馹汛隨筆」이 대표적 예라 하겠다.

 그러나 수필이란 용어는 지금과 같은 '장르적 개념'으로 사용된 것이 아니다. 시문詩文, 일기, 기행, 제문祭文, 시화詩話와 같은 여러 장르의 글을 모아서 엮은 책에 붙이는 용어인 '문집文集', '잡록雜錄', '수록隨錄'과 같은 개념으로 사용되었다. '수필隨筆'에서 '隨'란 따른다는 뜻이 아니라 '수시로'란 뜻이며, '筆'은 붓이란 개념이 아니라 '기록한다'는 의미로 사용된 것이다. 따라서 '수필'이란 '수록隨錄'과 마찬가지로 '수시로 기록한 글을 모은 책'이란 뜻으로 사용되었다.

---

1. 최승범, 『수필의 ABC』, 형설출판사, 1965, p.15.

우리 사회에서 수필이란 말이 지금과 같은 장르적 개념으로 정착된 것은 1930년대에 들어와서이다. 현재 우리가 수필이라고 부르는 글은 1920년대까지 단문, 잡문, 단평, 수필, 감상문과 같은 다양한 명칭으로 불려 왔다. 그러다가 1932년 〈신동아〉에 실린 김기림의 「수필을 위하여」, 1933년 〈문학〉에 실린 김광섭의 「수필문학 소고」와 같은 본격적 수필론이 나온 후에 비로소 현재와 같은 장르의 명칭으로 정착된 것이다.[2]

---

2. 정주환, 「수필문학의 명칭 형성 과정 고찰」, 〈수필학〉 제11집, 2003, p.187~188.

02 수필의 특성과 정의

수필의 특성을 파악하기 위하여 문학의 다른 장르인 시, 소설, 희곡과 네 가지 측면에서 비교, 대조해 보고자 한다. 첫째 언어적 측면, 둘째 형식적 측면, 셋째 제재와 주제적 측면, 마지막으로 내용 전달 방법상의 측면이다. 이와 같은 일련의 비교, 대조를 통하여 얻은 차이점을 토대로 수필의 정의에 도달하려고 한다.

(1) 수필적 언어의 특성

문학은 언어를 표현 수단으로 하는 예술이다. 언어의 기본 단위는 단어다. 한 개의 단어는 흔히 두 가지 의미로 쓰인다. 하나는 지시적 의미指示的 意味이고 다른 하나는 함축적 의미솜蓄的 意味이다. 시, 소설, 희곡 그리고 수필은 모두 언어의 함축적 의미를 주로 사용한다는 공통점을 가진다.

그러나 같은 함축적 의미를 사용한다고 해도 엄밀히 따지면 시, 소설,

희곡 그리고 수필에서 사용하는 언어는 동일하지 않다. 그들 사이에는 미묘한 차이점이 있다. 시적 언어는 압축과 생략을 생명으로 하는 '절규'하는 언어가 중심이고, 소설적 언어는 치밀한 묘사와 장황한 서사적 언어가 중심이다. 그리고 희곡적 언어는 현장감이 넘치는 대화가 중심이 된다. 거기에 비해 수필의 언어는 독백적 언어가 중심이 된다.

수필은 산문으로 씌어진다. 그러나 같은 산문인 소설이나 희곡에 비해 운문적 성격이 강하다. "치밀한 묘사나 장황한 서사적 언어보다는 간결하고 여운이 있는 문장을 택한다."[3] "수필은 치고 빠지는 것"이라든가, "수필은 탕관에 넣고 끓이면 주옥 같은 시가 되고, 가마솥에 넣고 삶으면 대하소설이 된다"[4]고 하는 비유적 표현들은 모두 수필의 언어가 시, 소설, 희곡과 다른 특성을 가지고 있음을 말한 것이다. 질펀하게 눌러 앉아 뭉그적거리는 언어가 아니라, 핵심을 때리고 다음 목표로 이동하는 순발력이 있는 언어이다. 수필의 언어는 "갈고−닦아−빛나게−가다듬어−선택한 언어, 다시 말해서 거친 언어가 아니라, 엘레강스한 언어이다."[5] 다음 예들을 통하여 각 장르의 언어적 특성을 살피기로 한다.

A 섬진강 가 동백 진 거 본다.
 조금도 시들지 않은 채 동백 져 버린 거.
 아, 마구 내다버린 거 본다.
 대가리째 뚝 뚝 떨어져
 낭자하구나.
 나는 그러나 단 한번 아파한 적 없구나.
 이제 와 참 붉디 붉다 내 청춘,

비명도 없이 흘러 갔다.

　　　　　　　　　　　　　　　　　　　　　문인수, 「동백」

B　　폐차로 처분해도 별로 늦지는 않을 듯싶은 낡은 버스 한 대가 자욱한 흙먼지를 날리며 마을 어귀로 들어 섰다. 추위 탓인지 행인의 발길도 뜸한 황량한 한길에는 바람소리만이 늘어진 전선줄을 울리고 있었다. 버스는 덜컹거리며 면사무소 옆 공지로 꺾어 들자 한 차례 된숨을 몰아 뿜더니 언 땅에 박힌 굵은 자갈을 튕기며 멈춰 섰다. 흙먼지가 다시 한 차례 회오리를 일으켜 버스를 감쌌다.

　　먼지에 뒤섞여 공지의 지푸라기가 어지러이 날아올랐다. 겨울의 한대바람에 뺨이 마대같이 갈라 터진 여차장이 버스 문을 열어젖히자 누런 봉투를 옆구리에 낀 삼십 전후의 안경잡이가 튕기듯 버스에서 내렸다. 젠장맞을 놈의 얼어죽을 날씨, 하고 안경잡이는 목을 움추려 넣으며 불평을 터뜨리곤 외투깃을 세웠다.

　　"강서기요, 울 아부지 안 탔습디껴?"

　　어디서 달려왔는지 개털 모자를 쓴 소년이 안경잡이에게 물었다. 얼굴이 노랗게 마른 웅송그레한 몰골이었다.

　　　　　　　　　　　　　　　　　　　　　김원일, 「박명」

C　황주댁　어디메 터가 없어서람 남의 터를 가로 챌라구…… 새끼, 여기

---

3. 안성수, 「소설 서사와 수필 서사의 시학적 거리」, 《에세이문학》 95호.
4. 김진악, 『유머 에세이 34장』, 도서출판 불이, 1996, p.6.
5. 오한진, 『독일 에세이론』, 한울림, 1998, p.192.

뭐 바단 줄 아나? 바다에서 해 처먹던 뱃놈의 수작을 어디메
다 대구…….

정노인 (눈짓을 하며) 쉬잇! 고래가 저기 왔어. 다 듣겠구만.
황주댁 어디메 들갔으믄 들으라지. 어서 짓던 거나 빨리 하라우요.

바람이 요란하게 분다. 주위는 더욱 어두워진다. 고래 상수上手에서
능글맞게 웃으며 나온다.

고래 아즘마이, 바다에서 놀아먹은 뱃놈의 맛 좀 보고파, 응?
황주댁 아니, 이게 그럼 임자네 터란 말이야.
고래 응? 뱃놈의 맛 좀 뵈 달라우?
황주댁 임자네 터야, 응?
고래 그럼 임자네 터란 말이야?
황주댁 그래. 내 터야.
고래 어드래 임자네 터야?
황주댁 내 터잖구. 동회 문서에두 적히구 또 동회 서기가 측량꺼지 사
 서람 내 앞으루 탁 떼 준 턴데 내 터잖구.

임희재, 「고래」

D 낮에는 마루에 누워 잠을 청해 본다. 야윈 잠결. 문득 지나가는 한
줄기 소나기. 파초잎에 듣는 빗소리가 상쾌하다.
 밤에는 가벼운 옷차림으로 물가를 거닌다. 달이 비친 수면은 고요한
데, 이따금 물고기가 수면 위로 솟았다 떨어지면서 내는 투명한 소리.

그 투명한 음향이 밤의 정적을 지나 우리의 가슴에 가벼운 파문을 던진다. 살아 있다는 것은 언제나 이처럼 절실한 것을.

　아지랑이 속으로 아득히 비상하던 종달새의 가슴 떨리는 소리는 언제나 꿈, 사랑, 희망과 같은 어휘로 우리의 가슴을 설레게 한다. 상아빛 건반 위로 달려가는 피아노 소리는 오월의 사과꽃 향기 속으로 번지고, 이발사의 가위질 소리는 나른한 졸음에 금속성의 상쾌함을 더한다. 이런 소리들은 초여름의 부드러운 대기 속에서 들을 때 더 아름답다.

손광성, 「아름다운 소리들」

　A는 시적 언어의 특성을 잘 보여 준다. 적절한 생략과 압축은 물론, 반복에 의한 운율과 시각적 심상이 선명하다. "대가리째 뚝 뚝 떨어져 낭자한 동백꽃"에서 비명 한번 제대로 질러 보지 못한 채 흘러가 버린 자신의 청춘을 목격하는 시인의 목소리가 '절규'에 가깝다. 절규하는 언어, 그것이 시적 언어이다. 그런 의미에서 시는 '감탄사'란 말은 시적 언어의 이와 같은 특성을 단적으로 표현한 말이라 하겠다. 언어의 회화성에 주력하는 모더니즘 시에 이르면 이러한 절규가 침묵하고 말지만, 오늘날에도 대부분의 시적 언어의 특성이 절규임에는 틀림없다.

　B에는 을씨년스러운 겨울 저녁을 배경으로, 폐차 직전의 낡은 버스가 먼지를 날리며 공터에 도착하는 장면과 인물들의 모습까지 치밀하게 묘사되었다. 이것이 소설적 언어이다. 이와 같은 치밀한 배경 묘사와 인물 묘사 없이는 소설은 리얼리티를 얻지 못한다. 만약 수필에 이와 같이 치밀하고 장황한 언어를 쓴다면 어떻게 될까. 우선 수필의 길이는 한 없이 길어질 것이고, 결과적으로 뚜렷한 갈등 구조나 파란만장한 스

토리가 없는 수필은 곧 지루해질 것이며, 결국 독자들의 관심에서 멀어지고 말 것이다. 수필을 처음 쓰는 사람들 가운데는 이런 소설적 언어로 쓰는 사람이 적지 않다. 문장에 탄력이 없다. 수필적 언어와 소설적 언어의 차이를 구별하지 못한 결과라 생각된다.

C에서는 대립되는 두 인물, '황주댁'과 '고래'가 등장한다. 두 인물의 성격뿐만 아니라, 사건의 진행까지 모두 대화를 통해 전개된다. 희곡의 궁극적인 목적은 연극의 대본이 되는 데 있고, 연극은 의지의 대립과 갈등을 통해서 극적 환상을 창조하는 데 있으므로, 희곡적 언어는 점잖은 문어체文語體의 언어가 될 수가 없다. 간결하면서도 역동성이 넘치는 구어체口語體의 언어여야 한다. 직접적이면서 첨예하게 대립각을 세우는 언어. 폭발적인 언어. 그것이 희곡적 언어이다.

D는 치밀한 묘사나 장황한 서사에 의존하지 않는다. 작가의 시선은 이 대상에서 저 대상으로 순발력 있게 이동한다. 치고 빠지는 언어이다. 시처럼 비유에 지나치게 의존하지 않고 그렇다고 멀리하지도 않는다. 시적 언어가 '뜨거움'이라면 수필의 언어는 '절제'와 '차분함'이다. 희곡처럼 직설적이지도 않으며, 거칠지도 않다. 정제된 언어, 우아하게 잘 닦은 언어를 기본으로 하고 있다. 나지막하게 속삭이는 언어, 그것이 수필적 언어이다. 낚시질은 손맛으로 한다. 수필은 말맛으로 쓰고 말맛으로 읽는다.

한마디로 말해서 시는 절규하고, 소설은 장광설을 늘어 놓으며, 희곡은 폭발한다. 거기에 비해 수필은 나직이 속삭인다. 아니면 혼자서 중얼거린다. 수필이 독자에게 은밀한 기쁨을 준다면 그 일부는 이런 수필적 언어에서 나온 결과일 수 있다. 이와 같은 언어적 특성은 수필이 다른 장르와 구분되는 차이점 중의 하나이다.

(2) 수필의 형식적 특성

흔히 "수필은 무형식이 형식"이라고 한다. 이런 진술에 대해서 많은 사람들이 반박한다. 형식이 없는 예술이 없다는 이유에서이다. 그러나 이 말의 진의는 수필의 형식을 부정한 데 있는 것이 아니라 수필의 형식적 '다양성'을 강조한 데 있다. 수필은 제재나 주제의 성격에 따라서 시적 형식, 소설적 형식, 희곡적 형식을 취할 수도 있다. 정보 전달이 아니라 정서 전달이라는 문학 본래의 목적에서 벗어나지 않는 범위 내에서 수필은 때로는 일기나 편지 형식을 취할 수도 있다.

흔히 현대는 장르의 벽이 무너진 시대라고 하지만, 그래서 서사성이 강한 시가 많이 등장하고 있지만 그렇다고 시가 소설의 형식을 취하는 경우는 없다. 또 소설이 시의 형식을 취하는 경우도 없다. 장르적 경계를 자유롭게 넘나들 수 있는 것은 수필뿐이다.

수필은 내용 전개에 있어서도 비교적 자유롭다. 하나의 종속제재에서 다음 종속제재로 자유롭게 드나들 수 있는 것이 수필이다. '수필적'이란 말은 수필은 다른 장르에 비해 '느슨한 형식'을 취한다는 뜻이다. 시나 소설이나 희곡처럼 엄격하지 않다.

그 밖에 수필이 어떤 주제를 다루더라도 반드시 결론을 내려야 할 의무는 없다. 의견을 제시하거나 아니면 의문으로 남겨 두어도 무방하다. 이런 점이 일반 논문과 다른 점이다. 독일 학자들은 수필의 이와 같은 특성을 '열린 형식Offene Form'이라 부른다.

분량 면에서도 수필은 다른 장르와 다르다. 반드시란 조건은 없지만, 대부분의 수필은 원고지로 15매 안팎의 길이로 완결된다. "앉은 자리에서 기꺼이 읽어 낼 만한 길이의 산문이다."[6] 이런 형식적 특성도 수필을 다른 장르와 구분하는 뚜렷한 기준이 된다.

(3) 수필의 제재와 주제의 특성

수필의 특성을 알아내는 기준을 '구조의 기본 요소'에서 찾는 사람도 있다. "시의 기본 요소는 운율과 어조이고, 소설의 기본 요소는 인물과 사건이고, 수필의 기본 요소는 제재와 주제라는 주장이다."[7] 제재가 정해지면 수필은 7할이 완성된 것이나 다름 없다는 말은 수필에 있어서 제재와 주제의 역할이 그만큼 크다는 의미이기도 하다.

또 "수필은 관조의 문학"이니, "자기 성찰의 문학"이니 하기도 하고, "에세이는 철학과 문학의 튀기"라 하기도 한다. "에세이스트는 학식 있는 시인ein Poeta Doctus"[8]이란 말도 결국 수필의 이와 같은 특성을 의미하는 말이다. 물론 수필과 에세이가 동의어가 아니며, 현대 한국 수필에서는 이와 같은 철학성이 많이 약화되긴 했지만 다른 장르에 비해서 수필은 역시 철학적 성격이 강한 것은 사실이다. 수필이 문학의 하위 장르지만 수필이 수필다운 점은 시나 소설이나 희곡과는 달리 이런 지적, 관조적, 자성적 성격이 강하다는 점이다. "에세이는 문학적 정확성을 달성하면서 동시에 전체를 통찰하고, 보편성을 추구하는 문학"이라는 K. A 호스트Horst의 주장은 다른 장르에 비해서 수필에서 상대적으로 주제와 제재의 비중이 크다는 점을 강조한 것이라 할 수 있다. 다음 예를 보기로 한다.

A   어떤 목수가 있었다.

    그는 평생 다른 사람들이 쓸 크고 화려한 집을 지어 주면서 살았지만, 정작 자신이 사는 집은 대를 물려 어둡고 습한 지하 단칸방이었다. 그에겐 그것이 한이 되었고, 한을 풀기 위해서 먹을 것 입을 것을 아껴 일생 동안 죽어라 돈을 모았으며, 마침내 소원을 이룰 수 있을 만큼 부자가 되었다.

    그는 자신이 쓸 큰 집을 지었다. 안방은 배구 코트만 했고, 거실은 축구장을 방불케 했다. 금칠이 된 싱크대가 사방으로 놓인 부엌과 식당만 해도 농구 코트를 그릴 수 있을 만큼 넓었다. 그는 아주 잠시 행복했다. 그러나 이미 너무 늙었으므로 안방에서 밥을 먹으러 식당으로 가는 것만으로도 곧 힘이 부치게 되었다. 너른 거실조차 금방 쓸모없는 것이 되고 말았다. 그는 할 수 없이 거실 소파를 안방 안에 들여놓았으며, 화장실도 너무 멀기는 마찬가지였다. 그는 자꾸 늙어 갔고, 그리하여 안방으로 옮겨 놓은 싱크대까지 가는 것도 한참씩 걸릴 정도가 되었다. 할 수 없이 그는 안방으로 옮겨 놓은 싱크대와 소파와 변기를 침대 가까이 또 옮겨 놓는 작업을 해야만 했다. 침대 옆에 싱크대를 붙여 놓고 싱크대 옆에 소파를 붙여 놓고, 소파 옆에 변기를 붙여 놓았더

---

6. 이상섭, 『문학비평용어사전』, 민음사, 2001.
7. 이대규, 『수필의 해석』, 신구문화사, 1996. p.19.
8. 오한진, 『독일 에세이론』, 한울림, 1998. p.178.

니 그가 자고 먹고 싸는, 사는데 필요한 공간은 불과 두 평 정도가 되었다. 축구장 같은 거실은 쥐와 들고양이들의 난장판이 되었으며 화려한 금칠로 장식된 싱크대와 부엌은 곰팡이가 끼고 이끼가 자라 목불인견이었다.

그는 결국 쓸쓸하게 혼자 죽었다. 사람들이 그의 주검을 수습하여 화장한 뒤 유골함에 넣었는데, 유골함의 크기는 사방 이십여 센티미터에 불과했다. 그는 비로소 편안히 쉴 수 있었다.

B   오래 전에 내가 쓴 콩트 한 편을 요약한 것이다. 욕망이 만들어 낸 헛된 신기루 속에 금쪽같은 시간을 낭비하는 사람들이 어디 한둘이던가. 사람의 참된 행복은 욕망의 넓이와는 아무 상관도 없다. 아무리 큰 집을 짓고 곳간에 금은보화를 쌓아 둔다 한들, 그 세속적 욕망의 집이 최종적으로 넓고 깊은 영혼의 집을 능가할 수는 없기 때문이다. 필요한 것은 영혼의 뜰을 넓히는 일이다.

박범신, 「어떤 복수 이야기」

만약 이 예문에서 A만 있고 B가 없다면 작가가 말한 것처럼 이 글은 '콩트'를 요약한 것에 지나지 않았을 것이다. B가 있음으로 해서 이 글은 수필로 읽히게 된다. 최근 들어 수필에서도 주제를 표면에 들어내지 않고 상황 묘사나 서사로 끝내려는 경향이 뚜렷해지고 있다. 지나친 설교조의 교훈이나 관념의 표백을 현대 독자들은 기피하기 때문이다. 그러나 주제가 드러나지 않고, 묘사나 서사만으로 된 수필은 어딘가 알맹이가 빠진 것처럼 보이는 것은 어디까지나 수필은 제재와 주제 중심의 문학이기 때문이 아닌가 한다.

(4) 수필의 내용 제시 방법의 특성

"수필은 자기 고백의 문학"이라고 한다. 이것은 내용 제시 방법에서 수필이 다른 장르와 구별되는 특징이다. 시, 소설, 희곡에서는 작가는 뒤에 숨고 화자話者를 대리인으로 전면에 내세워 말을 하게 한다. 그러나 수필에서는 작가 자신이 전면에 나서서 독자에게 직접 이야기를 들려준다. 시나 소설에서 서정적 자아 또는 화자는 작가와 동일 인물이 아니지만, 수필의 화자인 '나'는 작가와 동일 인물이다.

수필의 이와 같은 고백적 형식을 통해서 작가는 독자에게 친근감을 주고, 독자는 작가에게 신뢰를 보낸다. 소설 독자가 소설을 읽을 때, '허구'라고 생각하고 읽는 것과는 다르다. 수필 독자는 이것은 '사실'이라고 믿으며 읽는다. 만약 '수필의 허구'를 주장하는 사람들의 말대로 수필도 허구적 서사를 원용한다면, 필자와 독자 사이에 형성된 이와 같은 친근감과 신뢰는 사라지고 말 것이다. 뿐만 아니라 수필의 정체성마저 잃어 버리게 될 것이고, 결국 독자는 수필을 의심의 눈초리로 보게 될 것이다. 수필이 허구적 서사를 원용해서는 안 되는 이유가 여기에 있다.

따라서 내용을 직접 제시하느냐 간접적으로 제시하느냐 하는 것은 수필을 시, 소설, 희곡과 구별하는 가장 뚜렷한 특성이 된다.

(5) 수필의 정의

이상에서 밝힌 네 가지 특성은 수필을 다른 장르와 구별하는 차이점이 된다. 이를 바탕으로 다음과 같이 수필의 개념을 정의한다.

수필은 가치 있는 체험을 정제된 언어로 독자에게 직접 전달하는 열린 형식의 문학이다.

이 정의에서 굳이 '체험'이라고 한 것은 '허구성'의 개입을 배제하기 위한 것이다. 이 정의는 수필의 언어적 특성, 형식적 특성, 제재와 주제의 특성 그리고 전달 방법상의 특성을 모두 포함한다.

03
수필의 몇 가지 요소

(1) 심상

가. 심상의 개념

문학적 심상image이란 독자가 일상에서 체험한 대상을 언어를 통하여 상상 속에서 감각적으로 재생한 영상을 말한다. 따라서 체험의 범위와 넓이 또는 깊이에 따라 같은 대상이라도 독자들이 재생한 심상은 각기 다를 수 있다. 그러나 그 대상 가운데서 가장 대표적인 특징을 갖춘 것을 떠올리는 것이 일반적이다. '사과'라는 단어를 읽거나 듣는 순간 우리는 가장 대표적인 사과를 떠올린다. 사과 가운데는 파란 사과도 있고 찌그러지고 맛없게 생긴 것도 있지만, 대부분 빨갛고 먹음직스러운 사과를 떠올린다는 이야기다.

심상은 모든 감각 기능에 관련되어 있다. 체험한 모든 사물의 형태, 색상, 소리, 냄새, 맛 그리고 촉감적 인상을 상상 속에서 또는 기억 속에서 떠올린다. 앞에서 말한 것처럼 감각의 재생은 개인차가 있지만 언어적 훈련에 의하여 세련시킬 수 있다.

한 작가가 어떤 심상을 사용하는가 하는 빈도에 의해서 그 작가의 성격, 인생관, 세계관을 엿볼 수 있다. 뿐만 아니라 어떤 민족의 가치관이나 세계관을 엿볼 수도 있다. 이럴 때 그 심상은 그 작가 또는 그 민족의 상징 체계와 연관된다. 한 작가의 작품에 '밤, 웅덩이, 검정'과 같은 단어의 출현 빈도가 높으면 그 작가의 인생관이나 세계관은 어둡고 비관적일 가능성이 높다. 반대로 '봄, 종달새, 빨강'과 같은 단어의 출현 빈도가 높으면 그 작가의 인생관이나 세계관은 밝고 긍정적일 가능성이 높다.

문학적 심상은 독자에게 감각적 인상을 불러 일으켜 추상적 관념을 구체적으로 형상화함으로써 정황이나 사물이나 사건을 보다 생생하게 느낄 수 있게 한다. 주제를 감각화 또는 육화肉化시키고, 정서를 환기시켜서 표현의 신선도를 높인다. 이것이 심상이 주는 효과이다.

나. 심상의 종류

대상에 대한 묘사나 서술에 의한 방법을 쓰면 묘사적 또는 서술적 심상이라고 하고, 비유의 방법을 동원하면 비유적 심상이라 한다. 그리고 상징적 수법에 의한 심상을 상징적 심상이라고 한다.

또 어떤 심상은 단일한 감각에 의해서 이루어질 때도 있지만 두 가지 이상의 감각이 결합하여 이루어지는 경우도 있다. 이를 복합감각적 심상과 공감각적 심상이라고 한다. 또 정적靜的이냐 동적動的이냐에 따라 정적 심상과 역동적力動的 심상으로 나누기도 한다.

＊묘사적 심상과 비유적 심상

묘사적 심상은 대상의 외양을 묘사하거나 동작을 묘사하거나 아니면 사건을 서술하는 것으로 우리의 상상 속에 어떤 사물의 외양이나 동작 또는 사건의 정황을 생생하게 보여 주는 심상을 말한다. 비유적 심상은 직유, 은유, 제유, 환유, 의인 등의 수사적 표현 방법을 사용하여 형성된 심상이다. 소설이 묘사나 서술적 심상을 많이 동원한다면, 시는 비유적 심상을 많이 동원한다. 수필 가운데 시적 수필은 비유적 심상에 많이 의존한다.

A "땡땡땡"

건너편 철도 건널목에서 통과기차가 앞 역인 '한림정'을 출발한 것을 알렸다. 이십 년째 건널목을 지키는 안내원 아저씨가 밖으로 나왔다. 금테모자를 고쳐 쓰며 빨간 깃발을 손에 들고 호루라기를 입에 문 채 차려 자세를 한다. 차단기가 천천히 내려지자 건널목 양쪽으로 지나던 사람이며, 자동차, 자전거, 오토바이, 경운기 등이 줄지어 섰다. 내 두 눈도 따라서 뒷줄에 서 봤다.

이호철, 「어느 개의 모정」

B 가슴에 묻어 둔 그리움이 있다. a 질화로 속에 담긴 불씨처럼 그렇게 가슴 깊숙한 곳에 들어 앉아 자칫 냉랭해지려는 내 삶에 훈훈한 온기를 불어넣어 주곤하는, 내 인생의 동반자들. 때론 선명한 윤곽을 지닌 실체로, b 때로는 안개처럼 모호한 모습으로 불현듯 그리움은 다가온다.

이혜연, 「분꽃」

A는 묘사적 심상, 달리 말해서 서술적 심상으로 된 글이고, B의 a, b는 비유적 심상이다. 나머지 부분은 묘사적 심상 또는 서술적 심상이다. A에서도 한 폭의 그림 같은 심상을 떠올릴 수 있다. 그런데 묘사적 심상은 평면적이거나 설명적이어서 응집력이 떨어진다. 소설과 같은 산문에서 자주 활용되지만 응집력을 요구하는 시에서는 비유적 심상을 선호한다.

*상징적 심상

상징적 표현에 의해서 형성되는 심상을 말한다. 상징적 심상은 한 작품에서 또는 한 작가에서 반복적으로 쓰이는 어떤 단어에 의해서 형성된다. 비유적 심상보다 그 폭이 넓고 깊다. 상징적 심상에는 원형적 심상이 포함된다. 땅과 물은 여성을, 하늘과 바람과 태양 또는 불은 남성을 상기시킨다. 이것이 원형적 심상이다.

   괴로웠던 사나이
   행복한 예수 그리스도에게
   처럼
   십자가가 허락된다면
   모가지를 드리우고
   꽃처럼 피어나는 피를
   어두워 가는 하늘 밑에
   조용히 흘리겠습니다.

윤동주, 「십자가」

이 글에서 십자가는 제도적 상징으로 십자가 자체를 의미하면서 동시에 '희생'을 의미한다. 그리고 "어두워 가는 하늘 밑"은 말 자체의 뜻을 지니는 동시에 시인이 처한 일제치하의 암담한 현실을 상징한다. 그리고 "꽃처럼 피어나는 피"는 자기 희생을 통한 자기 구원을 암시한다.[1]

* 감각적 심상

감각적 심상에는, 시각적 심상과 청각적 심상, 후각적 심상과 미각적 심상, 촉각적 심상과 근육 감각적 심상으로 나눌 수 있다.

감각적 심상으로 볼 때 앞 장에서 예를 든 「어느 개의 모정」에서 "땡땡땡"은 청각적 심상이고, "금테모자를 고쳐 쓰며 빨간 깃발을 손에 들고 호루라기를 입에 문 채 차려 자세를 한다"는 시각적 심상이다.

하나의 감각적 심상이 다른 감각적 심상으로 전이轉移되었을 경우 이를 공감각적 심상이라고 한다. 예를 들어 '달콤한 멜로디'의 경우와 같은 것이다. 멜로디라는 청각적 심상이 달콤하다는 미각적 심상으로 전이되어 있다.

* 정적靜的 심상과 역동적力動的 심상

정적 심상은 대상의 정지된 상태를 묘사하는 경우에 생기는 심상이고, 역동적 심상은 대상의 움직이는 상태를 나타낼 때 생기는 심상이다.

A   말끔하게 차려 입은 턱시도 차림의 남성 댄서는 올백으로 붙여 빗은

---

1. 김태형·정희성, 『현대시의 이해와 감상』, 문원각, 1994, p.317.

머리에 거울처럼 반짝거리는 검정 구두를 신었다. 그런가 하면 여성 댄서들은 터질 듯한 앞가슴의 풍만함이 엿보이도록 깊게 파인 드레스를 입었고, 될수록 몸의 곡선을 강조한 타이트한 실루엣, 높고 뾰족한 하이힐. 거기에다 내면의 외로움을 무시하듯 함부로 치장된 금속성의 액세서리와 머리에 꽂은 가벼운 깃털과 구슬 핀의 섬세한 장식. 대각선으로 어깨를 맞대고 있는 남녀 댄서의 얼굴은 정지 신호에 걸린 듯 잠시 무표정하다. 투우사가 소를 겨냥할 때의 그것처럼 긴장감마저 든다.

B 그러나 빠르고 경쾌한 탱고 리듬의 스텝이 몇 번 어우러지더니 급한 회전을 이루며 이내 타오르는 장작불처럼 격렬함에 이르고 만다. 여성 댄서의 손이 남성 댄서의 목을 부드럽게 감싸안는다. 입술이 닿을 듯 밀착된 가슴, 상대방을 갈구하는 듯한 눈빛, 마침내 남자의 손이 여자의 몸을 훑어내리기 시작한다. 정교하면서도 감성적인 터치, 허벅지까지 깊게 터진 스커트 속으로 공격적인 다리의 움직임이 자유롭다.

맹난자, 「탱고, 그 관능의 쓸쓸함에 대하여」

A는 남녀 댄서의 차림새를 묘사한 묘사적 심상인 동시에 정지 상태를 보여 주는 정적 심상이다. 거기에 비해서 B는 남녀 댄서의 관능적이고 역동적인 탱고의 춤사위를 보여 준다. 독자의 상상 속에서 남녀 댄서의 격렬한 춤사위가 벌어지고 있다. 이런 심상을 역동적 심상이라 한다.

심상은 모든 감각에 관계되지만 주로 시각에 관계된다.

(2) 운율 韻律

가. 운율의 개념

운율은 운韻과 율律이란 두 가지 요소의 합성어이다. 운은 압운押韻으로 같은 소리의 규칙적 반복이고, 율은 소리의 고저, 장단, 강약 들의 규칙적 반복이다. 다시 말하면 운율은 음운이나 단어 또는 문장의 규칙적 반복을 뜻한다. 그런 의미에서 운율은 수사법 가운데 반복법과 밀접한 관계가 있다.

운율은 수필에 있어서도 중요한 요소가 된다. 심상이 생각과 느낌을 시각적으로 형상화하여 회화적 효과를 낸다면, 운율은 문장에 탄력을 주어 낭창거리게 하여 음악적 효과를 낸다. 수필은 '말맛'으로 읽는다고 말할 때다. 말맛을 내는 것은 심상 쪽이 아니라 운율 쪽이다. 시에서 운율이 중요한 것처럼 수필에 있어서도 중요한 구실을 한다. 특히 시적 수필에서 그렇다. 이어령의 '나비의 언어'니 '춤추는 언어'니 하는 말이 여기에 해당된다.

그러나 수필에서 운율이 주도적 역할을 맡게 해서는 안 된다. 운율이 주도적 역할을 하면 운문이 된다. 수필은 어디까지나 산문이다. 따라서 수필에서는 '논리적 구조'가 주도적 역할을 맡아야 한다. 논리적 구조가 주도적 역할을 하느냐 운율이 주도적 역할을 하느냐에 따라 산문과 운문이 나뉜다.

나. 운율의 종류

운율은 크게 두 가지로 분류된다. 겉으로 드러나 있어서 물리적으로 계측이 가능한 것이 하나이고, 문장에 내재되어 있어서 물리적으로 계측이 불가능한 것이 다른 하나이다. 앞의 것을 외형률外形律이라 하고 뒤의 것을 내재율內在律이라 한다. 외형률은 다시 음성률音性律, 음보율音步律, 음수율音數律, 음위율音位律로 나뉜다. 내재율은 내용에 따라 모든 글의 운율이 각각 다르므로 계측이 불가능하다.

음성률은 말의 고저高低, 강약强弱, 장단長短에 의해 형성된다. 우리말에도 고저 장단과 강약이 있다. 그러나 일상적인 언어생활에서 거의 의식하지 못한다. 따라서 음성률은 우리의 시나 수필과는 관계가 멀다.

음보율은 호흡의 단위인 시간의 등장성等長性, equal length을 기준으로 한 운율이다.[2] 시를 예로 들면, 한 행을 몇 번 끊어 읽느냐 하는 것이다. 음절수가 기준이 되는 음수율과 다르다. 그렇다고 띄어쓰기가 단위가 되지도 않는다. 만약 한 행을 네 번 끊어 읽게 되어 있다면 그것은 4음보 운율을 밟은 것이 된다.

음보율이 호흡의 단위에 의한 운율이라면, 음수율은 한 음보에 몇 개의 음절수가 들어 있는가에 의해 결정된다. 현대시와 같이 한 행을 이루는 음절수가 불규칙한 경우에는 음수율보다 음보율이 더 적용하기 편리하다.

동짓달 / 기나긴 밤을 // 한 허리 / 베어내여
춘풍 / 이불 아래 // 서리서리 / 넣었다가
고운님 / 오시는 날 밤 // 굽이굽이 / 펴리라

황진이

[2]. 김태형·정희성, 『현대시의 이해와 감상』, 문원각, 1994, p.530.

3 / 5 // 3 / 4
2 / 4 // 4 / 4
3 / 5 // 4 / 3

위의 예처럼 시조의 각 행은 네 번 끊어 읽게 된다. 음보로 따지면 4음보이다. 그런데 한 음보에 들어 있는 음절수를 따지면 일정치 않다. 앞의 시조 첫 행은 3 / 5 // 3 / 4, 다음 행은 2 / 4 // 4 / 4이다. 같지 않다. 따라서 우리 시나 수필은 음수율보다 음보율을 따지는 편이 편리하다.

음위율은 같은 말소리가 일정한 위치에 규칙적으로 반복될 때 형성된다. 음위율은 다시 두운頭韻과 요운腰韻과 각운脚韻으로 분류된다. 두운은 각 음보의 첫 음절을 같은 음으로 시작하는 것이고, 요운은 각 어절의 가운데 음절이 같은 음으로 반복되었을 때 형성되고, 각운은 시행의 끝 음절을 같은 음의 반복으로 시행을 끝냄으로써 음악적 효과를 내는 것이다. 음위율도 우리 시에서는 자주 사용되지 않는다.

산 너머 남촌에는 / 누가 살길래
해마다 봄 바람이 / 남으로 오네
꽃 피는 사월이면 / 진달래 향기
밀 익는 오월이면 / 보리 내음새
어느 것 한 가진들 / 실어 안 오리
a남촌서 b남풍 불 제 / 나는 좋데나

김동환, 「산 너머 남촌에는」

이 시의 각 행은 2음보에 7.5조의 음수율을 밟고 있다. 그리고 마지막 행의 첫 어절 a와 둘째 어절의 첫 음절 b를 '남'이란 같은 음절의 반복을 통해서 음악적 효과를 내고 있다. 이것이 두운이다. 이와는 달리 같은 음절을 두 개 이상의 어절의 중간에 반복시키는 경우가 있다.

> 빼어난 가는 잎새 굳은 듯 보드랍고,
> 자주빛 굵은 대공 하얀 꽃이 벌고,
> a이슬은 b구슬이 되어 마디마디 달렸다.
>
> 이병기, 「난초」

'슬'이란 같은 음절이 첫어절 a와 두번째 어절 b의 중간에 반복적으로 나타남으로써 음악적 효과를 내고 있다. 이것이 요운이다.
다음 시는 음수율도 음보율도 취하지 않고 있다. 그렇다고 음위율을 취하지도 않았다. 현대시는 이처럼 외형률을 거의 무시한다. 이런 시는 내용 자체의 성향이나 어조에 따라 운율이 형성될 뿐이다. 그러면서도 시행의 분절이라든가 연의 구분에서 일정치는 않지만 '읽는 부분'과 '쉬는 부분'이 반복적으로 나타나면서 자연스럽게 운율적 효과를 내고 있다. 이것이 내재율이다.

> 징이 울린다 막이 내렸다.
> 오동나무에 전등이 매어 달린 가설 무대
> 구경꾼이 돌아가고 난 텅 빈 운동장
> 우리는 분이 얼룩진 얼굴로

학교 앞 소줏집에 몰려 술을 마신다.

신경림, 「농무」

　다섯 행 가운데 첫 행만 제외하고 읽는 부분과 쉬는 부분이 비슷하게 반복되지만 일관성은 없다.
　운율을 고려한 수필과 그렇지 않은 수필의 차이점을 보기로 한다.

A　봄은 나를 잊지 않고 몇 번이나 찾아와 세월을 깨우쳐 주었건만 둔감과 태만이 그를 저버린 채 헛되게 늙은 것이 아쉽고 한스러워 다시 찾아 주는 봄에 죄의식조차 느낀다. 그러나 이제 발버둥쳐 봐도 미칠 수 없는 일, 고요히 뜰 앞을 거닐며 지나간 봄의 가지가지 추억과 회상에 잠겨 보는 것이다. 오늘 따라 주위는 말할 수 없이 고요하고 따스한 일광이 백금처럼 빛나고 있다.

윤오영, 「봄」

B　a민들레와 바이올렛이 피고, 진달래 개나리가 피고, 복숭아꽃 살구꽃 그리고 라일락 사향장미가 연달아 피는 봄. 이러한 봄을 40번이나 누린다는 것은 적은 축복은 아니다. 더구나 봄이 40이 넘은 사람에게도 온다는 것은 참으로 다행한 일이다.
　녹슨 심장에도 피가 용솟음치는 것을 느끼게 된다. 물건을 못 사는 사람에게도 찬란한 쇼윈도는 기쁨을 주나니, 나는 비록 청춘을 잃어버렸다 하여도, 비잔틴 왕궁에 유폐되어 있는 금으로 된 새를 부러워하지는 않는다. 아아, b봄이 오고 있다. 순간마다. c가까워 오는 봄!

피천득, 「오월」

　A, B는 제재가 같고 주제가 같다. 하지만 운율적 측면에서 보면 A와 B는 전혀 다르다. A보다 B가 훨씬 리드미컬하다. 읽는 즐거움을 맛볼 수 있다. B에는 운율적 요소가 적잖게 들어가 있기 때문이다. 우선 a을 분석해 보면 '피고' 또는 '피는'이란 동일한 단어가 반복적으로 나타난다. 뿐만 아니라 같은 통사적 구문{(주어+주어)+서술어}이 네 번이나 반복된다. 분석 결과를 보자.

　　(1) 민들레와 바이올렛이 피고　　　(S+S)+P
　　(2) 진달래 개나리가 피고　　　　　(S+S)+P
　　(3) 복숭아꽃 살구꽃 (피고)　　　　(S+S)+(P)
　　(4) 라일락 사향장미가 연달아 피는　(S+S)+P

　그리고 b와 c는 교차반복交叉反復에 의해 리듬이 형성되었다.
　'봄'을 a라 하고 '오다'를 b라고 하면 다음과 같은 도식이 성립된다.

　이와 같은 운율적 장치 때문에 A보다 B가 훨씬 탄력이 있고 낭창거린다. '춤추는 언어'의 음악적 쾌감을 창조한다.

"운율은 인간의 질서에 대한 충동에서 온다고 한다. 운율은 습관화된 일상적 언어에 대한 우리의 무감각에 대하여 각성을 일으키는 역할을 하는 동시에 우리의 의식을 최면 상태로 만드는 구실도 한다."[1] 우리가 사용하는 표어나 구호 또는 경구는 모두 규칙적 반복에 의한 운율적 언어로 되어 있는데, 이것은 운율이 있는 문장은 암기하기 쉬울 뿐만 아니라 우리의 의식을 일깨우는 힘이 있기 때문이다.

수필은 산문이다. 운율이 주도적 역할을 해서는 안 된다. 그러나 적절한 대목에서 운율적 언어를 사용하는 것은 밋밋하기 쉬운 산문에 탄력을 준다. 산문의 언어인 '벌의 언어'에 운문의 언어인 '나비의 언어'가 가지고 있는 리듬을 가미함으로써 음악적 쾌감을 창조할 수 있다. 아름다운 수필 쓰기에서 운율에 대한 연구가 필요한 것은 이 때문이다.

(3) 문체

가. 문체의 개념

문체style는 작가가 글을 쓸 때 나타나는 특유의 '버릇'이나 또는 '말투'를 말한다. 그런데 어떤 특이한 버릇이나 말투가 한 작가에게 반복적으로 나타날 때 그것은 그 작가의 문체가 된다. 따라서 문체는 그 작가의 개성과 밀접하게 관계된다.[2] 문체는 한 작가 특유의 말투일 뿐만 아니라

---

1. 이상섭, 『문학비평용어사전』, 민음사, 2001. p.260.
2. 이상섭, 『문학비평용어사전』, 민음사, 2001. p.94.

한 시대의 개성적인 말투가 되기도 한다. 시대마다 그 시대를 일관되게 흐르는 문체가 있다. '김동인의 문체'가 있듯이, '30년대 문체'가 있다.

버릇이나 말투라고 해서 고정 불변인 것은 아니다. 문체는 작가에 따라서 다르지만, 같은 작가라 하더라도 작품의 제재나 주제에 따라 달라지기도 한다.

문체의 구성 요소는 '어조', '단어', '문장'이다. 이와 같은 구성 요소의 분석을 통해, 문체는 통계적으로 계측 가능하다. 다시 말해서 어떤 어조를 주로 사용하는가, 또 어떤 계통의 단어를 자주 사용하는가, 그리고 짧은 문장과 긴 문장 가운데 어떤 문장을 선호하는가 하는 것을 통계적으로 계산할 수 있고, 그것을 통하여 한 작가와 한 시대의 문체를 실증적으로 분석해 낼 수 있다.

따라서 자기가 의도한 생각을 표현하고자 할 때 어떤 어조, 어떤 단어 그리고 어떤 문장을 택할 것인가 하는 문제를 깊이 생각하면 좋은 수필을 쓰는 데에 도움이 된다.

나. 문체의 구성 요소

✽ 어조 語調

어조tone란 작중 화자가 독자와 대상에 대하여 가지는 특정 태도를 말한다. 수필에서는 화자와 작가가 일치하므로 화자의 어조는 곧 작가의 어조가 된다. 한 작품의 어조는 그 작품에 동원된 말에 의해 암시된다.

어조는 우선 세 가지로 분류할 수 있다. '긍정적 어조'와 '부정적 어조' 그리고 '중립적 어조'가 그것이다. 낙천적 어조, 예찬적 어조는 긍정적 어조에 속하고, 조소적 어조, 자조적 어조, 비판적 어조는 부정적 어조에 속한다. 긍정과 부정 어느 쪽에도 속하지 않는 어조를 중립적 어조라 한다. 또 고백적 어조, 감상적 어조, 회고적 어조, 농담조의 어조가 있으며, 단정적 어조와 유보적 어조도 있다.

긍정적 어조는 화자가 대상을 긍정적으로 볼 때 나타나는 태도를 말한다. 긍정적 어조는 독자에게 긍정적 반응을 일으킨다. 긍정적 어조 중 대표적인 것이 예찬적 어조이다. 이 어조는 대상의 미덕을 예찬하는 태도를 말한다. 예찬적 어조로 쓴 글은 독자에게 대상에 대하여 긍정적으로 반응하게 하여 즐거움을 준다. 대상은 사람일 수도 있고 사물일 수도 있다. 김진섭의 「매화찬」, 이양하의 「신록 예찬」 등이 이에 속한다. '예찬'이란 단어가 제목에 붙지 않았지만 내용상 대상의 미덕을 예찬한 것은 모두 이 어조에 속한다.

부정적 어조는 대상에 대한 화자의 부정적 태도를 독자에게 전달한다. 부정적 어조 가운데 하나인 조소적 어조는 화자가 대상을 비웃는 태도를 전달한다.

나는 물론 만해 선생께 인사를 드린 뒤 그분들의 담소에 귀를 기울이고 있었지만, 주지 스님은 귀한 손님들에게 차 대접을 한답시고, 수많은 도구들을 늘어 놓고 꿇어앉은 채 잎차를 다루고 있었다. 그 때 나는 혼자 속으로 그렇게 뽑아 내는 잎차란 것이 굉장한 맛이거니 하고 잔뜩 기대가 컸었다. 그런데 정작 내 앞에 돌아온 찻잔을 들어 훌쩍 마셨을 때엔 여간 실망이 크지 않았다. 그냥 그저 씁쓸한 맛 그것뿐이었다.

김동리, 「잎차 한 잔」

밑줄 친 '한답시고'란 단어에서 작가가 작중 인물 '주지 스님'의 다도茶道에 대한 부정적 태도를 나타내고 있다. 그러나 이런 어조는 앞 부분만 보아서는 안 된다. 나중에 생각이 바뀜에 따라 예찬적 어조로 전환될 수도 있다. 전반부에서 부정적 어조를 보이다가 후반부에 오면 긍정적 어조로 반전될 수도 있다.

중립적 어조는 단어를 지시적 의미로만 사용하는 어조이다. 객관적 사실을 서술하거나 설명하는 글에서 나타난다.

> 결국 문화권에 따라 템포의 인지 감각이 다를 수도 있다는 사실은 바꿔 말해서 서로 문화 배경이 다르면 사람에 따라 적절하다고 생각하는 모데라토moderato의 템포도 커다란 차등이 있을 수 있다는 말과 마찬가지이다. 좀더 구체적으로 얘기하면 서구인들이 모데라토라고 느끼는 빠르기가 메트로놈 수치로 90회를 지칭한다면 우리의 그것은 20도 될 수 있고 30도 될 수 있다는 것이다.
>
> 한명희, 「맥박의 음악과 호흡의 음악」

위의 예문에 사용된 단어들은 모두 함축적 의미가 아닌 지시적 의미로 사용되고 있다. 대상인 서양 음악과 우리 음악의 특성에 대해서 긍정도 부정도 아닌 중립적 어조로 사실을 이해시키는 데에 목적을 두고 있다. 이 경우 독자의 반응 또한 중립적이다. 이런 어조는 어떤 사실을 객관적으로 이해하는 데 도움을 준다.

수필은 대부분 독백적 어조이다. 이런 어조는 독자와 단 둘이 이야기를 나누는 것 같은 친근감을 준다. 수필의 특성인 동시에 장점이기도 하다. 들뜨지 않은 감정의 절제가 관건이다.

> 우는 아이를 떼어 놓고 오는 엄마의 마음처럼 뒤돌아서 묘비를 바라보았다. 연애 시절 "조금만 더 있다 가" 하고 조르던 그의 얼굴이 떠올라 다시 걸음을 멈추었다. 그날 메모지에 짧은 편지를 썼다.
> "난 하늘만 올려다보는데 내려다보는 당신은 고개 아프지 않아 좋겠다."
> 묘비 앞에 그 쪽지를 작은 돌로 눌러 놓았다. 바람에 날려가도 어쩔 수 없는 것을. 살아 있는 내가 참 욕심도 많지 싶었다. 쪽지를 놓고 온 그날은 산을 내려오는 내내 발걸음이 더욱 가뿟해졌다. 최소한 그이의 웃는 모습을 상상할 수는 있었으니까.
>
> 노기화, 「팔당 우체통」

자칫 감상적 어조가 되기 쉬운 내용인데도 대상과의 감정적 거리를 잘 조절한 글이다. 애이불비哀而不悲란 이런 글을 두고 하는 말이다.
단정적 어조는 독자에게 화자의 자신감을 전달하는 데 도움이 된다.

> 그러나 우리 불량소녀들은 공주로 살 수 없다. 살 수 없는 게 아니라 살지 않는다. 왜냐하면 재투성이 소녀인 게 하나도 부끄럽지 않기 때문이다. 불량소녀들은 공주와는 거리가 멀다. 산처럼 높이 쌓은 담요 밑에 콩 세 알이 있건 부서진 콘크리트 쪼가리 백 장이 있건 지친 몸 눕힐 곳이 있다면 꿋꿋하게 코까지 골며 잠들 수 있다. '아니, 담요가 있다니 웬 횡재래.' 하며. 만일 거리에 나가 성냥을 팔아야 할 상황이 닥치면, '이왕 팔 거 노래를 부르며 팔자.' 하고 공격적인 마케팅을 수

립해 폼나게 성냥을 팔 수 있는 게 우리 불량소녀들이다.

우리는 누군가의 비까번쩍한 백마를 타는 것보다 내 돈 내고 산 귀여운 내 조랑말을 타고 석양으로 사라지고 싶다. 우리는 온갖 대신들과 모후의 눈치를 보며 왕궁에서 우아 떨며 살기보다 나의 조그만 과자집에서 설탕냄새를 맡으며 살고 싶다.

김현진, 「브리트니 스피어스가 살이 쪘다면 찐 거다」

유보적 어조는 단정적 어조와 대조된다. 단정을 내리지 않기 때문에 독자에게 자신감이 결여된 것처럼 비칠 수도 있지만, 단정적 어조가 줄 수도 있는 독자의 저항을 받지 않는다. 이런 어조는 독자로 하여금 긴장을 풀게 하고 편안한 마음으로 작품을 대하게 한다. 서정적 수필에 맞는 어조이다.

일찌감치 군불을 지피곤 질화로를 내다 불을 담았다. <u>엄동설한에 외풍을 막아 주는 데는 화롯불보다 더 좋은 난방기구는 없는 성싶다.</u> 발갛게 이글거리는 잉걸불을 묵은 재로 다독다독 누르고, 마른 산국 몇 송이 뿌려 서재에 들여놓았다. 실낱같이 피어오르는 푸른 연기를 타고 향긋한 꽃내음이 방안을 채운다.

김애자, 「산국을 태우며」

밑줄 친 문장의 서술어는 '없는 성싶다'이다. 이 것을 '없다'로 고치면 독자의 저항을 받을 수 있다. 그건 어디까지나 주관적 판단이기 때문이다. 그것을 '성싶다'라고 함으로써 한발 물러서는 자세를 보여 주고 있다. 이와 같은 유보적 어조는 '성싶다', '듯싶다', '~라고나 할까', '같다', '~지도 모른다', '아마도', '어쩌면' 같은 말에 의해서 나타난다.

이 밖에도 농담조의 어조와 풍자적 어조가 있으며, 겉에 드러난 어조가 있는 반면에 숨긴 어조가 있다. 저자는 어조에 의하여 독자가 어떤 태도를 취해야 하는가를 암시하기도 한다.

어조는 내용을 직접 말하진 않지만 독자에게 정서적 영향을 준다. 마치 우리가 의식하지 못하는 사이에 우리의 감정에 영향을 주는 배음背音이나 냄새 같은 효과를 주는 것이 어조이다.

＊단어

어떤 단어를 즐겨 사용하는가에 의해 그 사람이나 그 시대의 문체가 결정된다.

A   양서를 펴 보아라. 인생의 깊은 정신적 만남의 행복을 느낄 것이다. 종교의 깊은 진리를 말하는 구도자의 음성도 들을 수 있다. 학문의 깊은 이치를 정성스럽게 전해 주는 스승도 만난다. 예술의 황홀한 미를 직감시키는 창조의 거장을 발견할 수도 있다. 자연의 오묘한 질서를 노래하는 시인의 음성에도 접할 수 있다. 파란만장 속에 전개되는 흥미 진진한, 소설가의 얘기를 들을 수도 있다. 인생의 지혜를 담담하게 가르쳐 주는 스승들의 정다운 목소리를 대할 수도 있다.

안병욱, 「끝없는 만남」

B 가시덩굴이 길을 가로막는 골짝에 작은 삼층 석탑이 두 개 나란히 숨은 듯 서 있다. 탑 속에는 부장품처럼 햇빛과 달빛이 고여 있을 성싶다. 바람과 구름, 풀벌레며 산새의 울음도 탑을 둥지삼아 깃들어 있으리라는 짐작이 간다.

   그 동안 숱한 비바람과 진눈깨비, 때로는 무더위에 시달린 탑이다. 그런 탓인지 손으로 살짝 밀기만 해도 기우뚱거리며 부스러질 듯 조마조마한 낌새다. 어느 날은 뼈와 살이 깎이고 뭉그러지는 아픔도 겪었을 것이다. 그런데 용케도 버티고 있다. 그게 무슨 힘일까. 나는 슬그머니 탑 곁에 다가선다.

유병근, 「옛 절터를 찾아」

A에는, '인생, 정신, 행복, 종교, 진리, 학문, 이치, 예술, 미, 창조, 질서, 지혜'와 같은 추상어가 주류를 이루고 있다. 따라서 구체적, 감각적 상황, 배경, 상태, 같은 것을 느낄 수 없다. 거기에 비해서 B는 '가시덩굴, 골짝, 석탑, 햇빛, 달빛, 바람, 구름, 풀벌레, 산새, 뼈, 살'과 같은 구체어들이 지배적이다. 안병욱의 문체와 유병근의 문체는 우선 단어에서부터 다르게 나타난다.

B처럼 특수어와 구체어를 많이 사용한 수필은 독자로 하여금 작품을 읽는 동안에 마치 직접 체험하는 듯한 실감을 주어서 정서적 감동을 일으키게 한다. 반대로 일반어와 추상어를 많이 쓴 작품은 그런 효과를 거두지 못한다. 문학은 관념이 아니라 관념을 형상화한 것이다. 따라서 특수어와 구체어를 사용하는 것이 보다 효과적이다.

그리고 일부 한자어는 진부한 느낌을 준다. '만산홍엽滿山紅葉'이니,

삼라만상森羅萬象이니, 하는 한자어가 문장에 들어 가면 그 글 전체가 진부한 느낌을 준다. 따라서 피하는 것이 좋다.

＊문장

문장의 길이는 문체에 영향을 준다. 같은 내용이라도 짧은 문장으로 쓸 때와 긴 문장으로 쓸 때 효과는 다르다. 문장의 짜임새와 문장 성분의 배열 순서도 문체에 영향을 준다. 문장의 길이에 따른 표현 효과에 대해서는 이 책 "수필의 언어"에서 상세히 설명하고자 한다.

다. 문체의 종류

문체의 분류 기준에는 세 가지가 있다. 첫째는 호흡의 장단 즉 문장의 장단에 의한 분류이다. 호흡이 짧으면 간결체, 길면 만연체라고 한다. 둘째는 느낌의 강약 즉 어조와 관련된 분류이다. 느낌이 부드러우면 우유체, 강하면 강건체이다. 셋째는 수식의 정도에 의한 분류이다. 수식어가 적고 단어의 사용이 지시적 의미에만 의존하고 감정이나 정서를 드러내지 않는 것은 건조체이고, 수식어가 많고 장식적인 문장은 화려체이다. 그 밖에도 어투에 따라서 구어체와 문어체로 나눌 수도 있다. 구어체는 일상 회화에서 사용하는 문체고, 문어체는 표준적 문자 언어의 사용에 의한 문체다.

한편의 글은 하나의 문체만으로 쓰여지지 않는다. 대개 두 가지 이상의 문체적 특성을 가진다. 다시 말하면 간결체와 우유체, 만연체와 화려체, 만연체와 우유체, 간결체와 건조체 그리고 간결체와 강건체와 화려체가 조합을 이루기도 한다.

A   우리는 어딘가 다른 곳으로 떠난다. 때로는 어린 시절까지 되돌아가기도 한다. 한 발자국 한 발자국 세면서 걷던 산책길. 그 배경에 떠오르는 학창시절의 불안. 꾸며 낸 사랑 이야기들. 무엇인가 마음을 휘돌아 지나간다. 그 느낌은 여름 소낙비처럼 강렬하다. 불청객처럼 쳐들어온 영혼이 일으키는 이 작은 물결. 되돌아오는 익숙하면서 불편한 느낌. 그러나 그 느낌은 소중하다. 그것이 일요일 저녁이다.

필립 들레름, 김정란 옮김, 「일요일 저녁」

B   편연便姸 백설이 경쾌한 윤무輪舞를 가지고 공중에서 편편히 지상에 내려올 때, 이 순치馴致할 수 없는 고공 무용이 원거리에 뻗친 과감한 분란紛亂은 이를 보는 사람으로 하여금 거의 처연한 심사를 가지게까지 하는데, 대체 이들 흰 생명들은 이렇게 수많이 모여선 어디로 가려는 것인고? 이는 자유의 도취 속에 부유浮遊함을 말함인가? 백설이여! 잠시 묻노니, 너는 지상의 누가 유혹했기에 이 곳에 내려오는 것이며, 그리고 또 너는 공중에서 무질서의 쾌락을 배운 뒤에, 이 곳에 와서 무엇을 시작하려는 것이냐?

김진섭, 「백설부」

C   새 소리에 날이 밝아오고, 파도처럼 밀려오는 송뢰松籟에 해가 저무는 속에 나는 오늘도 담담히 잔을 기울이다가 그만 하루해를 보내고 있다. 매화도 늙고 보면, 성근 가지에 한두 송이 꽃을 꾸며 족하듯이, 이제 나는 허울을 다 떨어버린 한 그루 고매로 그저 무념무상이면 넉넉하다.

회고하면 모두 아득한 옛날, 내 주변을 지켜 주고, 보살펴 주던 친구들의 소식은 이젠 산 너머 오고가는 한 점 구름처럼 내 마음의 한 구석을 지나가는 그림자요, 산골을 흘러내리는 물 위에 떠가는 꽃이파리들이다.

이병기, 「가람 문선 서」

D   모든 진실에는 아름다움이 있다. 스스로의 내면을 속임 없이 솔직하게 그린 글에는 사람의 심금을 울리는 감동이 있다. 이런 글을 혼자 고요히 간직하는 것만으로도 얼마나 복된 일일까. 그러나 우리는 만족하지 못한다. 누구에겐가 읽히고 싶은 충동을 느낀다. 가까운 벗에게 보인다. 벗도 칭찬한다.

김태길, 「글을 쓴다는 것」

E   청춘! 이는 듣기만 하여도 가슴이 설레는 말이다. 청춘! 너의 두 손을 가슴에 대고 물방아 같은 심장의 고동을 들어 보라. 청춘의 피는 끓는다. 끓는 피에 뛰노는 심장은 거선巨船의 기관과 같이 힘있다. 이것이다. 인류의 역사를 꾸며온 동력은 바로 이것이다. 이성은 투명하되 얼음과 같으며, 지혜는 날카로우나 갑 속에 든 칼이다. 청춘의 끓는 피가 아니라면 인간이 얼마나 쓸쓸하랴? 얼음에 싸인 만물은 죽음이 있을 뿐이다.

민태원, 「청춘 예찬」

A의 평균 문장 길이는 15자 정도이다. 어조는 부드럽고, 단어는 주

로 고유어를 쓰고 있다. 결과적으로 호흡은 짧고 느낌은 부드럽다. 간결체와 우유체라는 두 가지 문체적 특징이 잘 드러나 있다.

거기에 비해서 B의 평균 문장의 길이는 65자 정도이다. 호흡이 길다. 긴 겹문장에 수식어가 많다. 단어는 '편연, 순치, 부유'와 같은 어려운 한자어를 많이 동원하고 있으며, 미문美文에 대한 작가의 의도가 노출되어 있다. 들뜬 낭만적 어조이다. 전형적인 만연체와 화려체의 수필이다.

C도 B와 마찬가지로 호흡이 길다. 한 문장의 평균 길이가 63자 정도이다. 단어는 구체어와 고유어를 많이 쓰고 있다. 부드러운 회상적 어조이다. 따라서 호흡이 긴 만연체와 부드러운 우유체를 동시에 취하고 있다.

D는 문장의 호흡은 짧다. 단어는 '진실, 아름다움, 내면, 심금, 충동과 같은 추상어가 주류를 이루고 있으며, 주로 지시적 의미로 쓰였다. 어조는 중립적이다. 한 마디로 건조하다. 간결체와 건조체를 취한 수필이다.

E는 문장의 호흡은 짧지만 어조는 힘차다. 감정이 고조되어 어조는 들떠 있다. 앞의 B와 마찬가지로 낭만적 어조를 취하고 있다. 그리고 비유를 많이 동원하고 있다. 장식적인 면이 강하다. 이 글은 간결체와 강건체 외에 화려체를 취한 문장이다. 이런 문체는 독자를 선동한다.

몇 가지 문체의 전범을 보였지만 여섯 가지 범주에 모든 문체를 포함시킬 수는 없다. 문체는 작가의 개성에 따라 다르고, 같은 작가라 하더라도 그 작품에서 다루는 제재의 종류에 따라 또 달라진다. 뿐만 아니라 시대마다 그 시대의 문체가 있다. 30년대 문체가 있고 50년대 문체가 있다. 따라서 문체는 작가의 개성이 잘 나타나므로 각자 개성 있는 문체를 개발할 것이며, 어떤 제재에는 어떤 문체가 효과적인가 하는 문제에 대하여 그 때마다 숙고하는 것이 좋은 수필 쓰기 전략에 도움을 준다.

04
수필의 종류

지금까지 수필은 여러 사람들에 의해 여러 종류로 분류되었다. 그러나 대부분 보편화되지 못하고 있는 실정이다. 이 문제를 해결하기 위하여 필자는 두 가지 기준에 의하여 분류하고자 한다. 하나는 '제재의 특성에 따른 분류'이고 다른 하나는 '형식적 특성에 따른 분류'다. 앞엣 것은 필자가 새롭게 채택한 기준이고 뒤엣 것은 지금까지 통용되어 온 기준이다.

제재의 특성을 분류 기준으로 택한 이유는 모든 제재가 대략 그 성격에 따라 크게 네 가지로 나눌 수 있기 때문이다. 추상적 관념, 구체적 사물, 자전적 내용 그리고 인간성과 문화 전반에 대한 비판적 의견이 그것이다. 이 기준에 따라 추상적 관념을 내용으로 다룬 것은 '추상수필', 구체적 사물을 대상으로 다룬 것은 '구상수필', 전기적 내지 자전적 내용을 다룬 것은 '자전수필' 그리고 인간사 전반에 대한 비판을 내용으로 다룬 것은 '비판수필'로 분류하기로 한다.

형식적 특성에 따른 분류는 이웃 장르인 시, 소설, 희곡, 비평 중 어떤 장르적 형식을 많이 차용했는가에 따른 분류이다. 이 분류는 비교적 일반화된 것으로서, 시적 수필, 소설적 수필, 극적 수필 그리고 비평적 수필이 그것이다.

(1) 제재에 따른 종류

가. 추상수필

사랑, 우정, 행복, 고독, 존재, 죽음과 같은 추상적 관념을 다루는 수필은 모두 여기에 속한다. 추상적 관념을 다루므로 '관념수필'이라 해도 무방할 것이다. 소위 철학적 수필이란 용어가 가리키는 범위와 같은 수필이다. 그런 의미에서 '에세이'에 가장 근접한 수필이라 할 수 있다. 추상적 수필은 지적, 분석적 성격이 강하다. 그러나 논리성이 전면에 나오면 정서는 후퇴하고 건조한 글이 되기 쉽다. 이태준의 「이성간의 우정」, 안병욱의 「고독에의 향수」 같은 글이 여기에 속한다.

　아무튼 이성간에 평범한 지면知面 정도라면 몰라, 우정이라고까지 특히 지목할 만한 관계라면, 그것은 일종 연정의 기형아로밖에는 볼 수 없을 듯하다. 기형아이기 때문에 이성간의 우정은 늘 감상성感傷性이 붙는다. 늘 일보 전에 비밀지대를 바라 보는 듯한, 한 페이지를 읽다 그치고 덮어 놓은 듯한, 의부진意不盡한 데가 남는다. 우정 건축에 부적한 원료들이기 때문이다. 그 일보 전의 비밀 지대, 못다 읽고 덮는 듯한 최후의 페이지, 그것은 피차의 인격보다도 오히려 환경의 지배를 더 받을 것이다. 한 부모를 가진 한 피의 남매간이 아닌 이상, 제삼자의 시력이 불급하는 환경에 단 둘이 오래 있어 보라. 그 우정은 부부 이상의 것에라도, 있기만 한다면 돌진하고 남을 것이다.

이태준, 「이성간의 우정」

나. 구상수필

어떤 구체적 대상을 제재로 다룬 수필이다. 꽃, 나무, 산, 바다와 같은 자연물을 주된 제재로 다룬다. 그러나 구두, 기차, 냉면, 손전화와 같은 문명의 산물이 제재가 될 수도 있다. 자연물이 제재가 될 경우 대부분 긍정 내지는 예찬적 성격을 띠고, 문명의 산물일 경우는 긍정적일 수도 있지만 비판적일 경우가 많다. 고대 수필의 경우는 송頌이나 찬讚이, 현대 수필의 경우는 시적 수필, 서정적 수필이 여기에 해당된다. 김진섭의 「백설부」, 이양하의 「나무」, 윤오영의 「마고자」, 김기림의 「소나무송」 같은 것이 좋은 예다.

남들이 모두 살진 활엽을 자랑할 때에 아무리 여윈 강산에서 자랐기로니 그다지야 뾰족할 게 무에냐? 앙상하게 가시 돋힌 모양이 그저 산골서당 훈장님과 꼭 같다. 밤은 그래도 가시 속에 향긋한 알맹이라도 감추었는데, 솔잎이야 말라 떨어지면 기껏해서 움집 아궁이나 덥힐까?

그러나 구시월 횡한 날씨에 뭇 산천초목에서 푸른 빛은 모조리 빼앗아 버리는 그 서리바람도 솔잎새 가시만은 조심조심 피해서 달아난다 한다.

그러기에 하얀 눈은 일부러 푸른 솔가지를 가려서 앉으려 온다. 봉황이 운다면 아마도 저런 가지에 와 울겠지. 솔잎새 가시가 사로워 나는 손등을 찔러 본다.

김기림, 「소나무송」

다. 자전수필

작가의 자전적 내용을 다룬 수필이다. 이런 수필은 인물과 사건이 중심이 된다. 인물은 서술자인 '나'뿐만 아니라 '나'와 관계되는 사람이거나 내가 관찰한 인물일 수도 있다. 그런 의미에서 전기적 수필이라고 해도 무방할 것이지만, 대부분의 경우 수필은 나의 이야기를 다루기 때문에 자전수필이란 용어를 쓰기로 한다.

자전수필이라고 해서 전 생애를 다루는 경우는 드물다. 단편 소설이 인생의 단면을 다룬다면 자전수필은 단면 가운데서도 한 순간에 해당되는 아주 짧은 일화 같은 것을 다루는 것이 보통이다. 에피소드적 성격이 강하다. 이 에피소드는 아주 사소한 체험일 수도 있고, 그것으로 해서 그의 인생이 이전과 그 이후가 달라질 만큼 특별한 사건일 수도 있다.

자전수필의 사건은 소설적 사건과 다르다. 소설적 사건은 인과 법칙 위에 성립되지만, 자전수필의 사건은 우연 위에 성립한다. 소설이 플롯 plot이라면 자전수필은 스토리 story이다. 주자청의 「뒷모습」, 피천득의 「인연」, 남미영의 「노란 종이 우산」이 여기에 속한다.

한지에 콩기름을 먹여 만든 노란 종이 우산이었다. 아버지는 손잡이 부분을 빙글빙글 돌려 우산을 활짝 펴 주시며 말씀하셨다.

"학교에 가다가 키가 큰 어른이 같이 쓰자고 하면 안 된다고 하거라. 키가 너만한 아이는 같이 써도 좋지만."

우산을 쓰고 골목길에 나오니, 가겟집 추녀 밑에서 비를 피하고 있던 남자 어른이 껑충 뛰어나오며 말했다.

"아가, 나하고 좀 같이 쓰자."

"어른하고는 안 돼요. 키가 나만한 아이는 괜찮지만요."

나는 얼른 대답했다.

"허, 고거 참."

어른이 혀를 차며 도로 추녀 밑으로 들어가더니 금방 다시 나오며 말했다.

"아가, 그럼 내 키를 이렇게 줄이면 되잖아? 이렇게 하면 너하고 똑같으닝께……."

어른이 다리를 반쯤 접고 엉덩이를 뒤로 쑥 뺀 채 어기죽어기죽 걷기 시작했다. 꼭 오리 같았다.

"아가, 우산 무겁지? 자, 내가 들어 줄게. 이리 다오."

뒤뚱뒤뚱 몇 발자국을 걷던 그가 멈추어 서서 빤히 내 얼굴을 쳐다보며 말했다. 입술 위에 미소가 흐르고 있었다.

"그래요."

나는 우산대를 그에게 건네주었다. 몇 발짝을 같이 걸어 갔을 때, 우산이 조금 높아지고 치마에 빗줄기가 들이쳤다. 그리고 또 몇 발짝을 걸어가자 빗줄기가 얼굴을 때렸다. 깜짝 놀라 옆을 보니 어른이 어느새 접었던 다리를 쭉 펴고 목을 꼿꼿하게 세우고 있었다.

나는 그래서 알게 되었다. 아버지가 왜 키가 큰 어른하고 우산을 같이 쓰지 말라고 하셨는지를. 그러나 때는 이미 늦어 있었다. 어른은 우산을 들고 성큼성큼 걸어가고 나는 그와 보조를 맞추기 위해 뛰어야 했다. (중략)

밤에는 감기에 걸려 몸이 펄펄 끓었다.

남미영, 「노란 종이 우산」

어느 비오는 날 아침에 겪은 아주 단순한 사건이다. 이 사건은 필연성이나 개연성에 의해 짜여진 것이 아니다. 우연히 만난 어른 때문에 겪은 어려움이다. 그러나 그것을 통해서 작가의 인생관에 변화가 일어난다. 아버지가 어른과 같이 우산을 쓰지 말라고 한 이유를 알게 된다. 자전수필은 독자로 하여금 작가의 체험에 공감하게 함으로써 독자에게 감동을 주거나 독자의 인생관에 변화를 일으킨다.

그렇다고 해서 작가의 생애가 자전수필에만 들어 있다는 이야기가 아니다. 모든 수필에는 많든 적든 자전적 요소가 들어가 있게 마련이다. 다만 여러 요소 가운데 무엇이 중심인가 하는 것이 분류의 기준이 될 뿐이다.

라. 비판수필

인간이 이루어 놓은 문화는 물론, 그것들의 주체인 인간 전반에 대한 비판적 내용을 다루는 수필이다. 물질 문명의 피해에 대한 고발, 집단적 폭력성에 대한 저항, 인간의 허위와 위선에 대한 폭로를 제재로 하는 수필이다. 이런 수필은 과장과 축소, 비교와 대조, 조소와 자조, 해학과 풍자가 주된 무기이다. 사회적 수필, 풍자적 수필, 해학적 수필이 모두 여기에 속한다.

풍자는 부도덕한 인물이 도덕군자로, 악한 인물이 선한 인물로 행세하는 허위성을 벗김으로써 독자에게 웃음과 쾌감을 주는 기법이다. 거기에다 반전反轉이 일어날 경우 흥미는 그만큼 커진다.

그러나 비판적 내용을 소재로 하더라도 문학이라는 범주를 벗어나지 않는 비판이어야 한다. 사회 참여를 강조하다 보면 정서적 감동이 없는 건조한 글이 되기 쉽다. 주의 주장이 전면에 나오면 정서는 후퇴한다. 그런 수필은 문학에서 멀어진다. 비판적 수필이 실패하기 쉬운 것은 이 때문이다. 대상에 대한 직접적 비판보다 우회적 비판이 효과적이다. 칼로 내리칠 것을 칼등으로 내리치는 관용, 웃음이 있는 해학, 허위를 폭로하는 풍자, 정문일침의 기지와 역전의 드라마, 그것이 비판적 수필의 요건이다. 정약용의 「조승문弔蠅文」, 정호경「무성영화」, 정진권의 「개미론」, 유병석의 「왕빠깝빠」 등이 이에 속한다.

결국 낙향하고 말았지만, 처자를 거느린 지 십 년이 넘도록 남의 집 신세로 세월을 보내고 있는 후배 집에 놀러 갔었다. 주인 방 바로 옆에 딸린 단칸 셋방살이었다.

이야기하는 우리들 옆에서 그 친구의 어린놈들이 뭔가 조심스럽게 장난을 하고 있었다. 그런데 갑자기 후닥닥하는 소리와 함께 한 놈이 밖으로 튀었다. 나머지 한 놈은 뒤로 약간 넘어진 채 천장을 쳐다보고 입만 딱 벌리고 있었다. 웃고 있는 줄로만 알고 있었는데 볼을 타고 눈물이 주루룩 흘러내리고 있었다. 나는 그 친구의 얼굴을 무심결에 바라보았다.

"셋방살이를 오래 하다 보니 애들이 저 모양이 돼 버렸네."
쓸쓸히 웃음을 지으며 내뱉는 그 친구의 말이었다.
나는 어렸을 때 시골 장바닥의 가설극장에서 본 무성영화의 한 장면을 연상했다.

정호경, 「무성영화」

  한 편의 아주 짧은 수필이다. 그러나 짧지 않은 내용이 숨어 있다. 웃음 뒤에 감춰진 눈물이 있고 눈물 뒤에 감추어진 조용한 고발이 있다. 그러나 이 글은 비판의 칼끝을 노출시키지 않고 있다. 셋방살이를 하는 친구와 대척점對蹠點에 다수의 '집 주인들'이 설정되어 있지만 집주인들에 대한 비난이나 고발은 표면에 드러나 있지 않다. 그러나 독자들로 하여금 집 주인들은 셋방살이 아이들에 대해 관대하지 못하다는 사실을 눈치 챌 수 있게 한다. 아울러 가난한 사람들의 비애에 공감하게 한다. 나아가서 이런 슬픔이 없는 사회를 꿈꾸게 한다.

  수필가들의 참여 의식 결핍을 비판하는 사람들이 있다. 그러나 참여 문학이라고 해서 목청을 높여 떠드는 것이 참여 문학이 아니다. 그것은 구호일 뿐이다. 진정한 참여 문학은, 시인 김수영이 말했듯이, "당한 자의 아픔을 조용히 표현하는 것이다." 직설적으로 대상을 비판하는 것은 풍자이다. 그러나 그런 글은 문학은 되지 못한다. 그런 글에는 정서적 감동이 없다.

(2) 형식에 따른 종류

가. 시적 수필

시적 수필은 운율적 문장과 선명한 심상에 중점을 둔다. 묘사와 비유가 동원되고, 시어에 가까운 언어가 중심이 된다. 앞에서 말한 구상수필과 서정적 수필이 여기에 해당한다. 김진섭의 「백설부」, 김기림의 「길」, 김재원의 「4월에 돌아누워 우는 아내여」와 같은 수필이 여기에 속한다.

A   아내여, 판지 화분을 창 밖에 내다 놓고 15년이 흘렀다고 a말하지 않아도 된다. 또 (i)4월이 왔다고 힘주어 b말하지 않아도 된다. 창 밖 근심스런 발자국 소리처럼 자락자락 봄비가 내리고, 아내여, 저 스테레오 전축에서 흘러 나오는 베토벤의 영웅英雄을 이젠 c끄는 것이 좋겠다. 15년 전의 음악, 이젠 듣기가 민망해진 그 곡은 d꺼도 좋다.

B   아내여, (ii)4월이라고 힘주어 말하면서 돌아누워 우는 그 눈물의 의미를 모르지 않는다. 그 눈물의 하나하나가 내게 던지는 아픈 질문임을 모른다면, 나는 이미 (iii)4월의 광장에 섰던 경력을 내 이력서에서 지워 버렸을 것이다.

C   그 때의 e그 남자는 어디 갔느냐고, "투표는 포탄보다 강하다"는 링컨을 인용하던 f그 남자는 어디 가고 이젠 월례적인 보수와 약간 두툼한 보너스에 만족하는 중견 샐러리맨이 남았느냐고, 죽음보다 더 큰 것을 위해 죽겠다던 g당대當代의 남자는 어디 가고 평판과 예의만을 돌보는 중년 사내만 남았느냐고 당신은 지금 울고 있다.

김재원, 「4월에 돌아누워 우는 아내여」

앞에서 인용한 문인수의 「동백」과 비교 대조하면서 다시 읽으면 시와 시적 수필의 공통 특성과 차이점을 공부하는 데 도움이 된다.

이 글은 운율적 효과를 의식하고 있음을 쉽게 알 수 있다. 첫째는 세 개의 문단 중 C를 제외한 나머지 문단 첫머리에 "아내여"란 후렴구를 둔 점이다. 둘째는 통사적 반복법統辭的 反復法을 동원하고 있는 점이다. A의 a, b는 같은 어구인 "말하지 않아도 된다"의 반복이고, c, d는 "꺼도 좋다"의 반복이다. C의 e, f, g는 같은 구조의 문장을 반복하는 통사적 반복이다. 셋째는 같은 단어의 반복이다. '4월'이란 단어가 모두 (i), (ii), (iii)에서 세 번 반복되고, '15년'이란 단어가 또 세 번 반복된다. 이와 같이 같은 음이나 같은 단어 또는 같은 구조의 반복은 운율적 효과 외에 의미를 강조한다.

그러나 시와 시적 수필은 다르다. 시에 비해 서술적 성격이 강하기 때문에 시상의 응집력이 떨어진다.

나. 소설적 수필

소설적 수필은 인물과 사건이 기본 요소가 된다. 서사가 중심이지만 지나치게 치밀한 묘사에 머물지도 않고 장황한 서사에 의존하지도 않는다. 구성 면에서도 뚜렷한, 발단-전개-절정-결말과 같은 구조를 엄격히 지키지 않아도 된다. 쉽게 말해서 이야기가 있는 수필이다. 중심 인물은 작가 자신일 수도 있고, 작가가 관찰한 인물일 수도 있고, 제3자를 통해 들은 인물일 수도 있다. 자전수필, 서사수필은 여기에 속한다. 김소운의 「가난한 날의 행복」이 좋은 예이다.

시점에서는 객관성을 위해 3인칭 시점을 취하는 경우도 있으나 극히 예외적이다. 3인칭 시점을 취한 것으로는 서영은의 「거기 해바라기가 있었다」를 들 수 있다.

> 결혼한 지 1년이 지났지만 아내에겐 모든 것이 낯설기만 했다. 그 집엔 노인의 전처가 15년 남짓 살면서 남긴 흔적들이 그릇에 침구에 가구에 고스란히 남아 있었고, 다섯 마리의 개들까지도 전처가 거두고 기른 정으로 길들여져 있었다. 아내가 전처의 입김, 흔적들을 비켜 눈길을 줄 곳은 창 밖뿐이었다. 그것도 거실에서 내다본 뜰이 아니라, 주방의 식탁 앞에서 바라본 골목길과 길옆의 공터였다.
>
> 서영은, 「거기 해바라기가 있었다」

이 글에서 '아내'는 필자 서영은 자신이다. 3인칭 시점은 객관적 거리를 확보할 수 있는 이점이 있다. 그러나 그와 동시에 독자와 작가 사이에 형성되는 친밀감과 신뢰성을 잃을 가능성도 그만큼 높다. 작가가 전면에 내세운 인물 '아내'가 작가와 동일 인물이란 사실을 모르는 독자들에게 특히 그렇다.

다. 극적 수필

희곡의 형식을 취했으니까 '희곡적 수필'이라고 명명해야 하겠지만 일반적으로 '극적 수필'이란 용어가 보편화되어 있으므로 그렇게 부르기로 한다. 극적 수필은 대화가 중심이다. 둘 또는 그 이상의 인물이 주고받은 대화에 의해 사건이 진행된다. 뿐만 아니라 인물의 성격이나 주제가 대화를 통해 표현된다. 대다수의 수필에서는 지문이 중심이 되지만 극적 수필에서는 지문은 어디까지나 대화를 돕는 종속적 역할을 수행할 뿐이다. 고전 수필 가운데, 이규보의 「슬견설虱犬說」, 이인로의 「월등사 죽루죽기月燈寺竹樓竹記」가 있고, 현대 수필로는 피천득의 「은전 한 닢」이 있다.

(1) 예전 상해에서 본 일이다.
(2) 늙은 거지가 전장錢莊에 들어가서 일 원짜리 은전 한 닢을 내놓으면서 말한다.
(3) "황송하지만 이 돈이 못 쓰는 것이나 아닌지 좀 보아 주십시오."
(4) 그는 선고를 기다리는 죄인과 같이 전장 사람의 입을 쳐다본다.
(5) 전장 주인은 돈을 두들겨 보고 내어 주면서 말한다.
(6) "하-오."
(7) "하-오"라는 말에 기쁘게 돈을 받아 가슴에 숨기고 절을 몇 번이나 하며 간다.
(8) 얼마를 가다가 또 다른 전장으로 들어가 그 은전을 내 놓으면서 묻는다.
(9) "이것이 정말 은으로 만든 돈이오니까?"
(10) 전장 주인도 호기심 어린 눈으로 바라다보더니 말한다.
(11) "이 돈을 어디서 훔쳤어?"
(12) "아닙니다, 아니에요."
(13) "그러면 길바닥에서 주웠다는 말이냐?"
(14) "누가 그렇게 큰 돈을 빠뜨립니까? 떨어지면 소리는 안 나요? 어서 주십시오."

(15) "하-오."

(16) 전장 사람은 웃으면서 던져 준다.

(17) 돈을 받아 들고 달아나다가 담 밑에 쪼그리고 앉아 돈을 들여다 본다.

(18) "누가 그렇게 많이 도와 줍디까?"

(19) 내 말소리에 놀라 손을 가슴에 숨기고 일어나 달아나려고 한다.

(20) "염려 마십시오. 뺏어 가지 않소."

(21) 한참 머뭇거리다가 그는 이야기를 한다.

(22) "이것은 훔친 것이 아닙니다. 길에서 얻은 것도 아닙니다. 누가 저 같은 놈에게 일원 짜리를 줍니까? 각전角錢 한 닢을 받아 본 적이 없습니다. 동전 한 닢을 주시는 분도 백에 한 분이 쉽지 않습니다. 나는 한푼 한푼 얻은 돈에서 몇 닢씩 모았습니다. 이렇게 모은 돈 마흔 여덟 닢을 각전닢과 바꾸었습니다. 이러기를 여섯 번을 하여 겨우 '대양大洋' 한 푼을 갖게 되었습니다. 이 돈을 얻느라 여섯 달이 더 걸렸습니다."

(23) 그의 뺨에는 눈물이 흘렸다.

(24) "왜 그렇게까지 애써 그 돈을 만들었단 말이요? 무얼 하려고요?"

(25) 그는 다시 머뭇거리다가 대답한다.

(26) "이 돈 한 개가 갖고 싶었습니다."

피천득, 「은전 한 닢」

원문을 요약한 것이다. 이 글을 희곡이라 가정하고 분석해 본다.

무대 : (1)

지문: (2), (4), (5), (7), (8), (10), (16), (17), (19), (21), (23), (25)
대사: (3), (6), (9), (11), (12), (13), (14), (15), (18), (20), (22), (24), (26)

상해 거리라고 하는 무대舞臺와 열두 개의 지문地文과 열세 개의 대사臺詞로 된 1막 1장으로 된 단막극이라 할 수 있다. 대사가 반을 차지할 뿐만 아니라 사건과 인물의 심리와 주제가 대사를 통해 전개된다.

내용의 제시법에 있어서도 모든 수필의 공통 특성인 직접제시법을 사용하지 않고 있다. 처음부터 작가는 자기의 판단을 한 마디도 말하지 않는다. 작중 주인공인 '거지'를 통하여 말하게 한다. 희곡과 마찬가지로 지문의 시제도 (23)만 예외이고 모두 현재시제를 쓰고 있다. 희곡에 아주 근접해 있는 수필이다. 이 수필을 희곡으로 고쳐 써 보면 극적 수필을 이해하는 데 도움이 된다.

라. 비평적 수필

이것은 앞에서 말한 비판수필과 같은 성격의 수필이다. '비판적'이라 하지 않고 굳이 '비평적'이라 한 것은 수필의 형식적 특성이 이웃 장르와의 유사성에 기준을 둔 명명이기 때문에 비평 문학에 가까운 점을 고려하여 붙인 이름이다. 이무영의 「낙엽과 문학」 같은 수필이 여기에 속한다.

사실 가을이 되어 나무가 그 잎을 떨어뜨리는 것은 그 나무의 신진대사이지 생명이 다했음을 의미하는 것은 아니다. 그리고 이것은 다가 올 봄을 위한 준비요, 새 생활을 위한 생명력의 보강인 것이다. 그렇다면 우리의 문학도 나뭇잎이 떨어지는 것을 다만 피상적으로만 보고서 영탄조에 머물러 있어서는 안 될 것이다.

  우리는 좀더 젊어져야겠다. 우리의 문학도 젊어져야겠다. 지는 잎을 바라보며 애수에 잠기는 감상 문학에서 벗어나, 새봄을 준비하는 낙엽의 내적 생명력을 파악하여 그것으로 충일한 문학을 이룩해야겠다.

이무영, 「낙엽과 문학」

  이 밖에도 수필을 시대에 따라 '고대수필' '현대수필'로 분류할 수 있고, 서정이 중심이냐 서사가 중심이냐에 따라 '서정 수필'과 '서사 수필'로 분류할 수도 있다.

제2장

수필 쓰기 전략

01
수필의 언어

(1) 단어

사전에 수록된 단어들은 서로 독립되어 있지만 문장 속에서는 어떤 단어도 독립된 존재가 아니다. 각 단어는 다른 단어와 유기적 관계로 하나의 문장을 이룬다. 단어들의 이런 관계를 일반적으로, 유의類義와 반의反義 관계 그리고 상호 위상에 따라 다시 상위上位와 하위下位 관계로 분류한다.

가. 단어들의 관계

＊유의 관계와 반의 관계
소리는 다르지만 의미가 비슷한 단어들의 관계를 유의 관계라 하고, 그런 단어들을 유의어라 한다. 동의어란 말은 엄밀한 의미에서 성립하지 않는다. '즐겁다', '기쁘다'는 유의어지만 동의어는 아니다. 흔히 같은

의미로 혼동해서 쓰지만 뉘앙스가 다르고 쓰이는 경우가 다르다. '즐거운 게임'은 맞지만 '즐거운 소식'은 틀린다. 이 경우 '기쁜 소식'이라 해야 맞다.

'대중'과 '민중'도 그렇다. '대중 예술'이라고 할 때와 '민중 예술'이라고 할 때 그 의미가 각각 다르다. '대중'에서는 저급한 수준이라는 뉘앙스가 풍기고, '민중'에서는 이데올로기 냄새가 난다. 유의어를 많이 알아 두면 수필을 쓰는 데 도움이 된다. 같은 단어의 반복을 피할 수 있으므로 표현의 다양성을 실현할 수 있다.

단어들 가운데는 뜻이 비슷한 것도 있지만, 뜻이 상반되는 것도 있다. 이들 관계를 반의 관계라 하고, 이런 단어를 반의어 또는 상대어, 반대말이라고 한다. 반의어가 발달한 것은 우리를 둘러싸고 있는 세계가 유사한 것으로만 구성되어 있는 것이 아니라, '낮과 밤, 삶과 죽음, 적과 흑, 우연과 필연'처럼 대립되는 요소들로 구성되어 있기 때문이다. 반의어를 많이 알아 두면 사고를 명확하게 하고, 표현을 정확하게 하는 데 도움이 된다.

＊상하위上下位 관계

우리를 둘러싸고 있는 사물들은 유의 관계나 반의 관계 외에 상하위 관계로 맺어져 있다. 어떤 단어는 다른 단어를 포함하고, 다른 단어는 어떤 단어에 포함된다. 다른 단어를 '포함하는 단어'를 상위어上位語라 하고, '포함되는 단어'를 하위어下位語라 한다. 이런 상하위 관계는 세계의 존재 양상이기도 하다. 단어들의 상하위 관계를 잘 알아 두면 세계를 체계적으로 인식할 수 있고, 그것을 체계적으로 배열할 수 있다.

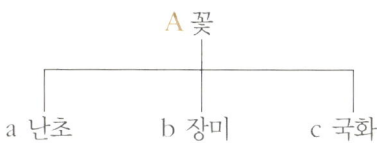

위에서 보는 것처럼 A는 상위어이고, a, b, c는 A에 대한 하위어이다. A가 상위어라 하더라도 그보다 의미가 넓은 '식물'이란 단어에 대해서는 하위어가 된다. 또 a가 A에 대한 하위어라 하더라도 그보다 의미가 좁은 말에 대해서는 상위어가 된다.

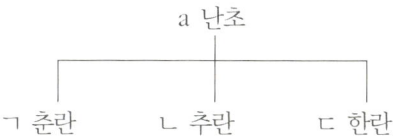

따라서 상위어와 하위어의 관계는 절대적이 아니다. 상대적이다. 이런 상하위 관계를 형성하는 단어들의 특성은, 상위어일수록 일반적인 의미가 강하고, 하위어일수록 구체적 의미가 강하다는 점이다. 단어의 이 같은 상하위 관계를 잘 파악하면 뜻을 명확히 하고, 일반적 진술과 특수진술을 잘 구분해서 표현할 수 있다. 뿐만 아니라 복잡한 사물이나 현상을 분류할 수 있으므로 문장의 논리를 세우는 데 도움이 된다.

(1) 우리 집 마당에는 계절에 따라 온갖 a꽃들이 핀다
(2) 봄에는 b살구꽃, 여름에는 c수련 그리고 가을에는 d국화가 핀다

(1)은 일반적 진술이고 (2)는 특수 진술이다. (2)에서 a '꽃'의 하위어 b살구꽃, c수련, d국화를 동원함으로써 (1)의 내용을 구체화시킨다. 이처럼 단어의 상하위 관계를 알아야 완결된 문단을 만들 수 있다.

나. 단어의 의미

한 개의 단어는 두 가지 의미로 쓰인다. 하나는 지시적 의미指示的 意味이고 다른 하나는 함축적 의미含蓄的 意味이다. 지시적 의미는 사전적 의미라고도 하며 사전에 풀이된 1차적 의미를 말한다. 함축적 의미는 1차적 의미에 덧붙여진 의미를 말한다. '땀'이란 단어를 보기로 한다.

(1) 전신에 땀이 흐른다
(2) 그의 성공은 땀의 결실이다

(1)의 "땀"을 사전에서 찾으면, "사람이나 짐승의 피부에 맺히는 진액"이라고 풀이되어 있다. 이것이 땀의 사전적 의미 곧 지시적 의미이다. (2)의 "땀"은 '노력'이라는 의미로 사용되었다. 이것이 함축적 의미이다.

일상생활에서는 지시적 의미가 중심이 되고, 문학에서는 함축적 의미가 중심이 된다. 이러한 차이점은 문학과 비문학을 구분하는 기준이 된다. 지시적 의미는 정보를 전달하고, 대상을 이해시키며, 상대방을 설득시키는 데 효과적이고, 함축적 의미는 기쁨, 슬픔, 노여움과 같은 정서를 전달하는 데 효과적이다. 함축적 의미에는 '문맥적 함축'과 '비문맥적 함축'이 있다. 문맥적 함축은 한 단어가 어떤 문맥에 들어 있는가에 의해 결정되고 비문맥적 함축은 문맥에 관계 없이 일정한 의미로 고정되어 있다.

A   그렇다면 아무것도 생각 말기로 하자. 그저 한량없이 넓은 <u>초록색</u> 벌판, 지평선, 아무리 변하여 보았댔자 결국 치열한 곡예의 역域을 벗어나지 않은 구름, 이런 것을 건너다 본다. 지구 표면적의 백분의 99가 이 공포의 초록색이리라. 그렇다면 지구야말로 너무나 단조 무미한 채색이다.

이상, 「권태」

B   그러기에 <u>초록</u>에 한하여 나에게는 청탁淸濁이 없다. 가장 연한 초록에서 가장 짙은 초록에 이르기까지 나는 모든 초록을 사랑한다. 그러나 초록에도 짧으나마 일생이 있다. 봄바람을 타고 새 움과 어린 잎이 돋아 나올 때를 신록의 유년기라 하면, 삼복 염천 아래 울창한 잎으로 그늘을 짓는 때를 그의 장년 내지 노년이라 하겠다.

이양하, 「신록 예찬」

A, B에서 밑줄친 '초록'이란 단어를 보자. 같은 단어인데 A에서는 단조로움, 무미건조함을 연상시키고, B에서는 청신함, 발랄함을 연상시킨다. 이것은 문맥에 따라 함축적 의미가 달라지기 때문이다.

비문맥적 함축은 문맥과 상관 없이 항상 같은 연상을 불러일으킨다. 다음 같은 말들은 비문맥적 함축이다.

(1) 꽃 : 아름다움
(2) 양 : 온순함

(3) 여우 : 간교함

(1)~(3)은 문맥에 관계 없이 오른쪽에 풀이된 의미를 함축한다.

다. 단어의 종류

＊일반어와 특수어

지시하는 대상이나 의미하는 범위가 넓으면 '일반어'라 하고, 일반어보다 지시하는 대상의 범위가 좁으면 '특수어'라 한다. 일반어와 특수어는 절대적이 아니라 상대적이다. 비교에 의해서만 구별될 수 있다. 일반어는 상위어와 통하고, 특수어는 하위어와 통한다. '꽃'이란 단어는 그 자체로는 일반어도 특수어도 아니다. '꽃'은 '난초'나 '장미'나 '국화'에 대해서는 일반어인 동시에 상위어지만 '식물'이란 단어에 대해서는 특수어인 동시에 하위어다.

　특수어는 일반어보다 감각적 경험을 생생하게 불러 일으키는 장점이 있다. 반면에 일반어는 짧은 문장 속에 넓은 의미를 담을 수 있는 장점이 있다. 특수어는 내용을 구체화시키는 데 효과적이고, 일반어는 긴 설명이나 사건을 한 마디로 요약하는 데 효과적이다. 한 편의 글은 이 두 가지 단어가 서로 상보적 관계로 조직되었을 때 비로소 완결된다.

　　　a새가 둥지를 틀고 있다
　　　b언덕 위에 집이 한 채 있다

a′<u>까치</u>가 둥지를 틀고 있다
b′언덕 위에 <u>기와집</u>이 한 채 있다

a의 '새'보다 a′의 '까치'가 더 구체적이다. b의 '집'보다는 b′의 '기와집'이 더 구체적이다.

일반어라 하더라도 앞에 수식어가 붙으면 특수어와 같이 구체성을 띤다.

a언덕 위에 집이 한 채 있다
a′언덕 위에 <u>하얀</u> 집이 한 채 있다

＊구체어와 추상어

모든 단어는 감각적 대상을 가리키는가, 아니면 비감각적 대상을 가리키는가에 따라 '구체어'와 '추상어'로 나뉜다. '산, 바다, 하늘' 그리고 '빨갛다, 시끄럽다, 달다, 구리다, 보드랍다'는 구체어이고, '문학, 철학, 성공' 그리고 '상상하다, 슬프다, 평화롭다'는 추상어이다.

특수어와 일반어의 구별은 상대적이지만, 구체어와 추상어의 구별은 절대적이다. 구체어는 특수어와 일반어로 분류된다. '꽃'과 '장미'는 모두 구체어이면서 '꽃'은 '장미'의 일반어이고, '장미'는 '꽃'의 특수어이다. 추상어도 특수어와 일반어로 분류된다. '정서'는 추상어이다. '기쁨, 슬픔, 노여움'도 추상어이다. 그러나 '정서'는 '기쁨, 슬픔, 노여움'을 포함하므로 일반어이고, '기쁨, 슬픔, 노여움'은 '정서'에 포함되므로 특수어이다.[1]

A   시간 예술이라고 지칭하는 음악에서 템포tempo의 완급은 대단히 중요한 비중을 차지한다. 동일 곡이지만 템포의 기준을 어떻게 잡아서 재현해 내느냐에 따라 그 음악의 악상은 달라진다.
   그런데 이처럼 중요한 비중을 지니는 템포의 인지 감각도 문화권에 따라서, 혹은 민족에 따라서 상이할 수 있으니, 동일한 속도의 음악을 듣고도 누구는 빠르게 느끼는 데 비해서 누구는 느린 것으로 인지하기도 하는 예가 바로 비슷한 경우라고 하겠다.

한명희, 「맥박의 음악과 호흡의 음악」

B   투명한 속살 속에 파르스름한 정맥류가 비쳐 보이는 손은 매력적이다. 여울물에 씻긴 조약돌처럼 깨끗하다. 가운데 손가락에 실반지라도 하나 끼어 있으면 좋고 없어도 결코 초라하지 않다. 긴 손가락 끝에 뽀족이 내민 손톱은 끝이라기보다 시작이며 무엇인가 생명을 가진 것들의 머리처럼 보일 때가 있다. 그 예쁜 손톱에 봉숭아 물이라도 들였다면 그녀는 분명 조선의 미감을 아는 사람일 게다.

오병훈, 「손톱」

  A는 추상어를 많이 쓴 글이다. '예술, 완급, 템포, 비중, 기준, 재현, 악상, 인지, 문화권' 등이 그 예이다. B는 구체어를 많이 쓴 글이다. '속살, 파르스름한, 여울물, 조약돌, 손가락, 손톱' 등이 그 예이다. A는 관념적이고 설명적이며, 딱딱하다. 객관적인 느낌이 강하다. 거기에

1. 이대규, 『수사학』, 신구문화사, 1998, p.77~78.

비해서 B는 감각적이고, 정서적이고, 부드럽다. 주관적 성격이 강하다. 정서적 감동에 목적을 둔 글이다.

　이처럼 상상을 자극하여 감각적 인상이나 정서를 불러 일으키는 문학 작품에는 구체어가 효과적이다. 지적 수필이나 비문학적 글에는 추상어가 효과적이다. 어떤 성격의 글을 쓸 것인가 하는 목적에 따라 구체어나 추상어 가운데 어느 하나를 택하는 것이 효과적이다.

라. 단어 선택의 실전

단어와 단어의 관계, 단어의 의미, 단어의 종류에 대하여 생각해 보았다. 모두 정확하고 효과적인 표현을 위해서 알아 두어야 할 기초 지식이다. 앞에서 공부한 모든 사항들을 참고하면서 다음에 예시하는 문장에서 단어 선택이 잘못된 것들을 찾아 고쳐 보기로 한다.

　단어 선택에서 또 한 가지 유의할 점은 선택하려는 단어들이 서로 어느 정도로 잘 조화되느냐 하는 문제이다. 여기서 말하려는 조화란 단어들의 계통, 또는 위계와 관용적 용법을 말한다. 단어는 추상적 기호이지만 결 무늬를 가지고 있다. 고유어에 대한 한자어가 있고, 경어敬語에 대하여 평어平語가 있고, 평어에 대하여 비어卑語가 있으며, 상위어에 대한 하위어가 있다. 또 관용적으로 어떤 말은 저희들끼리만 어울리기 좋아하고 다른 말이 오는 것을 배척한다. 이 모든 점을 고려하지 않으면 결이 맞지 않아서 이음새가 흉하게 보이거나, 아니면 무게가 한 쪽으로 쏠리는 현상이 일어난다.

　　A　더 이상 깎았다간 뼈를 다칠 듯, 얼굴은 a나무로 빚은 모습이었다

김원일, 「마음의 감옥」

B   제주는 a<u>지형</u> 특성상 논농사가 힘들다. 그래서 전라, 경상, 경기 등 다른 지역에서 백미 상태로 b<u>가공</u>한 쌀을 사 먹는다. 현재 전남이 70%를 점유, c<u>독보적</u> 위치를 차지하고 있다.

2006년 9월 19일 조선일보 기사

C   그날 당신과 a<u>우아하고 맛깔스러운</u> 레스토랑에서 저녁 식사를 하며 미리 축하해 주고 싶었어요.

권지예, 「고요한 나날」

D   될 수 있는 한 생생한 꽃들을 줍다 보니 바람 없는 가운데도 사선을 그으며 떨어져 내리는 꽃송이를 기다리게 되었고 그런 기다림에 a<u>부응</u>이라도 하듯 심심찮게 꽃들은 b<u>낙화</u>하고 있다.

서영애, 「때죽나무 꽃그늘에서 아침 한때를 보내다」

  A의 a는 단어의 선택이 잘못되었다. '나무'와 '빚다'는 호응할 수 없는 단어들이기 때문이다. '빚다'는 '흙으로 그릇을 빚는다'든가, '반죽으로 떡을 빚는다'고 할 때만 쓰인다. 밑줄 친 부분은 '나무를 깎은 듯한'으로 고치는 것이 옳다.

  B의 a는 제주도에 벼 농사가 안 되는 원인이 '지형'의 특수성 때문이라고 했는데, 이것은 잘못된 지식에 의한 단어 선택이다. '지형地形'이 아니라 '토질土質'이라 해야 맞다. 제주도는 현무암이 부서져서 된 '토

질'이기 때문에 물이 금세 잦아들어서 논농사가 안 되는 것이지 '지형' 때문이 아니다. 제주도보다 더 가파른 '지형'이라도 토질이 진흙으로 되어 있다면 계단식 논농사가 잘 된다.

B의 b는 '가공加工'이 아니라 '정미精米'나 '도정搗精'이라 해야 한다. 벼를 정미소에서 겉껍질을 벗겨서 쌀이 되게 하는 공정을 도정搗精이라 한다. 가공加工이란 쌀로 과자를 만든다든지 했을 때 쓰는 단어이다.

B의 c는 '독보적獨步的'이 아니라 '독점적獨占的'이라 해야 맞다. 독보적이란 이런 경우에 쓰는 말이 아니다. '그는 고대사 분야에서 독보적 존재로 알려져 있다'와 같은 경우에 쓴다.

C의 a도 마찬가지다. 의미상의 주어는 레스토랑이고, 거기에 대한 서술어가 '우아하고' '맛깔스럽다'가 되는데, 레스토랑이 우아하다는 말도 어색하지만, 더욱이 '레스토랑이 맛깔스럽다'는 말은 정도를 지나쳤다. 바로 잡으면, "그 날 당신과 멋진(또는 분위기 있는) 레스토랑에서 맛깔스러운 식사를 하며 미리 축하해 주고 싶었어요" 정도로 해야 했다.

D의 a '부응', b '낙화'도 문제가 있다. 고유어로 일관되던 말결이 갑자기 한자어의 등장으로 덜컹거린다. a "부응"은 앞뒤 문맥으로 봐서 너무 크다. '대답이라도 하듯'으로 고치는 것이 낫다. b '낙화'는 '떨어지고'로 하든지 아니면 '흩날리고' 정도로 하는 것이 낫다. 그래야 말결이 순탄해진다. 정서적으로도 효과가 크다.

단어의 선택에 대하여 몇 가지 더 생각해 보기로 한다.

A   오솔길에는 a수목의 청신함과 b야생화의 풋풋한 미소가 있다

B   지난 시절 인연이 없었던 사람이 떠오르면 여생의 어느 길목에서 우연히 만나게 되는 꿈에 젖을 수도 있다. 오솔길에서 맛볼 수 있는 이런 a<u>퇴영적 느슨함</u>은 나에게 더없는 b<u>환상적인 행복감</u>이다.

C   작은 새 한 마리가 a<u>꽃대 속으로 스며든다</u>. b<u>등짝</u>은 천마지 물빛처럼 c<u>파랗고</u> d<u>복부</u>는 잘 바랜 모시 필처럼 e<u>하얗게</u> f<u>조화</u>를 이루고 있었다.

 예문 A의 a, b를 자세히 본다. 이 글은 대구(對句)가 줄 수 있는 효과를 의도하면서도 제대로 그것을 살리지 못하고 있다. a와 b를 대구의 효과가 제대로 나게 하려면, 두 가지 해결 방법이 있다.
 첫째 방법은 '미소'를 빼고 '풋풋한'을 명사형인 '풋풋함'으로 바꾼다. 왜냐하면 그래야 바로 앞에 나오는 '청신함'과 결이 맞기 때문이다. 두번째 방법은 '미소'를 그대로 살리려면 '청신함'을 '청신한'으로 바꾸어야 한다. 그리고 미소와 호응할 수 있는 단어를 '청신한' 다음에 보충해야 한다. 예를 들면 '청신한 표정' 정도로 해야 한다는 이야기다. 그래야 다음에 나오는 '풋풋한 미소'와 짝을 이룰 수 있다. 지금까지 설명한 대로 고쳐 본다.

  첫째 방법: 오솔길에는 수목의 <u>청신함</u>과 야생화의 <u>풋풋함</u>이 있다
  둘째 방법: 오솔길에는 수목의 청신한 <u>표정</u>과 야생화의 풋풋한 <u>미소</u>가 있다

하지만 첫째의 경우는 둘째의 경우와 비교해서 어딘가 어색하다. 이유는 '청신함' '풋풋함'과 같이 명사형이 사용되었기 때문이다. 우리 언어 습관에서는 가급적 명사형을 피한다. 자주 쓰면 미숙한 느낌을 준다. 첫째보다 둘째가 낫다. 설사 둘째를 택한다 해도 아직 완전하지 못하다. 왜냐하면 한자어인 '청신한'과 고유어인 '풋풋한'이 같은 계통의 단어가 아니기 때문이다. 해당하는 단어가 없을 경우는 모르지만 가급적 고유어로 통일하든지 아니면 한자어로 통일하는 것이 좋다. '청신한'을 '싱그러운'으로 고치는 것은 어떨까.

뿐만 아니라 '수목'이란 한자어도 전체 문장의 분위기에서 볼 때 어색하다. '오솔길'이란 단어에 비해 너무 무겁고 공식적이기 때문이다. 고유어는 사적이고 부드러운 어감이므로 고유어 쪽으로 모두 통일시키는 것이 글 전체의 서정성을 살리는 데 도움이 된다. 고쳐 본다.

오솔길에는 나무들의 싱그러운 표정과 풀꽃들의 풋풋한 미소가 있다

B는 선택한 단어들끼리 내용상 충돌하는 예이다. a '퇴영적 느슨함'과 b '환상적인 행복감'이 서로 충돌한다는 이야기다. 옛 애인을 생각하는 일이 a '퇴영적'이라 부정적으로 말해 놓고는 바로 뒤에서 b '환상적 행복감'이라고 긍정적으로 표현했으니, 독자는 어느 것이 필자의 진정한 생각인지 혼란에 빠지게 된다. 백보 양보해도 이 문장의 소재나 주제의 성격상 '퇴영적'이니 '환상적'이니 하는 단어는 너무 과장된 감이 없지 않다. a를 '막연한 꿈' 또는 '막연한 기대'로, b를 '오붓한 행복감' 정도로 해 두면 어떨까. 그래야 앞에 나오는 '오솔길'과 '오붓한 행

복감'이 잘 어울린다.

　좋은 수필을 쓰기 위해서는 단어 하나 선택하는 일에서부터 치열한 고민을 해야 한다. 글을 쓰는 데에는 왕도가 없다. 쓰고 고치고 또 쓰고 고치고 하는 각고의 노력이 있을 뿐이다. 그 뒤에야 정상에 작은 깃발 하나를 꽂을 수 있다. B의 두 번째 문장을 고쳐 본다.

　　오솔길에서 맛볼 수 있는 이런 막연한 기대도 나에게는 더없이 오붓한 행복감으로 받아들여진다

　C의 a는 무리다. '새가 꽃대 속으로 스며들' 수는 없기 때문이다. '새가 꽃대 사이로 날아든다' 정도면 무리가 없을 것이다. 비유라고 주장해도 무리이기는 마찬가지다.

　C의 b '등짝', d '복부'는 서로 대응되는 단어인데, 첫째, 결이 맞지 않는다. 다시 말해서 단어의 계통이 맞지 않는다는 이야기다. 고유어와 한자어를 동등한 위치에 배치했기 때문이다. 고유어는 고유어끼리, 한자어는 한자어끼리 배치하는 것이 보다 말결이 자연스럽다.

　설사 그것을 무시한다 해도, '등짝'과 '복부'는 말의 수준이 맞지 않는다. b '등짝'은 비어卑語이고, d '복부'는 평어平語이기 때문이다. '등짝'은 '복부'와 같은 수준의 평어인 '등'으로 바꾸고, '복부'는 고유어인 '배'로 바꾸는 것이 자연스럽다. 이 글은 서정수필의 일부이다. 그런 내용에 맞게 하려면 가급적 고유어 계통의 말로 통일시키는 것이 효과적이다.

　C의 f도 단어 선택에 무리가 있다. c '파랗고'와 e '하얗게'는 함께 놓

으면 파랑은 더욱 파랗게 보이고 하양은 더 하얗게 보인다. 서로 대비되는 색이기 때문이다. 두 색은 f '조화'되는 것이 아니라 '대조'되는 것이다. 그러므로 f '조화'는 '대조'로 고쳐야 옳다. 조화란 동질적인 것들 사이의 어울림이고, 대조란 이질적인 것들 사이의 대비. C를 바로잡는다.

> 작은 새 한 마리가 꽃대들 사이로 <u>날아든다</u>. 둥은 천마지 물빛처럼 파랗고, 배는 잘 바랜 모시 필처럼 하얗게 대조를 이루고 <u>있었다</u>.

그러나 아직도 어딘가 어색한 데가 있다. '날아든다'와 '있었다'는 시제가 일치하지 않기 때문이다. '날아든다'를 '날아들었다'로 시제를 일치시켜야 문법에 맞는 문장이 된다.

단어의 선택에서 피해야 할 것이 또 하나 있다. 동일어의 반복이다. 강조의 효과를 위한 것이 아닐 때는 유의어로 바꾸어야 한다. 단어 선택은 문장의 성패를 좌우한다. 어찌 보면 그냥 뜻이 통하는 것 같지만 잘못된 정보를 줄 수도 있고, 정서적 반응에 비효율적일 수도 있다.

(2) 문장

가. 문장 성분

문장이란 단어를 문법에 맞게 배열하여 사상 감정을 전달하거나 표현하는 말의 단위이다. 인간의 언어 표현은 문장을 기본 단위로 하여 이루어진다. 어절은 하나 또는 두 개 이상의 단어로 구성된다. 문장 성분이란 하나의 문장 속에서 각 어절들의 역할에 따른 명칭이다. 문장 성분은 주어, 서술어, 목적어, 보어, 관형어, 부사어, 독립어로 나눈다.

 주어, 서술어, 목적어, 보어를 문장의 주성분이라 한다. 문장이 성립되기 위해서 반드시 필요한 성분이다. 주어는 문장의 주인 역할을 하고 서술어는 주어가 어떠하다는 상태와 동작을 나타낸다. 주어와 서술어의 거리가 너무 멀면 뜻이 불확실해진다. 목적어는 서술어가 부리는 대상이다. 보어는 우리말에서 드물게 쓰이는 성분이다. '되다', '아니다' 앞에만 온다. 다음 예문 가운데 밑줄 친 어절이 보어이다.

 물이 <u>얼음이</u> 되었다
 그는 <u>배우가</u> 아니다

그 밖에 관형어, 부사어를 부속성분이라 한다. 관형어는 명사를 수식하고 부사어는 동사나 형용사 또는 문장 전체를 수식한다. 독립어는 문장의 제일 앞에 놓이지만 다른 성분들과 독립되어 있으면서, 감탄, 놀람 등을 나타낸다.

 수식어가 있을 곳에 없으면 대상이 구체성을 얻지 못한다. 그러나 하나의 피수식어에 세 가지 이상의 수식어가 붙으면 오히려 뜻이 모호해진다.

 독립성분에는 독립어 하나밖에 없다. 독립어는 항상 문장의 앞에 오며, 뒤에 오는 문장 전체를 꾸민다. 모든 감탄사는 독립어이다. 그 밖에 제시어, 체언에 호격조사가 결부된 형태, 또는 부르는 말 대답하는 말과 같은 것도 독립어이다. 다음 밑줄 친 말은 독립어다.

 (1) <u>아,</u> 눈에 덮인 백두산 ·· 감탄사
 (2) <u>쳇,</u> 그 말을 누가 믿어? ·· 감탄사
 (3) <u>청춘,</u> 이는 듣기만 해도 가슴이 설레는 말이다 ········· 제시어

나. 문장 성분 사이의 호응

문장에서 성분 사이의 호응이 잘못되면 비문법적인 문장이 된다. 다음은 호응 관계가 잘못된 경우이다.

 (1) 방금 회장님의 말씀이 <u>계셨습니다</u>
 (2) 다인아, <u>선생님께서</u> 너 빨리 오래
 (3) 할머니께서는 아직 귀가 <u>밝습니다</u>

 (1)에서 '계셨습니다'는 주어 '말씀'의 서술어가 될 수 없다. '계셨습니다'는 '<u>있었습니다</u>'로 바로잡아야 한다. (2)에서 '오래'의 주어는 '선생님께서'이므로 '오라고 하셔'로 또는 '오라셔'로 바로잡아야 한다. (3)에서 주절의 주어가 할머니이므로 서술절의 서술어 '밝습니다'에는 주체존칭 선어말어미 '~(으)시'가 들어가야 한다. 따라서 '밝습니다'는 '밝으십니다'로 바로잡아야 한다.
 주체존칭 선어말어미 '~(으)시'나 존칭을 나타내는 단어가 한 문장 속에 계속 들어가는 것은 문장을 경직되게 한다. 마지막 서술어에만 넣는 것이 효과적이다.

(1) 아버지께서 산책하시러 공원으로 나가셨다가, 지금 막 돌아오셔서 서재에서 쉬시고 계십니다

(2) 아버지께서 산책하러 공원으로 나갔다가, 지금 막 돌아와서 서재에서 쉬고 계십니다

(1)에는 마지막 서술어가 주체존칭을 나타내는 단어이므로 나머지 4개의 주체존칭 선어말어미 '~(으)시'를 모두 제외시켜서 (2)와 같이 바로잡아야 자연스러운 문장이 된다.

성분 사이의 호응 관계는 주어와 서술어에서만 지켜지는 것이 아니다. 다른 성분 사이에서도 지켜져야 한다.

(1) 그들은 a바이올린과 b기타를 치면서, 밤새 노래를 불렀다
(2) 하늘은 푸르고, 바다는 철썩인다
(3) 날씨가 흐리면서, 비가 조금 내리겠다
(4) 내년부터 물가가 오를 전망이다

(1)에서 '치다'는 b '기타'의 서술어는 될 수 있지만 a '바이올린'의 서술어는 될 수 없다. 바이올린의 경우는 '치면서'가 아니라 '켜면서'이다.

(2)에서 앞절의 서술어 '푸르고'는 상태를 나타내고, 뒷절의 서술어 '철썩인다'는 동작이다. 따라서 서술하고자 하는 내용에 일관성이 없는데도 대등적으로 이어진 문장으로 연결시키는 바람에 어색한 문장이 되었다. 이런 경우 두 개의 문장으로 나누어야 한다.

(3)의 앞절과 뒷절의 호응 관계도 어색하다. 앞절의 서술어 '흐리면서'는 '흐리고'로 고쳐야 한다.

(4)에서 '오를 전망이다'는 '오를 것으로 전망된다'로 바로잡아야 한다. 그래야 문장이 자연스럽게 호응한다.

다. 문장의 구성과 종류

문장의 짜임은 두 가지로 나눈다. 하나는 주어와 서술어의 관계가 한 번 맺어지는 경우이고, 다른 하나는 주와와 서술어의 관계가 두 번 이상 맺어지는 경우다. 앞의 경우를 '홑문장', 뒤의 것을 '겹문장'이라 한다.

＊홑문장

홑문장은 다음과 같이 주어와 서술어의 만남이 한 번 이루어진다.

(1) 꽃이 아름답다 ································· 형용사가 서술어인 경우
(2) 바람이 분다 ····································· 자동사가 서술어인 경우
(3) 산호는 동물이다 ····························· 체언이 서술어인 경우
(4) 아이가 공을 찬다 ·························· 타동사가 서술어인 경우
(5) 나는 성인군자가 아니다 ·············· '아니다'가 서술어인 경우

＊겹문장

겹문장은 그 짜임새에 따라 크게 두 가지로 나뉜다. 첫째는, 하나의 홑문장이 다른 문장의 성분절로 '안기'는 경우이고, 둘째는, 두 개 이상의 홑문장이 '이어져' 하나의 문장을 이루는 경우이다. 앞의 것을 '안은

겹문장', 뒤의 것을 '이어진 겹문장'이라 한다.

안은 겹문장은, 하나의 문장이 하나의 다른 홑문장을 어떤 성분으로 안느냐에 따라 다시 다음과 같이 다섯 가지로 나뉜다. 괄호 속의 문장은 주절의 한 성분절로 안긴 종속절이다.

(1) (물이 어는 것은) 물리적 현상이다 ······ 명사절을 안은 겹문장
(2) (코가 빨간) 남자가 웃고 있다 ······ 관형절을 안은 겹문장
(3) 그는 (여비도 없이) 길을 떠났다 ······ 부사절을 안은 겹문장
(4) 동양 난은 (향기가 좋다) ······ 서술절을 안은 겹문장

이어진 겹문장은 앞 절에 결합된 연결어미의 뜻에 의해 뒷절과의 관계가 결정된다. 연결어미 '~고, ~며, ~요, ~지만, ~든지'가 결합되면, 앞 절과 뒷 절의 의미 관계는, '나열, 대조, 선택' 등이 된다. 이런 어미로 이어진 문장을 '대등적으로 이어진 겹문장'이라 한다.

이와는 달리, 연결어미 '~아/~어, (~아/~어)서, ~니, ~므로, ~면, ~거든, ~으려, ~는데'와 같은 연결어미와 결합되면 의미 관계가 종속적이 된다. 이런 문장을 '종속적으로 이어진 겹문장'이라 한다. 이 경우 앞 절과의 의미 관계는 '이유, 조건, 선택, 의도, 설명' 등 다양하다. 글을 쓸 때 이런 관계를 무시하면 비문법적 문장이 된다. 대등적으로 이어진 문장은 어떤 상황을 나열할 때 효과적이고, 종속적으로 이어진 문장은 논리적인 글에 적합하다.

대등적으로 이어진 겹문장

(1) 비가 오고 바람이 분다 ·················· 나열
(2) 인생은 짧고 예술은 길다 ················ 대조
(3) 먹든지 말든지 마음대로 하게 ············ 선택

종속적으로 이어진 겹문장
(1) 봄이 와서 꽃이 피었다 ················· 원인
(2) 손님이 오시거든 반갑게 맞아라 ·········· 조건
(3) 장차 시인이 되려고 한다 ··············· 의도

　이어진 문장에서 앞절과 뒷절에 같은 단어가 있을 경우, 어느 하나를 대명사로 교체하거나 생략하는 것이 좋다. 아니면 문장에 미숙함을 드러내는 격이 된다. 강조를 위한 목적이 아니면 같은 말의 반복은 피해야 한다. 다음 중 A는 a 또는 a´로, B는 b로 고치는 것이 좋다.

A　나도 영주를 자주 만나지만, 영주를 좋아하는 것은 아니다
　　a 나도 영주를 자주 만나지만, 그녀를 좋아하는 것은 아니다
　　a´나도 영주를 자주 만나지만, 좋아하는 것은 아니다

B　경수는 서울로 갔고, 철수는 부산으로 갔다
　　b 경수는 서울로, 철수는 부산으로 갔다

　문장이 길어지면 자연히 겹문장이 될 수밖에 없다. 그렇게 되면 안은 겹문장과 이어진 겹문장이 한데 얽혀서 문장이 복잡하게 되어 문장 성

분이 제대로 갖추어졌는지, 주어와 서술어의 관계가 제대로 되었는지 파악하기 어렵다.

  문장이 내적 필연성이 없이 장식적인 목적으로 지나치게 길어지면 의미 전달이 모호해진다. 글을 쓰는 사람은 이런 유혹에 빠지는 것을 경계해야 한다.

라. 문장의 길이에 따른 표현 효과

한 편의 글에서 짧은 문장과 긴 문장을 어떻게 배열하는가에 따라 효과가 달라진다. 이때 짧은 문장이란 곧 홑문장을 가리키는 말은 아니다. 또 긴 문장이란 겹문장과 동일한 말이 아니다. 구조상 홑문장이라도 수식어가 많이 붙으면 긴 문장이 될 수 있고, 구조상 겹문장이라도 주성분만으로 되어 있으면 짧을 수 있기 때문이다. 다음은 짧은 문장과 긴 문장이 주는 표현 효과의 차이를 열거한 것이다.

    짧은 문장이 주는 효과
        (1) 뜻이 명료해진다
        (2) 깔끔한 인상을 준다
        (3) 장면 전환, 사건의 진행 속도가 빠르게 느껴진다
        (4) 극적 장면이나 긴박한 상황을 표현하는 데 효과적이다
        (5) 긴 겹문장이 계속되다가 홑문장이 나오면 의미가 강화된다

    긴 문장이 주는 효과
        (1) 유장한 느낌을 준다

(2) 운율적인 맛을 살리는 데 효과적이다
(3) 심리적 정황이나 명상적인 수필에 효과적이다
(4) 회고적 감정을 표현하는 데 효과적이다

  같은 내용이라도, 하나의 긴 문장으로 표현하는 것과 몇 개의 짧은 문장으로 나누어 표현하는 것은 전혀 다른 효과를 가져 온다.

A_1 바람이 세차게 불자 덜컹거리던 창문이 갑자기 폭발하듯 열리는가 했더니 순간 꽃병이 탁자 밑으로 떨어져 깨어지면서 물에 젖은 빨간 장미송이들이 낭자하게 마루 바닥에 흩어졌다.

A_2 바람이 세차게 불었다. 덜컹거리던 창문이 갑자기 폭발하듯 열렸다. 순간 꽃병이 탁자 밑으로 떨어져 깨어졌다. 물에 젖은 빨간 장미송이들이 낭자하게 마루 바닥에 흩어졌다.

  하나의 긴 문장으로 표현된 A_1의 경우와 네 개의 짧은 문장으로 표현된 A_2가 독자에게 주는 효과는 전혀 다르다. A_1은 설명적 성격이 강하다. 따라서 평면적이다. 게다가 A_1에서는 네 가지 상황 즉 바람이 불고, 창문이 덜컹거리고, 꽃병이 떨어져 깨지고, 꽃들이 마루 바닥에 흩어지는 것들이 한데 섞여 있어 각 상황이 독립적으로 전달되지 못하고, 하나의 사건으로 처리되면서, 각 사건은 전체 속에 묻혀 버리고 만다.
  그러나 A_2처럼 짧은 문장으로 각 상황을 독립시키면, 각 상황이 감각적으로 확실하게 드러난다. A_1이 '말하기telling'라면 A_2는 '보여주기

showing'이다. A₁보다 A₂가 입체적이고 직접적이며 현장감을 준다. 뿐만 아니라 한 사건이 일어날 때마다 독자를 긴장하게 한다. 다음은 짧은 문장이 주는 효과에 대한 예들이다.

A   실고 간 나락이 쌀이 되어 나올 때까지 지루하게 기다리던 기억이 너무나 선명한 정미소 앞 마당은 생기라곤 전혀 없는 마른 풀들만 어지럽다. 콜타르 칠한 송판때기에 가위 그림을 곁들인 '소변 금지'란 팻말은 빛 바랜 잉크 글씨처럼 희미하다. a<u>모두 흘러간 세월 탓이다.</u>

구활, 「정미소 풍경」

B   꽃 바람이 불고 꽃비가 내리더니 어느 새 봄이 뒤태를 보인다. 꿈속의 연인처럼 그림자도 안 남기고 홀연히 사라져 버리려 한다. 아무도 모르게 조금씩 닳아지고, 산화되고, 공중분해 되어 버리는 우리네 젊음처럼 사랑처럼. a<u>봄은 짧다.</u> b<u>사랑도 짧다.</u> c<u>청춘 또한 그렇게 짧다.</u>

최민자, 「봄과 사랑과 청춘과」

A는 앞에 긴 두 개의 문장이 나오다가 짧은 문장 a가 나온다. 앞에 나온 두 개의 구체적 진술을 한 마디의 추상적 진술로 요약한다. 이렇게 긴 문장 다음에 오는 짧은 문장은 뜻이 강조된다. 그 모든 구체적 변화를 한 마디로 "세월 탓"이라고 잘라 말함으로써 지은이의 세월이란 허무하다는 판단을 독자에게 그대로 느끼게 한다. 만약 a를 긴 문장으로 말했다면 세월은 허무하게 느껴지지도 않았을 것이고, 지은이의 판단도 단호하게 느껴지지 않았을 것이다. 말하고자 하는 내용에 알맞은

형식을 취함으로써 효과를 거두고 있다.

　B도 앞에서 긴 문장으로 봄이 사라지는 뒤태를 보이다가 마지막에 세 개의 짧은 문장, '봄은 짧다', '사랑도 짧다', '청춘 또한 그렇게 짧다'를 열거함으로써 독자로 하여금 정말 짧고 허무하게 느끼게 했다. A보다 더 강한 느낌을 주는 것은 '짧다'라는 단어의 세 차례 반복에 의하여 의미가 강화된 때문이다. 내용과 형식의 일치, 그것은 모든 작가가 이루고자 하는 문장도의 이상이다.

　위에서 본 것처럼 하나의 문단은 긴 문장과 짧은 문장이 서로 교체되면서 내용에 알맞은 대목에 가서 알맞은 문장을 얻었을 때 표현의 묘를 얻게 된다. 문화인류학자 레비스트로스는 "인간이 만들어 낸 모든 문화현상은 인간과 가장 닮아 있다"고 했다. 인간은 단조로운 것을 싫어한다. 따라서 인간이 만들어 낸 모든 예술형식도 단조로움을 피하고자 한다. 사람은 같은 보폭으로 걷거나 뛰는 것을 싫어한다. 사람들이 춤을 좋아하는 것은 때로는 빠르게 때로는 느리게 움직이는 변화의 즐거움 때문이다. 무용이 동작의 완급緩急의 교체로 구성되듯이 글도 완급의 교체가 이루어질 때 즐거운 문장, 아름다운 문장이 이루어진다. **짧은 문장과 긴 문장의 적절한 교체. 이것이 문장 배열의 미학이다.**

마. 우리말의 시제

글을 쓰는 사람들이 시급히 고쳐야 할 병이 하나 있다. 시제時制에 대한 불감증이다. 이런 불감증은 수필가나 소설가뿐만 아니라 일반인 모두에게 해당된다. 일관성이 없는 시제 표현이 독자들에게 혼란을 준다는 사실을 의식하지 못하는 사람들이 의외로 많다. 심하면 **우리말에 시제가**

있느냐고 반문하기도 한다.

그런데 이런 잘못된 현상은 최근 들어 갑자기 생긴 일이 아니다. 30년대 작품에서도 지금과 같은 정도의 오류가 발견된다는 사실이다. 선배 작가들의 무관심이 오늘날까지 무비판적으로 답습된 데에 문제가 있다. 시제에 대한 설명은 유일하게 전문 문법 연구서나 아니면 고등학교 문법교과서에 나올 뿐이다. 과거와 현재를 불문하고 어떤 수필 작법 책이나 소설 작법 책에서도 언급된 바가 없다.

시제 표현의 혼란은 현재와 과거의 구분에서 나타난다. 몇 개의 문장을 현재 시제로 쓰다가 따분하다 싶으면 다음 문장은 과거시제로 바꾼다. 그렇게 또 몇 줄 쓰다가 다시 현재 시제로 바꾼다. 필연성이 없는 시제 바꾸기의 혼란이 하루 빨리 시정되지 않는다면 앞으로 이 악순환은 계속될 것이다. 외국어 시제에 대해서는 철저하게 공부하고 또 지켜야 한다고 생각하는 사람들이 왜 모국어의 시제에 대해서는 이처럼 무관심한 것인지 놀라울 뿐이다.

우리말의 시제는 복잡하지 않다. 과거, 현재, 미래, 동작상動作相 이렇게 네 가지로 구분된다. 말하는 시점時點 또는 글을 쓰는 시점을 발화시發話時라 하고, 이것을 기준으로, 그보다 사건이 먼저 일어난 경우 이를 과거라 하고, 발화시와 사건이 일어난 시점이 같을 경우 이를 현재라 하며, 발화시보다 사건이 뒤에 일어날 경우 이를 미래라 한다. 동작상에는 완료와 진행 두 가지가 있다.

과거 시제는 선어말 어미 '~았~/~었~'으로 실현된다. 관형절로 안길 때에는 관형사형 어미로 실현된다. 관형절의 서술어가 동사일 경우는 '~은'이, 형용사나 '이다'인 경우는 '~던'을 쓴다. 과거 시제는

'어제, 작년, 지난' 등과 같은 시간 부사와 함께 쓰일 때 분명해진다.

발화시보다 훨씬 오래 전에 일어나서 현재와 더 강하게 단절된 사건을 표현하기 위해서는 '~았었~' 또는 '~었었~'과 같은 겹친 형태의 과거 시제 선어말어미를 쓴다. '대과거'란 용어는 사용하지 않는다. 다음과 같은 경우가 아니면 쓰지 않는 것이 옳다.

(1) 이 선생은 고등학교 시절 장거리 선수<u>였었</u>다
(2) 자네가 떠난 뒤에 어떤 스님이 찾아<u>왔었</u>다네

현재 시제는 서술어가 동사인 경우는 선어말어미 '~는~/~ㄴ~'에 의해 실현된다. 형용사나 서술격 조사 '이다'일 경우는 선어말어미가 결합하지 않고 기본형으로 실현된다. 현재 시제에는 '지금, 요즈음, 현재, 오늘' 등과 같은 시간부사와 함께 쓰이면 더욱 분명해진다. 경우에 따라서 **확실성이 있는 미래, 보편적 진리, 습관이나 성격 또는 성질은 현재 시제로 표현한다**. 이런 몇 가지 점이 과거 시제와 현재 시제를 혼동하게 하는 요인이 된다. 확실하게 알아 둘 필요가 있다.

(1) 우리는 내일 동부 유럽으로 <u>간다</u> ········ 확실성 있는 미래
(2) 물은 낮은 곳으로 <u>흐른다</u> ················ 보편적 진리
(3) 짐승들이 마을로 자주 내려와서 울다 <u>간다</u> ········ 습관
(4) 준우는 누구에게나 친절하게 <u>대한다</u> ················ 성격

과거 시제와 현재 시제가 혼란을 일으키는 이유는, 앞에서 예를 든

네 가지 외에, 필자가 과거에 체험한 사건이지만 현장감을 주기 위해서 특정 장면을 현재 시제로 표현할 때 나타난다.

우리는 투우장에 a들어갔다. 그 때 마침 문이 열리더니 검은 소 한 마리가 b나왔다. 잠시 사방을 두리번거리더니 투우사를 향해 c달려든다. 투우사는 빨간색 망토를 가지고 소를 이리 저리 d조정한다. 화가 난 소가 콧김을 불며 투우사를 향해 e돌진한다. 투우사는 순간 몸을 날렵하게 피하면서 소의 잔등에 날카로운 칼을 f꽂는다. 소가 g쓰러진다. 사람들이 달려오더니 소를 싣고 h나간다. 손에 땀을 쥐게 하는 i장면들이었다.

이 예문에서 a, b는 과거 시제로 표현되다가 c, d, e, f, g, h까지는 현재 시제로 표현되었다가 다시 i에 와서는 과거로 되돌아간다. 이유는 c~h까지는 투우와 투우사의 혈투 장면을 생생하게 독자가 느낄 수 있게 하기 위한 목적에서 과거 시제를 현재로 바꾼 것이다. 이 점에 대해서는 다음에 다시 한 번 언급하기로 한다. 그러나 그런 목적도 없이 마음 내키는 대로 시제를 바꾸는 것은 문법에 어긋난다.

미래 시제는 장차 일어날 일을 표현하거나, 추측이나 의지를 나타내기도 한다. 미래 시제는 선어말어미 '~겠~'으로 실현된다. '내일, 다음에, 앞으로'와 같은 말과 함께 쓰면 미래 시제가 분명해진다.

동작상은 발화시를 기준으로 두 가지로 나눈다. 동작이 계속 이어지는 모습을 진행이라 하는데, '~고 있다'로 실현된다. 동작이 막 끝난 모습을 완료라고 하는데, '~어 있다'로 실현된다.

(1) 붕어들이 어항 속에서 놀고 있다 ·················· 진행
(2) 산이 높이 솟아 있다 ·················· 완료

바. 시제 표현의 실전

시제에 대해서 공부했다. 이것을 기초로 하여 문학 작품에 나타난 잘못된 시제를 바로잡아 보기로 한다.

나는 그 짧은 기사를 읽었다고 할 수 a없다. 거의 번개 같은 속도로 나의 눈이 그 위를 훑었고 읽기도 전에 그 내용을 파악했다는 편이 b옳다. 커다랗게 확대되어 나의 이름이 들어왔고 그러자마자 나의 심장이 미친 듯 c뛰었다. 그 뛰는 심장으로 한참을 망연히 앉아 있다가 나는 또 놀란 듯이 주변을 d훑어보았다. 자료실 안의 이쪽 칸은 늘 그렇듯이 거의 비어 e있다.

최윤, 「회색 눈사람」

이 글의 시제는, a현재, b현재, c과거, d과거, e현재로 이동하고 있다. 의식의 흐름을 따라 기술한 자동기술법도 아니다. 객관적 상황을 서술하고 있는데, 아무 이유없이 시제가 수시로 바뀌고 있다. 그렇다고 현장감을 주기 위한 목적에서 결과된 경우도 아니다. 따라서 정확한 상황 전달에도 실패하였다. 이 글의 시제는 모두 과거로 통일하는 것이 옳다. 시제를 통일시키면, 일관성을 지킨 글이 되어 독자가 내용을 파악하는 데 도움이 된다.

그런데 이런 현상은 오늘날의 작가들에게만 발견되는 것은 아니다.

정확한 문장 쓰기로 유명했던 이태준의 수필에도 시제 혼란이 나타난다.

〈어제 경성 역으로부터 신촌 오는 a기동차에서다.〉 책보를 메기도 하고, 끼기도 한 소녀들이 참새 떼가 되어 재깔거리는 틈에서 한 아이는 얼굴을 무릎에 파묻고 흑흑 느껴 울고 b있었다. 다른 아이들은 우는 동무에게 잠깐씩 눈은 던지면서도 달래려 하지 않고, 무슨 시험이 언제니, 아니니, 내기를 하자느니 하고 저희들끼리만 c재깔인다. 우는 아이는 기워 입은 적삼 등허리가 그저 d들먹거린다. 왜 우느냐고 묻고 싶은데 마침 그 애들 뒤에 앉았던 큰 여학생 하나가 나보다 더 궁금하였든지 먼저 e물었다. 재잘거리던 참새 떼는 딱 그치더니 하나가 대답하기를,

"걔 재봉한 걸 잃어 버렸어요."

f한다.

"학교에 바칠 걸 잃었니?"

"아니야요. 바쳐서 잘했다구 선생님이 칭찬해 주신 걸 잃어 버렸어요. 그래서 울어요."

큰 학생은 이내 우는 아이의 등을 흔들며 g달랜다.

"애, 울문 뭘 허니? 운다구 찾아지니? 울어두 안 될 걸 우는 건 바보야."

이 달래는 소리는 기동차 달아나는 소리에도 퍽 맑게 들리어, 나는 그 맑은 소리의 주인공을 다시 한 번 돌려 h보았다.

이태준, 「작품애」

이 글에서 대화 부분의 시제는 일치되어 있다. 그런데 지문地文에 나타난 시제는, a현재, b과거, c현재, d현재, e과거, f현재, g현재, h과거로 이유없이 바뀌고 있다. 이 글에 나타난 사건은 발화시 즉 작품을 쓰는 시점보다 먼저 일어난 것이다. 따라서 지문의 전체 시제는 과거로 통일하는 것이 옳다. 게다가 첫 문장〈 〉속에는 '어제'라는 과거 시간 부사가 들어 있는데도 서술어 a '기동차에서다'의 시제는 현재로 되었다. 잘못이다.

시제 일치는 각 문장 속에서 결정되게 마련이지만, 장르에 따라 기본 시제가 있다. 시와 희곡은 현재 시제가 기본이다. 소설은 과거 시제가 기본이다. 소설의 모태가 설화이고 설화는 모두 과거 시제로 되어 있다. **수필의 기본 시제는 두 가지다. 추상수필과 구상수필, 그리고 서정 수필일 경우는 시처럼 현재 시제가 기본이지만, 서사 수필일 경우는 기본 시제가 소설처럼 과거 시제이다.** 예를 들어 이양하의 「나무」나 김진섭의 「백설부」는 모두 현재이다. 그러나 피천득의 「인연」이나, 김소운의 「도마소리」 같은 서사 수필은 과거 시제이다.

그러나 심리주의 소설과 같이 심리적 갈등을 자동 기술법自動記述法으로 쓸 때는 매 순간 변하는 의식의 흐름을 따라 과거, 현재, 미래가 수시로 교체될 수 있다.

(1)동무는 아직도 계급 의식이 그대로 남아 있소. 출신 계급을 탓하지는 않겠소. 오해하지 마시오. 그 근성이 나쁘다는 것뿐이오. 다시 한 번 생각할 여유를 주겠소. 한 시간 후, 동무의 대답이 모든 것을 결정 지을 거요. (2)몽롱한 의식 속에서 갓 지나간 대화가 오고 간다. (3)한

시간 후면 모든 것은 끝나는 것이다. (4)사박사박 걸음을 옮길 때마다 발 밑에서 부서지던 눈. 그리고 따발총구를 등뒤에 느끼며 앞장을 서 가는 인민군 병사를 따라 무너진 초가집 뒷담을 끼고 이 움막 속 감방으로 오던 자신이 마음 속에 삼삼히 어른거린다. (5)한 시간 후면 나는 그들에게 끌려 예정대로의 둑길을 걸어가고 있을 것이다. 몇 마디 주고 받은 다음 대장은 말할 테지. 좋소. 뒤를 돌아보지 말고 똑바로 걸어가시오. 발자국마다 바삭바삭 부서지는 소리가 날 것이다.

오상원, 「유예」

이 소설은 현재 시제인 (2)와 (4)를 기준으로 주인공의 의식의 흐름을 따라, (1)과거, (3)미래, (5)미래 순으로 서술되었다. 적군에게 잡혀서 언제 총살당할지 모르는 한 포로의 불안한 심리 상태가 잘 드러나 있다. 그러나 '사실의 세계에서는 과거와 현재의 구분이 분명해야 하며, 일관성이 있어야 한다.'

다음 글에서 잘못된 시제를 바로잡아 본다.

눈이 펑펑 오는 a날이었다. 역두 驛頭에는 유치진 내외분―그리고 몇몇 친구가 전송을 b나왔다. 영하 사십 도의 북만으로 간다는 청마가, 외투 한 벌 없는 '세비로' c바람이다. 당자야 태연 자약일지 모르나 곁에서 보는 내 심정이 편하지 d못하다. 더구나 전송 나온 이 중에는 기름이 흐르는 낙타 오버를 입은 이가 e있었다.

내 외투를 벗어 주면 f그만이다. 내 잠재 의식은 몇 번이고 내 외투를 내가 벗기는 g기분이다. 그런데 정작 미안한 노릇이 나도 외투란 것을 입고 있지 h않았다.

발차 시간이 i가까웠다.

내 전신을 둘러보아야 청마에게 줄 아무것도 내게는 없고, 포켓에 꽂힌 만년필 한 자루가 손에 만져질 j뿐이다. 내 스승에게서 물려 받은 프랑스제 '콩크링'— 요즈음 '파카'니 '오터맨' 따위는 명함도 못 내놓을 최고급 k만년필이다. 일본 안에도 열 자루가 없다고 l했다.

"만년필 가졌나?"— 불쑥 묻는 내 말에, 무슨 뜻인지도 모르고 청마는 제 주머니에서 흰 촉이 달린 싸구려 만년필을 끄집어 내어 나를 m준다. 그것을 받아서 내 주머니에 꽂고 '콩크링'을 청마 손에 쥐어 n주었다. 만년필은 외투도 방한구도 아니련만, 그 때 내 심정으로는, 내가 입은 외투 한 벌을 청마에게 입혀 보낸다는 그런 o기분이었다.

김소운,「외투」

각 문장의 서술어의 시제를 보면 모든 사건이 발화시 이전에 일어난 것임에도 불구하고 a과거, b과거, c현재, d현재, e과거, f현재, g현재, h과거, i과거, j현재, k현재, l과거, m현재, n과거, o과거로 되어 있다. 열다섯 개의 서술어의 시제가 수시로 바뀐다. 아무 이유가 없다. 시제를 일치시켜야 한다. c, d, g, j, k, m 모두를 과거 시제로 고치고, 다만 f만은 사실이 아니라 상상이라고 볼 수 있기 때문에 구분하기 위하여 현재로 두는 것이 효과적이다.

좀더 시제에 대한 인식을 확실하게 하기 위하여 한 가지 예를 더 든다. 앞의 예들보다 시제가 더 복잡하다. 주의 깊게 분석하지 않으면 이해하기 어렵다.

집에 와서 방망이를 내 놨더니 아내는 (1)⟨예쁘게 a깎았다⟩고 b야
단이다. (2)⟨집에 있는 거보다 참 c좋다⟩는 d것이다. 그러나 나는 전
의 것이나 별로 다른 것 e같지가 않았다. 그런데 아내의 설명을 들어
보면, (3)⟨배가 너무 부르면 힘들어 다듬다가 옷감을 치기를 잘하고,
같은 무게라도 힘이 들며, 배가 너무 안 부르면 다듬잇살이 펴지지 않
고 손에 헤먹기가 f쉽다. 요렇게 꼭 알맞은 것은 좀체 만나기 g어렵다⟩
는 h것이다. 나는 비로소 마음이 확 i풀렸다. 그리고 그 노인에 대한
내 태도를 j뉘우쳤다. 참으로 k미안했다.

윤오영, 「방망이 깎던 노인」

이 글에서 틀린 시제는 b, d, h이다. 이미 발화시 이전에 일어난 사
건이다. 따라서 b, d, h는 과거 시제로 고쳐야 한다. 그래야 뒤에 나오
는 서술어들, e, i, j, k와 일치할 수 있다.

이 글에서 '아내'의 말을 인용한 부분인, (1)⟨ ⟩, (2)⟨ ⟩, (3)⟨ ⟩
를 자세히 보기로 한다.

서술어 a, c, f, g에서 a만 과거이다. 나머지는 모두 현재 시제이다.
왜냐하면 a가 과거인 것은 아내가 방망이를 받았을 때는 이미 깎는 행
위가 끝난 이후이기 때문이다. 그리고 나머지 c, f, g가 모두 현재여야
하는 이유는 다음과 같다. 모두 아내가 말하는 당시의 말을 인용한 것
이란 이유도 있지만 c와 f는 방망이의 성질을 말한 것이고, g는 생활 속
에서 일어나는 진리를 말하기 때문이다. 자기 손에 꼭 맞는 방망이를
만나기 어렵다는 것은 모든 여인들이 경험에서 얻어진 진리라고 봐야
한다. 앞에서 말한, 성격이나 성질, 습관, 불변의 진리 같은 것은 현재

시제를 취한다는 말을 다시 한 번 상기하기 바란다.
위에서 설명한 내용에 따라 다음과 같이 고친다.

집에 와서 방망이를 내 놨더니 아내는 (1)〈예쁘게 a<u>깎았다</u>〉고 b<u>야단이었다</u>. (2)〈집에 있는 것보다 참 c<u>좋다</u>〉는 d<u>것이었다</u>. 그러나 나는 전의 것이나 별로 다른 것 e<u>같지 않았다</u>. 그런데 아내의 설명을 들어 보면, (3)〈배가 너무 부르면 힘들어 다듬다가 옷감을 치기를 잘하고, 같은 무게라도 힘이 들며, 배가 너무 안 부르면 다듬잇살이 펴지지 않고 손에 헤먹기가 f<u>쉽다</u>. 요렇게 알맞은 것은 좀체 만나기 g<u>어렵다</u>〉는 h<u>것이었다</u>. 나는 비로소 마음이 확 i<u>풀렸다</u>. 그리고 노인에 대한 내 태도를 j<u>뉘우쳤다</u>. 참으로 k<u>미안했다</u>.

우리말의 시제는 영어나 독일어 같은 외국어에 비해 쉬운 편이다. 조금만 주의를 기울이면 쉽게 정복할 수 있다. **시제 일치는 수필뿐만 아니라 모든 문장이 지켜야 하는 우리말의 규칙이다. 시제는 문장의 일관성에 관계된다.** 모국어 사랑이 별다른 것이 아니다. 일차적으로 우리말 규칙을 잘 지키는 일이다.

사. 번역투의 문장

어떤 나라의 말이든 이웃 나라의 말과 서로 영향을 주고 받으며 변화를 계속한다. 우리말도 중국어와 일본어를 비롯한 여러 언어들과 이러한 관계를 가져 왔다. 특히 해방 이후에는 서양의 영향이 컸다. 외국어는 우리말 어휘뿐만 아니라 문장에까지 영향을 끼쳤다. 그래서 우리말에는 어색한 '번역투의 문장'이 많아졌다. 이미 우리말로 체질화된 것은 굳이 문제 삼을 필요가 없더라도, 우리말에 맞지 않는 것은 고쳐 나가야 한다.

그 가운데 가장 두드러진 것이 '피동 표현'의 남용이다. 우리말에 피동 표현이 없는 것이 아니다. 그러나 피동 표현을 가급적 피하는 것이 우리말의 특성이다. 영어에서 피동형으로 표현하는 것도 우리말에서는 능동으로 표현하는 경우가 많다. 우리말의 이런 특성을 인식하지 못하고 피동형을 마구 쓰면 어색하고 서툰 번역투의 문장이 되고 만다. 다음 밑줄 친 부분을 본다.

A 북데기만 요란했지 실은 느슨하게 a묶어진 이불 보따리였다. (중략) 느닷없이 그는 자기 학력을 밝히더니만 대문을 열고는 보안등 하나 없는 칠흑의 어둠 저 편으로 자진해서 b삼켜져 버렸다.

윤흥길, 「아홉 켤레의 구두로 남은 사나이」

B 근데 일단 잠자리에 들면 몸이 막 사려지고 안 되더라구.

구효서, 「그녀의 야윈 뺨」

C 피부가 당겨지며 아팠을 텐데 그녀는 내색하지 않았다.

한 강, 「그대의 차가운 손」

D 네 개의 작살을 등에 꽂은 소는 분함과 고통으로 길길이 날뛰기 시작한다.

권지예, 「투우」

E 그 사람으로서 무심중에 나와질 말, 말에 그 사람의 체취, 성미의 냄새, 신분의 냄새, 그 사람의 때가 묻은 말을 찾아야 하는데, 그런 말이 얼마든지 있을 것이 아니라 결국 하나일 것이다.

이태준, 「문장 강화」

A의 a는 번역투이다. 이런 경우 우리는 이렇게 말하지 않는다. '묶은'이라고 능동형을 쓴다. b도 마찬가지다. 이런 경우는 '삼켜 버렸다'고 한다. 고친 다음 이 문장을 두 개의 문장으로 나누는 것이 자연스럽다.

북데기만 요란했지 실은 느슨하게 a묶은 이불 보따리였다. (중략) 느닷없이 그는 자기 학력을 밝히더니만 대문을 열고 나갔다. 보안등 하나 없는 칠흑의 어둠이 그를 b삼켜 버렸다.

B의 '사려지고'라는 말은 문법에 어긋나는 말이다. '사리다'는 타동사이다. 모든 타동사가 다 피동이 될 수 있는 것은 아니다. 여기에 피동접미사 '~지다'를 붙인 것은 잘못이다. '사려지고'의 주어 '몸이'를 목적어 '몸을'로 바꾸고, '사려지고'는 '사려지게'로 한 다음 피동보조동사 '되다'를 붙여야 한다.

근데 일단 잠자리에 들면 몸을 막 사리게 되면서 안 되더라구.

C의 '당겨지며'도 같은 번역 투이다. '당기다'는 타동사로 쓰이기도 하고, 자동사로 쓰이기도 한다. '밧줄을 당기다'일 경우는 타동사로 쓰인 경우이고, '핏줄이 당기다'일 때는 자동사이다. 위의 경우는 자동사로 쓰면 되는 것을 일부러 타동사로 만든 다음 다시 피동보조 동사 '지다'를 결부시켜 번거롭게 자동사를 만들고 있다. 다음과 같이 고친다.

피부가 <u>당기며</u> 아팠을 텐데, 그녀는 내색하지 않았다.

D는 A, B, C의 경우와는 반대이다. 피동형 '꽂힌'을 써야 할 곳에 능동형 '꽂은'을 썼다. 마치 의미상의 주어 '소'가 스스로 자기 등에 작살을 꽂은 것처럼 표현했다. '작살을'은 '작살이'로 고치고 '꽂은'은 '꽂힌'로 바로잡아야 한다.

E의 경우, '나와질'은 '나올'로 고쳐야 한다. 이건 우리말이 아니다.

현대 우리 글에는 번역투의 문장이 적지 않다. 그러나 일일이 다 열거할 수 없다. 우선 피동형의 남용이라도 막았으면 하는 것이 필자의 바람이다. 우리말을 사랑하는 길은 거창한 구호에 있는 것이 아니다. 시제의 경우와 마찬가지로 우리의 어법을 지키는 일이다.

(3) 문단

가. 문단의 의미와 기능

문단이란 한 덩어리의 생각을 하나 또는 그 이상의 문장으로 나타낸 글의 하위 단위이다. 문단은 생각의 단위이므로 그 자체로 의미가 완결되어야 한다. 그러나 구조적으로 완전히 독립되어 있을 수는 없다. 다른 문단과 유기적 관계를 맺으면서 글 전체의 주제를 중심으로 통일되어야 한다. 글 전체의 주제에 대하여 각 문단의 주제를 '소주제'라 하고 전체 제재에 대한 각 문단의 제재를 '종속제재'라 한다.

　문단을 나누면 편리한 점이 있다. 작가 쪽에서는 생각을 한 단계씩 매듭을 지으면서 다음 단계로 넘어갈 수 있어 좋고, 독자 쪽에서는 긴 글의 내용을 한 단계씩 이해하고 넘어갈 수 있어 좋다. 따라서 문단은 생각의 단위이므로 그 생각의 덩어리가 바뀌지 않는 한 문단을 바꾸어서는 안 된다. 반대로 한 문단 안에 두 가지 이상의 소주제나 또는 종속제재가 들어 있어서도 안 된다.

　다음 글을 읽어 보고 하나의 문단이 하나의 생각 즉 소주제를 나타내는지, 두 가지 이상의 종속제재가 들어 있는 것은 아닌지, 또는 문단과 문단은 서로 어떤 유기적 관계를 가지고 있는지 검토해 본다.

A　설빔이 끝나면 음식으로 접어든다. 역시 즐거운 광경들이었다.
B　a어머니는 미리 장만해 둔 엿기름가루로 엿을 고고, b식혜를 만드셨다. 아궁이에서는 통장작불이 활활 타고, 쇠솥에선 커피색 엿물이 설설 끓었다. 그러면 이제 정말 설이 오는구나 하는 실감으로 내 마음은 온통 그 아궁이의 불처럼 행복하게 타올랐다. c오래오래 달인 엿을 식혀서는 강정을 만들었다. 검은 콩은 볶고 호콩은 까고 깨도 볶아 놓았다가 둥글둥글하게 콩강정도 만들고 깨강정도 만들었다. 소쿠리에 강정이 수북이 쌓이면서 굳으면, 어머니는 독 안에다 차곡차곡 담으셨다.

C   수정과를 만드는 일도 쉽진 않다. 우선 감을 깎아 가으내 말려서 곶감을 만들어 두어야 한다. 알맞게 건조한 곶감은 바알갛게 투명하기까지 하고, 혀끝에는 녹는 듯한 감칠맛이 있다. 이것을 향기로운 생앙물에 띄우고, 한약방에서 구해 온 계피를 빻아 뿌리는 것이다.

D   빈대떡도 손이 많이 가는 음식이다. 우선 녹두를 맷돌로 타서 물에 불려 거피를 내고 다시 맷돌에 곱게 갈아, 돼지고기와 배추 김치도 알맞게 썰어서 넣은 다음, 넉넉하게 기름을 두르고 부쳐 내는 것이다. 며칠씩 소쿠리에 담아 놓고 손님 상에 내놓기도 좋거니와 솥뚜껑에 푸짐히 부쳐 가며 온 가족이 둘러 앉아 먹는 것도 별미였다.

전숙희, 「설」

  A~D에서 중심 문단은 A이다. B, C, D는 뒷받침 문단이다. 각 문단의 소주제와 종속제재는 다음과 같다.

A   주제 : 설음식을 만드는 광경
      제재 : 설음식

B   소주제 : a엿과 b식혜와 c강정을 만드는 광경
      종속제재 : 엿, 식혜, 강정

C   소주제 : 수정과를 만드는 광경
      종속제재 : 수정과

D 소주제 : 빈대떡을 부치는 광경
　　종속제재 : 빈대떡

　B, C, D는 모두 A의 주제 '설음식을 만드는 광경'에 대한 구체적 진술 문단이다. C는 A의 제재 '설음식을 만드는 광경'에 대한 소주제 '수정과를 만드는 광경'과 제재 '설음식'에 대한 종속제재 '수정과' 하나로 구성되어 있다. D도 소주제 '빈대떡을 만드는 광경'과 종속제재 '빈대떡' 하나로 구성되어 있다. 다시 말해서 C문단과 D문단은 각각 하나의 소주제와 하나의 종속제재로 구성되어 있다. 두 문단 모두 앞에서 말한 문단의 구성 조건을 충족시키고 있다.
　그런데 B가 문제이다. B에는 제재인 '설음식'에 대한 3가지 종속제재 a엿, b식혜, c강정이 들어 있다. 한 문단에는 하나의 소주제 또는 하나의 종속제재만 허용된다는 문단의 구성의 요건을 어기고 있다. 엿과 식혜를 만드는데, 엿기름가루가 들어간다는 공통점은 있지만 별개의 음식이다. 따라서 엿, 식혜, 강정을 독립시켜 각각 하나의 문단으로 잡아야 한다.
　이때 식혜는 제외시키는 것이 바람직하다. 왜냐하면 식혜는 제시만 되었지 그에 대한 구체적 진술이 없다. 지나가면서 한 마디 던져 놓고 간 것뿐이다. 그만큼 덜 중요하다는 이야기다. 실제로 글을 쓸 때 제재에 종속되는 모든 종속제재를 다 열거할 필요는 없다. 주제를 살리는 데 필요한 선에서 멈추는 것이 글의 효과를 위해서도 좋다.
　그러나 만일 '식혜'에 대해서도 굳이 언급하고 싶다면, 식혜에 대한 소주제 문장과 뒷받침 문장을 갖추어 독립된 하나의 문단을 만들어야 한다.

  b "식혜를 만드셨다"를 제외시키고 B문단을 '엿을 고는 광경'과 '강정을 만드는 광경'을 각각 독립된 문단으로 잡아서 앞의 것을 B_1, 뒤의 것을 B_2로 한다.

B_1 어머니는 미리 준비해 둔 엿기름가루로 엿을 고았다. 아궁이에서는 통장작불이 활활 타고, 쇠솥에선 커피색 엿물이 설설 끓었다. 그러면 이제 정말 설이 오는구나 하는 실감으로 내 마음은 온통 그 아궁이의 불처럼 행복하게 타올랐다.

B_2 오래오래 달인 엿을 식혀서는 강정을 만들었다. 검은 콩은 볶고 호콩은 까고 깨도 볶아 놓았다가 둥글둥글하게 콩강정도 만들고 깨강정도 만들었다. 소쿠리에 강정이 수북이 쌓이면서 굳으면, 어머니는 독 안에다 차곡차곡 담으셨다.

  이처럼 한 문단 안에는 하나의 소주제와 하나의 종속제재만을 담도록 짜야 한다. 그래야 문단의 주제가 명료해지고 각 종속제재들끼리 동등한 대접을 받게 된다.

나. 문단의 구성

＊소주제 문장과 뒷받침 문장

하나의 문단은 소주제 문장을 중심으로 뜻을 효과적으로 전달하기 위해 동원된 하나 이상의 다른 문장으로 조직되어 있는데, 이런 문장을 뒷받침 문장이라 한다. 다시 말해서 하나의 문단은 하나의 소주제 문장과 그것을 뒷받침하는 하나 또는 그 이상의 뒷받침 문장으로 구성되어 있다.

소주제 문장은 일반적 진술 또는 추상적 진술로 표현된다. 내용을 압축하는 데 효과적이기 때문이다. 뒷받침 문장은 특수진술 또는 구체적 진술로 표현된다. 소주제가 구체성을 띨 수 있게 하기 위해서이다. 또 뒷받침 문장 가운데는 앞의 뒷받침 문장을 다시 뒷받침하는 것도 있다. 이 경우 구체적 사실이 한층 더 구체화되는 효과가 있다. 일반적으로 뒷받침 문장은 예시, 이유, 설명, 논거 등의 내용으로 되어 있다.

> a어쩌다가 큰 건물에 들어갈 때, 나는 회전문 앞에서 항상 긴장을 느낀다. b마치 어릴 때 친구들과 줄넘기 놀이를 하면서 그 회전하는 반원 속에 뛰어들 때처럼….
> c어린 시절 그 정확한 투신(投身)을 위해서 얼마나 많은 망설임과 결단을 반복했던가. d때로는 비장한 각오 끝에 두 눈을 꼭 감은 채 뛰어들곤 하지 않았던가? 실패하지 않기 위해서 무엇보다 호흡을 잘 가다듬고 단숨에 들어서야 한다. 그건 상당한 민첩성을 요구했다.
>
> 염정임, 「회전문」

a는 소주제 문장이다. b는 a에 대한 뒷받침 문장이고, c는 소주제문장이고 d는 c에 대한 뒷받침 문장이다. 이처럼 뒷받침 문장이 계속될수록 문단의 소주제는 더 구체화된다.

그러나 모든 문단에 소주제 문장이 들어가 있어야 할 필요는 없다. 예시나 묘사 문단에서는 생략된다.

키 큰 미루나무가 아침 햇살에 반짝이고 있었다. 먼지 나는 그 길을 아버지 등에 매달려서 학교를 다녔다. 은빛 자전거 바퀴에 밀려나는 자갈돌은 자르르 자르르 소리를 내며 길 가장자리로 밀려나갔다. 그 소리가 신기해서 내려다보면 뽀얗게 피어오르는 먼지가 코를 찔렀다. 신작로 맞은편에 나란히 놓여 있던 철길에는 간간이 중앙선 열차가 긴 경적을 울리며 지나갔다.

김혜주,「아버지의 은빛 자전거」

이 글에는 소주제 문장이 없다. 하나의 문단이 묘사만으로 되어 있다. 이처럼 서정적 수필에는 문단에 소주제 문장이 없어도 무방하다.

02
수필의 효과적 내용 전개

(1) 묘사

묘사란 대상을 있는 그대로 그리는 것을 말한다. 묘사의 대상은 무엇이나 될 수 있다. 묘사에는 외부 묘사와 내부 묘사가 있다. 사물의 외형이나 풍경 또는 인물의 외모를 묘사하는 것은 외부 묘사이고, 인물의 심리를 묘사하는 것은 내부 묘사다.

어떤 묘사이든 묘사에는 질서가 있다. 이 질서를 지키지 않으면 일관성을 잃게 되어 독자를 혼란스럽게 한다. 또 몇 개의 세부 묘사 뒤에는 그것들을 하나의 인상으로 묶어야 한다. 그렇지 않으면 통합적 인상을 주지 못한다. 이 '통합된 인상'을 달리 '중심적 심상'이라 한다.

가. 묘사의 순서
　- 묘사의 순서는 내용의 전개에 의해 결정된다

현실 세계에 존재하는 모든 대상은 부분과 전체가 동시에 지각된다. 마치 사진을 찍을 때와 마찬가지다. 그러나 글을 쓸 때는 이처럼 동시에 지각된 대상을 동시에 글로 옮길 수가 없다. 늘 어디서 시작해서 어디서 끝을 낼 것인가 하는 문제에 부딪치게 된다. 이것이 사진 찍기와 글쓰기의 다른 점이기도 하고, 글쓰기의 어려운 점이기도 하다.

묘사의 순서는 앞에서 뒤로, 뒤에서 앞으로. 왼쪽에서 오른쪽으로, 오른쪽에서 왼쪽으로. 또는 주변에서 중심으로 또는 그 반대로 할 수도 있다. 배경 묘사 같은 것은 원경遠景에서 중경中景을 거쳐 근경近景으로 하든가, 아니면 그와 반대로 할 수도 있다. 그러나 원경을 묘사하다가 근경을 묘사하고 그러다가 다시 중경을 묘사하면 혼란에 빠진다.

　　(1)산들은 내리는 눈 속에 어슴푸레 흐려지고, (2)마을 또한 닭소리 하나 들리지 않은 채 눈 속에 잠겨 가는데, (3)물결을 따라 십 리나 구부러진 바닷가의 백사장에도 개 한 마리 얼씬하지 않고 하염없이 눈만 쌓이고 있는 것이었다. (4)마을 동쪽으로 흐르고 있는 시냇가에 열을 지은 키다리 버드나무들도 모조리 눈을 뒤집어쓰고, (5)바닷가 모래사장 뒤 송정松亭이라고 부르는 솔밭의 푸른 소나무 가지들도, 눈 속에 색깔을 숨기고 있는 것이었다. (6)배가 들어올 때마다 와자지껄 하면서 생선 냄새를 풍기던 선착장의 지저분한 모든 것들도 잠자코 흰 눈을 덮어쓰고 있는 것이었다.

윤고종, 「눈 내리는 포구」

이 글은 눈 오는 풍경을 원경에서 중경을 거쳐 근경의 순서로 묘사하고 있다. 그렇게 한 것은 근경인 선착장에서 일어나는 정경에 대하여 말하고자 하는 의도가 있을 때이다. 만약 이 글을 근경인 선착장에서 시작해서 원경으로 묘사의 순서를 정했다면 작가의 의도는, 눈 속에 희미해져 가는 먼 산이 주는 인상이나, 아니면 그 산 너머에 있는, 갈 수 없는 고향에 대한 그리움을 표현하는 데에 있어야 한다. 이처럼 묘사의 순서는 작가의 의도하는 것이 무엇인가에 의해 결정되는 것이다.

그런데 인용된 글은 어딘가 좀 혼란스럽다.

(1)에서 원경을 묘사한 다음, (2)에서 중경을 묘사한 것까지는 좋았는데, 그 다음은 (3)에서 근경을 묘사하고는 다시 (4)와 (5)에서 중경으로 되돌아갔다가 다시 (6)에서 근경으로 되돌아 온 때문이다.

그러니까 근경인 (3)의 배열이 잘못되었기 때문에 글이 일관성을 잃어 혼란스러워진 것이다. 다음과 같이 묘사의 순서를 바로잡아야 한다.

  고치기 전 순서 : (1) – (2) – (3) – (4) – (5) – (6)

  고친 후의 순서 : (1) – (2) – (4) – (5) – (3) – (6)

나. 중심적 심상

 – 여러 인상을 하나의 인상으로 통합하라

앞의 예문을 다시 보기로 한다. 여기서는 원경, 중경, 근경이 세부적으로 잘 묘사 되었지만 전체적으로 통합된 인상을 주지 못한다. 이유는 전체의 인상을 하나로 묶어 주는 '중심적 심상'이 빠졌기 때문이다.

다음 예문을 본다.

비 오는 날 우산을 들고 소나무 사이를 거닐면, 뒷산 허리를 감도는 비구름 자락이 소나무숲까지 휘감아서, (1)좀 먼 데 있는 소나무는 어슴푸레 흐려 보이고, (2)가까운 소나무 가지는 뚜렷하게 나타나 (3)<u>아담한 수묵화 같은 광경을 이루어 놓는다.</u>

윤고종, 「소나무 숲」

(1), (2)에 나타난 세부 묘사는 (3)의 비유를 통해서 '수묵화'라는 하나의 중심적 심상으로 통합되었다. 앞에서 든 예문「눈 내리는 포구」가 통합된 느낌을 주지 못하는 것은 위와 같은 중심적 심상이 빠졌기 때문이다.
중심적 심상 또는 지배적 심상은 풍경 묘사에서뿐만 아니라 인물 묘사에서도 중요하다.

지금 내 앞에는 방금 읽은 번역서 한 권이 놓여 있다. (1)은회색 표지에는 단발머리 젊은 여인이 아련한 미소를 띤 채 모자 밑으로 세상을 기웃이 내다보고 있다. (2)그녀의 눈매는 유난히 깊숙하여, 그 너머엔 기나긴 고통의 터널을 지나 마침내 자신과 세상에 대한 깊은 통찰에 다다른 한 영혼이 깃들어 있음을 짐작하게 한다. (3)그런데 어딘가 이상하다. (4)여인의 얼굴은 지나치게 기름하고, 그 턱은 낯설도록 뾰족한 세모꼴이다. (5)기다란 목과 함께 모딜리아니의 여인을 연상시키는 얼굴.

최순희, 「서른 개의 슬픈 내 얼굴」

여인의 모습에 대한 세부적 묘사 (1)부터 (4)까지 읽어 내려가도 인물이 선명하게 떠오르지 않는다. 그러나 (5)를 읽었을 때 비로소 떠오른다. 이것이 바로 중심적 심상이 주는 효과이다. 세부적인 묘사의 가짓수가 많으면 많을수록 중심적 심상의 필요성은 그만큼 커진다.

(1)칠흑 같은 머리에는 윤기가 흐르고, (2)초승달처럼 굽고 짙은 눈썹, (3)파랗고 차가운 듯한 살구 같은 눈, (4)향기를 내뿜는 듯한 앵두 같은 입술, (5)오뚝 솟아 아름다운 옥 같은 코, (6)붉게 물든 요염한 볼, (7)애교가 넘치는 은쟁반 같은 얼굴, (8)연약한 꽃처럼 호리호리한 몸매, (9)섬섬옥수 가는 파 같은 손, (10)약간 굽은 버들가지 같은 허리, (11)약간 부풀어 오를 듯한 배, (12)적당히 살이 붙은 젖가슴, (13)흰 종아리….

작가 미상, 「금병매」

이 글은 반금련潘金蓮이라는 여인의 아름다움을 묘사한 부분인데 매우 혼란스럽다. 첫째는 묘사의 순서에 일관성이 없기 때문이고, 둘째는 중심적 심상이 없기 때문이며, 셋째는 너무 많은 것을 열거했기 때문이다.

일관성 있는 묘사를 하기 위하여 열거한 각 항목들을 머리, 몸통, 팔다리의 세 부분으로 분석한다.

머리 : (1) – (2) – (3) – (4) – (5) – (6) – (7)
몸통 : (8) – (10) – (11) – (12)
팔다리 : (9) – (13)

머리 부분의 묘사 순서를 보면, (1)머리칼, (2)눈썹, (3)눈까지는 위에서 아래로 일관성 있게 묘사되었다. 그런데 (4)입술부터 순서가 혼란을 일으키고 있다. (3)눈 다음에는 (5)코를 묘사해야 하고, 그 다음에는 (6)볼을 묘사한 다음에 (4)입술을 묘사했어야 했다. 그러니까 머리 부분의 묘사 순서는 다음과 같이 고쳐야 한다.

고치기 전 순서 : (1) – (2) – (3) – (4) – (5) – (6) – (7)

고친 후의 순서 : (1) – (2) – (3) – (5) – (6) – (4) – (7)

그러나 이것으로 만족스러운 묘사가 된 것은 아니다.
아이들이 엄마를 그리는 순서를 보면 대개 동그라미를 먼저 그린 다음 거기에 눈, 눈썹, 코, 입, 머리칼 또는 귀 순서로 그린다. 이 글에서도 그런 순서를 따르는 것이 자연스럽다. 그래야 거기에 여러 요소들을 배치하기 쉽다. 몸통 부분도 바로잡아야 한다. (8)몸매를 먼저 묘사하고 (12)젖가슴, (10)허리, (11)배의 순서로 묘사한다. 사지 부분은 제외한다.

고치기 전 얼굴 부분 : (1) – (2) – (3) – (4) – (5) – (6) – (7)

고친 후의 얼굴 부분 : (7) – (3) – (2) – (5) – (6) – (4) – (1)

고치기 전 몸 부분 : (8) – (10) – (11) – (12)

고친 후의 몸 부분 : (8) – (12) – (10) – (11)

　그렇더라도 이 글은 인체의 각 부분을 해부해 놓고는 봉합하지 않은 상태로 둔 것 같이 각 부위가 분리되어 유기체로서 통일성을 잃고 있다. '중심 심상'을 잡을 수 없기 때문이다. 반금련이란 여인이 열세 가지나 되는 미인의 조건을 갖추었지만 살아 움직이지 못한다. 이 빈사 상태의 여인을 살려 내려면 세분된 인상들을 하나의 인상으로 묶어 주어야 한다. "방금 그린 미인도에서 걸어 나온 여인같이 요염했다" 정도면 어떨까? 우선 급한 대로 그것을 (14)라고 한 후 마지막에 놓는다.
　그런데 묘사를 하든 서사를 하든 눈에 보이는 것, 일어난 사건을 모두 열거할 필요가 없다. 그렇게 되면 오히려 효과를 반감할 수도 있다. 그러니까 '대표성이 큰 것'만 남기고 나머지는 제거하는 것이 효과적이다. 열세 개의 세부 묘사 가운데서 (2)눈썹, (4)입술, (5)코, (6)볼, (9)손, (10)허리, (11)배, (13)종아리는 대표성이 약하므로 생략한다. (1)머리칼, (3)눈, (7)얼굴, (8)몸매, (12)젖가슴만 남긴 후 원문에서는 머리부터 묘사했지만 순서를 바꾸어서 몸매부터 묘사한다. 그런 다음 (14)를 덧붙인다.

원문의 묘사 순서 : (1) - (3) - (7) - (8) - (12)

재배열 후의 순서 : (8) - (7) - (3) - (1) - (12) + (14)

(8)호리호리한 몸매에 (7)희고 둥근 얼굴, (3)파랗고 차가운 듯한 눈, (1)검은 머리칼과 (12)적당히 살이 붙은 젖가슴, (14)한 마디로 방금 그린 미인도에서 걸어 나온 여인같이 요염했다.

동양 미인의 조건은 흰 피부, 숱이 많은 검은 머리, 푸른 기운이 도는 눈, 호리호리한 몸매 그리고 볼륨이 있는 젖가슴으로 충분하다.

다. 묘사의 시점

묘사에는 두 가지 시점視點이 있다. 하나는 고정시점固定視點이고 다른 하나는 이동시점移動視點이다. 고정된 위치에 놓은 캔버스에 그림을 그리듯, 전면 180도 시야에 들어 오는 대상을 묘사해가는 것이 고정시점이고, 걷거나 차를 타고 가면서 눈에 비치는 대상을 차례대로 그려 나가는 것을 이동시점이라 한다. 고정시점이니 이동시점이니 하는 말은 동양화와 서양화의 차이를 설명할 때 쓰는 용어 중의 하나이다. 서양화는 고정시점을 취한다면 동양화는 이동시점을 취한다는 이야기다. 앞에서 예를 든 모든 문장은 고정시점에서 대상을 묘사한 것이다. 이동시점은 다음과 같은 기행수필일 경우에 적합하다.

그 때 나는 그 길을 지프로 달리고 있었다. 두 뼘 남짓한 운전대의 유리창 너머로 내다본 나의 조국은, 그리고 그 고향은 한결같이 평범하고 좁고 쓸쓸하고 가난한 것이었다. 많은 해를 망각의 여백 속에서 그냥 묻어 두었던 풍경들이다. (1)이지러진 초가 지붕, (2)돌담과 (3)깨어진 비석, (4)미루나무가 서 있는 냇가, (5)서낭당, (6)버려진 무덤들, 그리고 (7)잔디, (8)아카시아, (9)말풀, (10)보리밭, 정적하고 단조로운 풍경이다.

이어령, 「풍경 뒤에 있는 것」

몰고 가는 차창에 비친 조국의 가난한 시골 풍경이 이동시점에 따라 전개되고 있다. 자세히 보면, (1), (2), (3)는 공덕비가 있는 마을 풍경이고, (4), (5), (6)는 마을에서 좀 떨어진 풍경이고, (7), (8), (9), (10)는 좀 멀리 떨어진 자연 풍광으로 나눌 수 있다. 그런데 이 글에서도 지배적 심상이 빠져 있다.

"고향은 한결같이 평범하고 좁고 쓸쓸하고 가난한 것"
"많은 해를 망각의 여백 속에서 그냥 묻어 두었던 풍경"
"정적하고 단조로운 풍경"

이렇게 세 번에 걸쳐 언급했지만 모두 추상적 진술에 머물고 있다. 따라서 통합적이고 구체적인 인상이 떠오르지 않는다. 이 세 가지를 다음과 같이 비유적 심상으로 통합하면 어떨까?

"고향은 언제 보아도 빛바랜 풍경화처럼 쓸쓸했다."

(2) 서사

서사는 묘사와 달리 대상의 움직임을 시간의 추이에 따라 그리는 진술 방식이다. 어떤 행동이나 사건이, "언제, 어디서, 어떻게, 왜 일어났는가" 하는 질문에 대한 대답이기 때문에 서사는 자연적으로 이야기 형식을 취하게 된다.

서사의 목적은 행동이나 사건의 추이를 눈에 보이도록 표현함으로써 독자에게 정보를 주거나, 정서적 영향을 주는 데 있다. 정보를 주는 것을 목적으로 하는 서사를 '설명적 서사' 또는 '객관적 서사'라 하고, 정서적 영향을 목적으로 하는 서사를 '문학적 서사' 또는 '주관적 서사'라 한다.

가. 서사의 순서

서사의 순서는 사건 발생의 순서와 일치시킬 필요가 없다. 여러 사건이 연속되어 일어났다 해도 그 가운데서 중요한 사건이 있고 덜 중요한 사건이 있다. 정보의 전달을 목적으로 하는 설명적 서사와는 달리, 문학적 서사의 목적은 사건을 기록하는 데 있는 것이 아니라 독자에게 정서를 전달하여 감동을 주는 데 있으므로 효과적이라고 판단되면 사건의 시간적 순서를 바꾸어야 한다. 시간적 순서를 바꾸면 독자의 호기심을 자극하고 긴장감을 지속시켜 감동을 크게하는 효과 있다.

(1) 마흔을 훌쩍 넘겼던 어느 날, 부모님이 우리 집에 왔다
(2) 구석방에서 남편을 앉혀 놓고 내 이야기를 했다
(3) 부모님이 간 후 남편이 내게 말했다. "자기는 무서운 년이래"

(4) 내가 대학을 졸업하자 아버지는 내게 한 푼의 돈도 더 쓰지 않겠다고 선언했다
(5) 나는 대학원에 가야겠다고 했다
(6) 아버지는 더없이 완강하게 나왔다
(7) 나는 동생들을 모아 놓고 일장 연설을 했다. "너희들은 오늘부터 다 학교를 자퇴해라. 너희들 월사금은 다 내가 쓰겠다. 너희들 중 한 놈도 밤새워 공부하는 것을 보지 못했다. 우수한 놈도, 학문에 대한 열정이 넘치는 놈도, 미래에 대한 야망을 품은 놈도 없다. 너희가 쓰는 돈은 국가와 민족의 낭비다. 그렇지만 나는 너무 우수하다. 지금 공부를 중단하는 것은 민족 자원의 훼손이다"
(8) 동생들은 입을 쩍 벌리고 멍하니 나를 쳐다봤다
(9) 아버지는 아무 말도 않고 내게 등록금을 주었다
(10) 남편은 부모님으로부터 그 이야기를 들었던 것이다

김점선,「무서운 년」

윗 글은 원문「무서운 년」을 요약한 것이다. 사건 발생 순서로 배열하면 다음과 같다.

먼 과거 : (4) - (5) - (6) - (7) - (8) - (9)
가까운 과거 : (1) - (2) - (3) - (10)

그러나 이 글은 발생 순서대로 배열하지 않았다. 나중에 일어난 사건 (1)~(3)을 제일 앞에 놓았다. 왜냐하면 그 사건이 이 글에서 가장 충

격적이기 때문이다.

　어느 날 장인 장모가 나타나 사위에게 자기들 딸을 보고 '무서운 년'이라고 말한다는 것은 비일상적이다. 말 그대로 하나의 사건이다. 따라서 독자는 의아해 하면서 왜 그렇게 말했을까 하고 의문과 호기심을 품게 된다. 그리고 그 의문이 풀릴 때까지 그 글을 읽게 되고, 마지막에 가서 "아, 그래서 그랬구나!" 하고 감동하게 된다. 다시 말해서 먼저 독자의 호기심을 자극한 다음 끝까지 긴장감을 늦추지 못하게 하여 감동의 효과를 크게할 수 있었다는 이야기다.

　만약 이렇게 하지 않고 사건 발생 순서에 따라 배열했다면 어땠을까? 이 작품이 거둔 성과는 반감되었을 것이다. 일어난 사건을 차례대로 읽다가 너무 자연스럽게 결말에 도달하게 되고 말 것이다.

나. 서사의 시점

서사의 시점視點은 행동과 사건을 바라 보는 시각을 의미한다. 같은 행동과 사건이라도 어떤 시각으로 바라보느냐에 따라 효과가 달라진다. 뿐만 아니라 작가가 택한 시점에 의하여 독자가 영향을 받는다. 작가와 달리 볼 수도 있지만 대부분의 경우 작가와 동일하게 인식하게 된다. 그런 점에서 시점은 서사에서 중요한 의미를 가진다.

　서사의 시점은 몇 가지 기준에 의해 분류될 수 있다. 여기서는 일반적 기준, 즉 서술자가 작품 속에 등장하는가 아니면 작품 밖에 있는가 하는 것에 의한 분류를 따르고자 한다. 서술자가 작품 속에 등장하는 것을 '1인칭 시점'이라 하고 작품 밖에 있는 경우를 '3인칭 시점'이라 한다. 1인칭 시점은 다시 '서술자 시점'과 '관찰자 시점'으로 구분되고,

3인칭 시점은 '전지적 작가 시점'과 '작가 관찰자 시점'으로 구분된다.

1인칭 시점은 1인칭 대명사 '나'가 작품 속에 등장하여 자신 또는 다른 인물이나 사건에 대해 이야기하는 형식이다. 이 가운데 서술자가 자기 자신의 체험이나 행동과 생각과 느낌을 직접 독자에게 이야기하는 형식을 1인칭 서술자 시점이라고 한다. 서술자의 편에서는 자기의 내면세계를 표현하는 데 효과적이고, 독자 편에서는 작가의 진실한 이야기를 들을 수 있는 이점이 있다. 독자에게 줄 수 있는 이런 직접성, 신뢰성, 진정성이 1인칭 서술자 시점의 장점이다. 자기 고백적 성격이 강한 서사 수필, 특히 자전수필이 이런 시점을 취하는 것은 당연한 선택이다. 현대 소설이 자주 1인칭 서술자 시점을 택하는 것은, '허구적 서사'를 '체험적 서사'로 바꾸어 독자와의 거리를 단축함으로써 직접성과 신뢰성을 얻으려는 의도에서 나온 결과라 할 수 있다.

1인칭 관찰자 시점은 1인칭 서술자 시점과는 달리 서술자 '나'는 작품 속에 등장하지만 자기 자신의 이야기를 하는 것이 아니다. 작품 속에 등장하는 다른 인물, 즉 주동인물의 행동이나 표정과 같은, 관찰할 수 있는 객관적 사실만을 표현한다. 이럴 때 '나'는 주변인물이 된다. 내면 세계의 표현은 암시를 통한 간접적 방법에 의해서만 가능하다. 그 대신 대상이나 사건을 객관적 시각으로 차분하게 묘사할 수 있는 장점이 있다.

3인칭 시점은 말하는 사람이 작품 밖에 존재한다. 3인칭 전지적 작가 시점에서는, 말하는 사람이 등장 인물뿐만 아니라 모든 사건과 배경을 알고 있는 것으로 설정된 시점이다. 마치 전지 전능한 신이 시간과 공간의 제약을 받지 않고, 인간의 내면까지 다 들여다보는 것과 같다. 이 시점은 장편소설과 같이 여러 인물, 복잡한 사건, 다양한 배경을 다루는 데 효과적이다.

3인칭 관찰자 시점은 모든 인물들의 외면적 행동을 이야기할 수 있고, 그들이 보지 못하는 사건이나 공간도 이야기할 수 있으나 인물의 내면 상태는 말할 수 없다. 다만 외적 표정이나 행동을 통해서 내면세계를 암시한다는 점에서는 1인칭 관찰자 시점과 같다.

모든 시점은 각각 나름의 장단점을 가지고 있다. 어떤 시점을 선택할 것인가 하는 문제는 작가가 어떤 각도에서 사건이나 인물의 행동을 바라보는 것이 보다 효과적인가 하는 판단에 의해 결정할 문제다.

어디까지나 수필의 일반적 시점은 1인칭 서술자 시점이다. 그러나 절대적인 것은 아니다. 1인칭 서술자 시점으로 전개할 것을 3인칭 전지적 시점으로 바꾸어 전개할 수도 있다. 그러나 그럴 경우에도 효과의 유무를 따져 본 후에 결정해야 한다. 아니면 1인칭 서술자 시점이 가지고 있는 장점인 직접성, 신뢰성, 진정성을 놓칠 뿐만 아니라 허구로 오해를 받을 우려가 있다.

　　아내는 자기 밥 먹는 것도 잊고, 노인이 잣죽에 띄어진 계란을 풀고, 대접에다 잣죽을 반쯤 덜어서 소금으로 간을 한 다음, 반찬 없이 죽만 들고, 다시 나머지 반을 그릇에다 옮기는 과정을 가만히 지켜보았다. 냄비에는 죽이 눌어붙어 있게 마련이었다. 그것을 숟가락으로 달달 긁어 대는 노인을 바라보고 있는 동안, 그리고 나서 보온병의 뜨거운 물을 냄비에 부어 잣의 향기까지 물로 헹구어, 그 잣 향기 나는 물을 먼저 비운 대접에다 부어, 그 그릇에 남은 잣죽 찌꺼기까지 마저 부시어, 나머지 죽을 옮긴 대접에 붓고 나서, 잘 섞은 다음, 한 숟갈 한 숟갈

음미해 가면서 먹는 노인을 바라보는 동안, 아내는 무심결에 '재미있다'는 듯이 눈을 껌벅거렸다.

서영은, 「거기 해바라기가 있었다」

이 부분은 3인칭 관찰자 시점을 취하고 있다.

3인칭 시점으로 되어 있지만 작가 서영은에 대해서 알고 있는 독자들은 1인칭으로 읽을 개연성이 크다. 이 글은 서영은의 수필집에 수록되어 있을 뿐만 아니라 '젊은 아내'에 작가 서영은을 대입시키고, '노인'에 그의 남편 김동리를 대입시키면 그들의 관계와 일치하기 때문이다.

그런데 작가는 왜 자신의 이야기를 1인칭 서술자 시점으로 쓰지 않고 3인칭 시점을 빌어 썼을까 하는 것이다. 첫째는 직접 자기의 과거를 토로하는 것이 부담스럽게 느껴졌을 수도 있고, 둘째는 부부라는 특수 관계 때문에 개입될 수 있는 감정적 요인을 미리 차단해 버림으로써 대상을 객관적으로 볼 수 있을 뿐만 아니라, 자신까지도 객관화시키고 싶었을 수도 있다.

실제 이 글을 읽으면 남편의 행동을 매우 치밀하게 묘사하고 있음을 볼 수 있다. 인간 김동리의 행동을 통해서 성격까지 느낄 수 있게 한다. 독자로 하여금 객관적 시각을 가지고 자신과 남편을 바라보도록 유도하고 있는 것이다. 결과적으로 1인칭 서술자 시점의 특성인 '말하기telling'의 해설적 성격을 지양하고 3인칭 시점의 특성인 '보여 주기showing'의 현장감을 획득하고 있는 것이다.

대개의 경우 한 작품에서 어떤 시점을 택하면 그 작품이 끝날 때까지 일관된 시점을 유지해야 한다. 그러나 부분적으로 어떤 효과를 위해서는 '시점의 이동'도 가능하다. 여기서 말하는 시점의 이동은 묘사에서 말한 '이동시점'과는 다르다. 이동하면서 대상을 묘사하는 것이 묘사에 있어서 '이동시점'이라면, 서사에 있어서 '시점의 이동'은 1인칭 시점으로 전개하다가 3인칭 시점으로 잠시 바꾸어 본다든가, 아니면 3인칭으로 가다가 1인칭으로 바꾸는 경우를 말한다. 1인칭 시점을 3인칭으로 바꾼다는 것은 서술자 자신을 대상화한다는 이야기다. 『춘향전』은 3인칭 시점이지만 장면에 따라 1인칭 시점으로 이동하기도 한다. 고대소설에서는 자주 보이는 예이지만 어디까지나 제한적이다. 물론 이 경우도 앞에서 언급한 것과 같이 효과의 여부를 따진 후에 결정할 문제다.

초산을 앞둔 어린 산모의 불안한 표정, <u>어두운 병원 복도를 초조하게 왔다갔다 하는 젊은 아버지</u>. 칠월의 아까시나무 숲에서 매미 소리는 조수처럼 밀려오는데, 아이의 울음 소리는 들리지 않았다. 끝이 보이지 않는 어두운 터널. 그 지루한 시간의 터널 끝에서 이윽고 햇빛처럼 빛나던 큰애의 첫 울음 소리. 잠시 동안의 침묵. 그리고 나른한 안도감. 나는 그렇게 아버지가 되었다.

손광성, 「발걸음 소리」

이 글의 시점은 1인칭 서술자 시점이다. 그런데 서술자인 '나'가 밑줄 친 부분에서 잠시 3인칭 '젊은 아버지'로 나타난다. 이 글의 마지막 한 문장을 제외하고는 묘사 장면이다. 다시 말해서 객관적 장면으로 제시되고 있다. '말하기'가 아니라 '보여 주기' 기법이 동원되었다. 시점을 3인칭으로 잠시 바꾼 것은 자신의 모습을 생생한 장면 속에 객관적으로 제시하는 효과를 노린 것이다. 만약 밑줄 친 부분이 1인칭 서술자 시점이었다면, 전체의 배경 속에 들어 있는 자신의 모습을 화면처럼 선명하게 보여 줄 수 없었을 것이다.

다. 서사의 구조

서사의 구성 요소는 '행동', '시간', '의미'이다. 행동은 작품 속에 등장하는 인물의 움직임을 말한다. 시간의 추이에 따라 행동이 진행되고 그것이 모여 사건이 된다. 이렇게 시간의 추이에 따라 일어나는 행동이라 하더라도 행동에는 반드시 어떤 의도된 의미가 결부되어 있어야 한다. 행동 그 자체는 무의미하다.

　행동은 사건의 하위 개념이다. 몇 개의 행동이 모여 사건을 이룬다. 그리고 하나의 행동은 다음에 오는 행동의 원인이 되거나 결과가 된다. 하나의 작은 사건은 전체 사건의 하위 개념이 된다.

　서사에 있어서 모든 사건을 시간의 흐름 위에 전개할 수는 없다. 또 그럴 필요도 없다. 많은 행동 가운데 필자가 말하려는 의도에 의하여 중요하다고 생각되는 것만 취하고 그렇지 않은 것은 버려야 한다. 작품의 효과를 위해서이다.

　모든 사건의 구조는 처음—중간—끝의 3단계로 분석된다. 처음 부분에는 주체의 행동 동기가 나타난다. 중간 부분에서는 처음에 나타난 동기를 실현하려는 의지와 그 의지에 대립되는 다른 의지나 장애 요인이 나타나 서로 갈등하고, 사건은 복잡하게 얽히면서 점차 긴장이 최고조에 달한다. 끝 부분은 최초의 동기나 의지가 성취되거나 해결되든가, 아니면 좌절되든가 하는 부분이다. 이 부분에서 필자가 말하려는 의도가 확실하게 드러난다.[1] 현대 소설에서는 표면적으로 나타내지 않고 독자가 스스로 깨닫도록 한다. 그러나 수필에서는 그럴 경우도 있지만 그렇지 않을 경우가 더 많다. 소설과 수필의 차이점이다.

(1)빨래방망이를 헹구어 다 해 놓은 빨래 위에 얹고 내 고무신을 씻어 햇살이 드는 돌 위에 가지런히 놓았다. (2)그리고는 동네 아이들이 물장난을 치고 있는 강물 속으로 천천히 걸어 들어갔다. (3)아이들과의 거리가 얼마 남지 않은 곳에서 갑자기 발이 푹 꺼졌다. (4)경사면을 따라 미끄러지고 있다는 느낌이 들면서 내 발이 강바닥을 놓쳐 버렸다. (5)아이들이 물장난 치는 소리가 들렸다 안 들렸다 했다.
(6)강바닥을 어서 찾아야 한다는 생각으로 물 밑에서 억지로 눈을 떴다. (7)강물 속은 엷은 연둣빛이었으나 움푹 파인 강바닥은 나를 향해 거무스름한 입을 벌리고 있었다. (8)얼른 손바닥으로 강바닥을 힘껏 떠밀었다. (9)그 반작용 때문인지 내 몸이 다시 떠올랐고 아이들의 목소리가 다시 들려왔다.
(10)큰물이 지나간 뒤에 엉켜 버린 수초의 꼴을 하고 강가로 다시 걸어 나왔을 때 내게 무슨 일이 일어났는지 아는 사람은 아무도 없었다. (11)햇살에 바짝 마른 채 나를 기다리고 있던 고무신을 보니 와락 눈물이 났다. (12)내 발가락도 얼마나 놀랐던지 하얗게 질린 채 쪼글쪼글해져 있었다.

정성화, 「강바닥을 찾아서」

---

1. 이대규, 『수사학』, 신구문화사, 1988, pp.167~168.

비록 짧은 글이라 하더라도 처음부터 끝까지 서사로만 끝나는 경우는 드물다. 물론 묘사로 일관하는 경우도 드물다. 한 편의 완성된 글은 묘사와 서사가 혼용되어 나타난다. 이 글도 서사와 묘사가 혼합되어 있다. 생사의 고비를 체험한 사건을 중심으로 내용을 전개시키고 있다. 서사의 과정에 따라 분석해 본다.

처음: (1), (2)
중간: ┌(3), (4), (5),
      └(6), (7), (8), (9)
끝: (10), (11), (12)

처음 단계 (1)에서 이전 행동이 끝나고 (2)에서 동네 아이들과 놀고 싶은 필자의 새로운 동기가 나타난다.

중간 단계 (3), (4), (5)에서는 예기치 못한 상황으로 처음 단계에서 나타난 동기가 좌절될 위기 상황에 처한다. (6)의 '눈뜨기'는 위기를 극복하려는 행동이다. (7)에서 위기의 실체를 파악하게 되고, (8)은 위기를 극복하려는 의지를 행동으로 옮긴다. (9)에서 위기 상황이 극복된다.

끝 단계 (10)에는 위기 극복 뒤에 오는 고독감이 나타난다. (11), (12)에서 감격과 안도감으로 사건은 종료된다.

불과 10분도 채 못되는 짧은 시간 동안 일어났을 법한 사건이다. 이 사건은 (6) '눈 뜨기'에 의하여 죽음에서 소생으로 전환된다. 따라서 (6)이 가장 중요한 행동이 된다. 주제가 들어 있는 행동이다. '눈을 뜬다'는 것은 '눈을 감는다'는 것과 상반된 행동이다. 눈을 감는다는 행위가 상황에 대한 외면이나 포기와 같은 소극적 자세라면, '눈을 뜬다'는 행위는 상황을 직시하겠다는 적극적 자세이다. 이 행동에 의해 위기는 극복된다.

 독자는 필자의 이런 행동을 통해서 필자와 같은 체험을 하게 된다. 죽음의 위기를 겪고 그것으로부터 탈출하려는 의지를 읽는다. 어떤 '위기 상황에서도 눈을 뜨고 상황을 직시해야 한다'는 교훈을 얻게 되는 것이다. 이 글에 나타난 각 하위 행동의 집합인 사건이 가지는 의미는 바로 이것이다.

라. 소설 서사와 수필 서사의 차이

소설 서사와 수필 서사는 같지 않다. 첫째, 서사의 세 가지 요소 가운데 하나인 행동 주체의 성격이 다르다. 소설에서 행동의 주체는 가상의 인물이고 전형성을 요구한다. 그러나 수필에 등장하는 행동의 주체는 실제 인물이고 전형성이 아닌 역사성을 띤다. 둘째, 소설 서사는 인과적 원리 위에서 조직되지만, 수필 서사는 우연성 위에서 취사 선택된다. 실생활에서 발생하는 사건은 논리성이나 인과성에 의하기보다 우연성에 의해 발생할 경우가 더 많기 때문이다.

 소설 서사와 수필 서사의 차이는 원소재를 다루는 '미적 변용 과정'에서 찾을 수 있다. 예술적 감동을 극대화하기 위해서 소설 서사는 다음과 같은 미적 변용 과정을 밟는다.

  (1) 예술적 감동을 위해서 사건을 취사 선택한다

(2) 예술적 감동을 위해서 사건의 순서를 바꾼다
(3) 예술적 감동을 위해서 허구적 사건을 추가한다

   소설 서사나 수필 서사나 모두 '가공되지 않은 원소재'를 다룬다고 가정할 경우, 미적 변용 과정 중 (1)과 (2)는 공통된다. 그러나 수필에서는 (3)이 허락되지 않는다. 이것이 소설 서사와 수필 서사의 차이점점이다.[2]
   수필에서 허구를 인정할 수 없는 이유는 간단하다. 수필이라는 장르의 정체성 때문이다. 만약 미적 변용 과정 중 (3)을 허용하여 '허구적 사건'을 넣는다면 그 순간 수필은 정체성을 잃고 소설이 되고 만다.

(3) 설명

설명이란 어떤 물음에 대한 대답 형식의 진술이다. 객관적 사실이나 현상을 서술하는 것이므로 필자의 주관을 개입시키지 않는다. 설명은 설명문이나 논술문 같은 글에 주로 쓰이는 진술법이다. 그러나 수필에도 설명의 진술법은 필요하다. 대상의 특성, 종류, 조직과 기능, 개념과 사실 등에 대하여 인식하고 분석하고 설명할 수 있는 방법을 가르쳐 주기 때문이다. 그러나 그것은 어디까지나 독자의 정서적 감동을 목적으로 하는 수단이 될 때에 한한다.
   설명에는 비교와 대조, 분류와 분석, 물음과 대답 등이 있다.

---

2. 안성수, 「소설 서사와 수필 서사의 시학적 거리」, 〈에세이문학〉 95호.

가. 비교와 대조

비교는 두 가지 이상의 대상들 사이의 동질성을 밝히는 방법이고, 대조는 두 가지 이상 대상들 사이의 이질성을 밝히는 방법이다. 비교와 대조는 진술법이기 이전에 어떤 대상에 대한 인식 방법의 하나이다. 이 방법은 우리가 말하고자 하는 대상의 특성을 파악하는 데 도움이 된다.

비교 대조는 문단의 내용 전개 차원에서 쓰이기도 하고, 글 전체의 내용 전개의 차원에서 쓰이기도 한다. 단편적인 비교나 대조는 여기에 해당하지 않는다. 설명의 하나인 비교 대조는 보다 체계적이고 복잡하다. 수사법의 대조에 대해서는 다음 단원 "수필의 효과적 표현"에서 다시 다루기로 한다.

비교 대조가 효과적으로 이루어졌는가를 알기 위해서는 다음과 같은 물음에 대답할 수 있어야 한다.

첫째, 대상의 특성을 정확히 파악했는가?
둘째, 동일한 조건에서 다루었는가?
셋째, 한 대상의 특성을 밝히기 위해 끌어들인 다른 대상은 독자에게 친숙한 것인가?
넷째, 비교 대조되는 각 대상들의 특성을 병렬시킬 것인가, 아니면 어느 한 쪽에 중점을 두고 다른 것은 보조적으로 쓸 것인가 하는 문제에 대하여, 필자의 의도나 목적이 분명한가?

(1) 세익스피어는 많은 작품을 통해서 영어를 세련시켰다. 그래서 세익스피어 이전의 영어와 이후의 영어는 구별된다.

(2) 괴테는 많은 작품을 통해서 시어로 부적합하다고 생각했던 독일어를 세련시켰다. 그래서 괴테 이전의 독일어와 이후의 독일어는 구별된다.
(3) 윤선도도 마찬가지다. 어부사시사와 같은 작품을 통해서 우리말을 아름답게 세련시키는 데 공헌한 바가 크다.
(4) 결국 위대한 작가란 모국어를 위하여 봉사한 사람들이라는 이야기가 된다.

이 글은 비교에 의해 내용이 전개되었다. 세 가지 대상, 즉 셰익스피어, 괴테, 윤선도는 모두 작가이고, 훌륭한 작품을 통해서 모국어 발전에 기여했다는 동질성을 설명하고 있기 때문이다. 그러나 비교는 대상들 사이의 동질성에 대한 단순 비교에 목적이 있다기보다 필자가 말하려는 어떤 의견이나 주장을 내 세우기 위한 증거로서 역할할 때가 많다. 세 개의 대상의 공통점을 비교한 것은, "위대한 작가는 모국어 발전에 기여한다"는 결론을 끌어내기 위한 목적에 기여하고 있다.

비교와 달리 대조는 대상의 특성을 드러내는 데 효과적이다.

A   서산 위에 잠깐 나타났다 숨어 버리는 초생달은 세상을 후려 삼키려는 독부毒婦가 아니면, 철모르는 처녀 같은 달이지마는 그믐달은 세상의 갖은 풍상을 다 겪고 나중에는 그 무슨 원한怨恨을 품고서 애처롭게 쓰러지는 원부怨婦와 같이 애절하고 애절한 맛이 있다.

B   보름의 둥근 달은 모든 영화와 끝없는 숭배를 받는 여왕 같은 달이지마는, 그믐달은 애인을 잃고 쫓겨남을 당한 공주公主와 같은 달이다.

C 초생달이나 보름달은 보는 이가 많지마는, 그믐달은 보는 이가 적어 그만큼 외로운 달이다. 객창한등客窓寒燈에 정든 임 그리워 잠 못 들어 하는 분이나, 못 견디게 쓰린 가슴을 움켜잡은 무슨 한 있는 사람이 아니면, 그 달을 보아 주는 이가 별로 없는 것이다. 그는 고요한 꿈나라에서 평화롭게 잠든 세상을 저주하며 홀로 머리를 풀어뜨리고 우는 청상靑孀과 같은 달이다.

D 내 눈에는 초생달 빛은 따뜻한 황금빛에 날카로운 쇳소리가 나는 듯하고, 보름달은 쳐다보면 하얀 얼굴이 언제든지 웃는 듯하지만, 그믐달은 공중에서 번뜻하는 날카로운 비수匕首와 같은 푸른 빛이 있어 보인다.

나도향, 「그믐달」

첫째, 대상의 특성을 잘 파악했다. 초생달과 그믐달은 형태가 같다. 그러나 뜨는 시각이 다르다. 초생달은 초저녁에 뜨고 그믐달은 새벽에 뜬다. 따라서 초생달이 처녀처럼 보이고 그믐달이 원부, 청상, 또는 비수로 보이는 것은 형태 때문이 아니다. 뜨는 시각의 차이에서 오는 느낌의 차이다. 초생달은 비교적 공기가 따뜻한 초저녁에 보이니까 느낌이 차갑지 않다. 그믐달은 공기가 찬 새벽녘에 뜨기 때문에 그 느낌이 차다. 그 느낌의 차이에서 초승달은 따뜻한 황금빛이고 그믐달은 차가운 푸른빛으로 받아들이게 된다. 이런 미묘한 인상의 차이를 잘 대조해서 대상을 낯설게 보았다는 점에서 작가의 뛰어난 감성을 엿보게 한다.

둘째, 대상을 동일 조건에서 대조했는가 하는 문제는 도표를 만들어 보면 쉽게 알 수 있다.

조건	초생달	보름달	그믐달
(1) 인상	(독부), 처녀	여왕	원부, 쫓겨난 공주, 청상, 비수
(2) 보는 사람	많다	많다	별로 없다
(3) 빛깔	황금빛	흰빛	푸른빛
(4) 소리	쇳소리	×	×

 '인상'이란 조건에서 볼 때 초생달을 '독부'라 하고 그믐달을 '원부'라고 한 것은 명확한 대조의 효과가 드러나지 않고 있다. 초생달을 '처녀'라고만 했더라면 대조의 효과가 더 컸을 것이다. 대조는 그 짝이 있어야 한다. 그런데 이 글에서 독부는 원부의 짝이 되지 못한다. 독부와 원부는 비슷한 개념일 뿐이다. 또 독부와 처녀는 동일 개념이 될 수도 없다. 이 글에서는 독부는 불필요한 보조 관념이다. 생략하든가 아니면 그믐달의 인상 쪽에 편입시켜야 한다.

 '인상', '보는 사람', '빛깔'이라는 세 가지 조건에서 대조가 잘 이루어지고 있다. 그러나 한 가지 조건 즉 (4) '소리'라는 조건은 그렇지 못하다. '초생달은 쇳소리가 난다'고 했지만 보름달과 그믐달에 대해서는 그 조건에 대한 언급이 없다. 다시 말해서 동일한 조건에서 대조가 이루어지지 않고 있다는 점이다. 즉 초생달에서 나는 쇳소리에 짝이 될 말이 보름달과 그믐달에는 없다. 쇳소리란 말을 넣지 말든가, 넣으려면 차라리 그믐달에 넣었어야 했다. 초생달보다 그믐달이 느낌이 차기 때문이다.

 셋째, 한 대상의 특성을 비교 대조하기 위하여 끌어들인 대상이 익숙한 것이었는가 하는 문제이다. 그믐달의 특성을 밝히기 위해 동원된 대상인 초생달과 보름달은 모두 친숙한 것들이다.

넷째, 이 글에서는 세 개의 대상 가운데 그믐달의 특성을 부각시키려는 것이 필자의 의도이다. 그렇다고 초생달이나 보름달에 대한 부정적 어조를 띠는 것은 아니다. 다만 필자가 "한이 많은 사람이기 때문에 그믐달을 좋아한다"는 것을 밝히기 위한 대조이다. 그믐달에 대한 인상이 네 가지나 되는 것은 그믐달이란 대상의 특징을 명확하게 부각시키려는 목적에 부합한다.

비교 대조는 각각 독립적으로 쓰이기도 하지만 다음과 같이 함께 쓰이기도 한다.

A 함흥 냉면과 평양 냉면은 주로 여름철에 차게 해서 먹는 음식이다. 그리고 같은 면류麵類에 속한다는 점과 일찍이 대중화된 음식이란 공통점을 가지고 있다.

B 그러나 발생 지역이 다르고, 만드는 재료가 다르며, 그래서 맛이 또한 다르다. 함흥 냉면은 함흥을 중심으로, 평양 냉면을 평양을 중심으로 발달했다. 함흥 냉면은 감자 녹말이 재료이고 평양 냉면은 메밀 가루가 원료이다. 그래서 맛도 다르다. 함흥 냉면은 담백하고 평양 냉면은 구수하다.

A는 비교의 진술법에 의한 전개이고, B는 대조의 진술법에 의해 전개다. 이렇게 한 편의 수필에서 두 가지 진술법을 함께 쓸 경우가 많다. 대상의 동질성과 이질성을 모두 밝히는 데 도움이 된다.

나. 분류와 분석

분류와 분석은 혼동하기 쉬운 설명 방법이다. 분류는 어떤 대상을 일정한 기준에 따라 '종류별'로 묶거나 또는 나누어서 설명하는 방법이다. 분석은 어떤 대상을 '구성 요소'로 나누어 설명하는 방법이다. **분류의 대상들은 어떤 공통성을 가진 두 가지 이상 '개체의 집합'이며, 각각 독립적으로 존재할 수 있다. 그러나 분석의 대상은 두 가지 이상의 요소로 구성된 '구조'이거나 '유기체'이다. 따라서 각 요소들은 독립된 상태로는 존재 의미가 없다.**

'붓'이라는 대상을 보자. 이것을 분류에 의해서 설명할 수도 있고, 분석에 의해서 설명할 수도 있다. 우선 붓을 만든 털의 종류를 분류 기준으로 하면, 붓의 하위 개념인 양털붓, 쇠털붓, 닭털붓 등 몇 가지 종류로 나눌 수 있다. 이때 각 붓은 독립적이다. 어느 하나가 다른 것의 도움 없이도 사용될 수 있다. 즉 양털붓은 양털붓으로 얼마든지 글씨나 그림을 그릴 수 있다는 이야기다.

그러나 붓을 분석할 경우는 그렇지 않다. 한 자루의 붓은 '붓대'와 '털'로 구성되어 있다. 붓대는 털을 고정시키고 사람이 잡고 움직일 수 있게 하는 역할을 한다. 털은 먹물이나 물감을 빨아들였다가 붓대의 움직임을 따라 종이 위에 궤적을 남기는 구실을 한다. 그렇게 둘이 함께 유기적으로 작용해야만 글씨를 쓰든 그림을 그리든 어떤 기능을 수행할 수 있다. 그러니까 붓의 두 가지 구성 요소, 털과 붓대 가운데 어느 하나도 독립해서는 아무 일도 하지 못한다. 상호 의존적이다.

이것이 분류와 분석의 차이점이다. **분류를 알면 사물이나 개념을 체계적으로 조직하는 데 도움이 된다. 수필을 쓸 때에는 제재를 선택한**

다음 그에 따른 종속제재를 설정하여 한 편의 수필을 전개해 가는 데 도움이 된다. 분석을 알면 구조와 그 요소들 사이의 관계, 즉 구조와 요소의 관계, 어떤 결과에 대한 원인을 아는 데 도움이 된다.

분류할 때 유의해야 할 점이 있다. 분류의 각 단계마다 기준이 하나여야 한다는 것이다.

> 그 때 우리들은 사람의 생김새와 성격에 따라 활자체에 비유해서, '명조', '고딕', '그래픽', '예서' 이렇게 별명을 지어 불렀다. 예를 들어 부드럽고 온유한 사람은 '명조'. 그러나 키가 크면 장체長體. 아주 말라깽이면 장을 더 주고, 키가 작으면 평체平體. 땅딸보는 '평이 많다'고 하면 우리들끼리는 다 알아 들었다. 명조체 사람보다 성격이 과묵하거나 뚱뚱하면 태명조, 딱딱하거나 성격이 모난 사람은 '고딕', 고딕에서 더 별나면 태고딕. 그리고 세련되고 멋진 사람은 그래픽. 예술가 타입의 사람에게는 '예서체'…. 이런 식이었다. 그런데 그 때는 활자체가 많지 않았기에 가능했지 수없이 많은 요즘 같았으면 분류하느라 머리깨나 아팠을 것 같다.
>
> 이선우, 「활자와 더불어」

이 글은 사람의 성격에 따른 분류이다. 그리고 그 분류에다 활자체를 보조관념으로 사용하여 비유법으로 표현하여 효과를 거두었다. 글을 쓸 때에는 분류 표를 만들어 본 다음에 그것을 기초로 해서 서술해 나가면 더 체계적인 글을 쓸 수 있다.

분석에는 물리적 분석, 기능적 분석, 인과적 분석 등이 있다.

물리적 분석은 구조나 유기체를 구성 요소별로 분해해서 공간적으로 전개해 나가는 방법이다. 거기에 비하여, 기능적 분석은 어떤 구조의 요소들 사이의 역학 관계를 분석하는 설명법이다.

A   볼펜은, 몸통과 몸통 아래쪽에 끼운 부리와 몸통 위쪽에 붙은 꼭지, 심 그리고 스프링으로 되어 있다. 심은 다시 대롱과 볼ball로 되어 있다.

B   몸통은 모든 다른 요소들을 담고 있으면서 각 요소들이 제 기능을 다 할 수 있게 한다. 부리는 볼펜에 심을 갈아 끼울 때와, 볼이 달린 심의 끝이 드나드는 출입구 구실을 한다. 꼭지는 힘을 받으면 심의 끝에 끼워 있는 스프링에 힘을 전달하여 심의 끝이 몸통 밖으로 드나들게 하며, 볼은 종이에 닿는 순간 대롱 속 잉크를 묻혀서 종이 위에 옮기는 구실을 하여 볼펜이 하나의 필기도구로서의 역할을 다 하게 한다.

A는 볼펜의 구성 요소들을 공간적으로 늘어 놓은 '물리적 분석'이고, B는 각 요소들이 어떻게 작용해서 필기구로서의 기능을 다 할 수 있는가 하는 '기능적 분석'이다.

모든 사건에는 원인이 먼저 있고 결과가 나중이다. 그러나 실생활에서는 원인만 보고 결과를 예측하기란 쉽지 않다. 결과를 본 후 그 원인을 거슬러 올라간다. 이것이 인과적 분석이다.

칠범이란 이름을 가진 외손자 놈이 내 집에서 그리 멀지 않은 곳에 산다. 제 동생을 업은 어미의 손에 매달리거나 혹은 외할머니 등에 업

혀서 사흘이 멀다 하고 내 집을 찾아오는, 아직 세 살도 채 못 되는 꼬마다. (중략)

언젠가 은행에서 나오는 길에 가까운 양과점에 데리고 가 목장 우유를 사 먹였더니, 그 다음부터는 은행에서 나올 땐 으레 그러는 줄로만 알고 내 손을 끌어댄다. 또 a양과점에 들어가 의자에 앉으면 부리나케 신을 벗어서 테이블 위에 놓거나 손에 꼭 쥔다. 아무리 그러지 말라고 해도 듣지 않는다. 고집이 또 여간 세지 않다. 틀림없이 나쁜 버릇일지 모른다.

그러나 b저로서는 충분한 이유가 있다. 그 양과점에서 심부름을 하는 계집애가 귀엽다고 한번 놈의 신을 벗겨서 어디다 숨겨 두고 애를 먹였기 때문에 그걸 미리 방지하기 위해서 취하는 행동이다.

김정한, 「손자에게 배운다」

밑줄 친 a에 나타난 결과에 대한 이유를 밑줄 친 b에서 분석하고 있다. 문학적 서사에서 사건의 순서를 바꾸는 경우와 같다. 즉 독자의 호기심을 자극하여 결과에 대한 원인을 끝까지 주목하게 하는 이점이 있다.

다. 물음과 대답

물음과 대답에 의한 전개 방법은 설명문이나 논설문뿐만 아니라 수필에서도 비교적 자주 쓰이는 형식이다. 어떤 의미에서 한 편의 수필은 물음에 대한 대답이라고 봐도 될 것이다. 물음과 대답 형식을 사용하면 독자로 하여금 끝까지 주의를 집중시키게 하는 효과가 있다.

삶이란 무엇인가? (중략)

읽어도 읽어도 읽어야 할 책이 쌓이는 것.

오래 전에 받은 편지의 답장을 쓰지 못하고 있으면서 또 편지가 오지 않았나 궁금해서 우편함을 열어 보는 것. (중략)

사과나무에 매달린 사과는 향기가 없으나 사과를 칼로 깎을 때 비로소 진한 향기가 코끝으로 스며드는 것처럼, 텃밭에 심어 놓은 마늘은 매운 냄새를 풍기지 않으나 도마에 놓고 다질 때 마침내 그 매운 냄새를 퍼뜨리고야 마는 것처럼, 누구든 죽음을 목전에 두면 지울 수 없는 향기와 냄새를 남긴다는 사실을 어느 날 문득 알게 되는 것. 그리하여 나의 마지막 향기는 과연 어떤 것일까 곰곰 생각해 보는 것. (중략)

도대체 삶이란 무엇인가, 삶이란 무엇인가, 물어도 물어도 알 수 없어서 자꾸, 삶이란 무엇인가, 삶이란 무엇인가 되묻게 되는 것.

안도현, 「삶의 비밀」

이 글은 전편이 하나의 물음에 대한 여러 가지 대답으로 되어 있다. 그 여러 대답 중 어느 하나가 대답이 될 수도 있고, 어느 하나도 대답이 되지 못할 수도 있다. 열거한 모두를 다 합친다 해도 마찬가지다. 삶이란 정답이 없다. 있다면 오직 하나, 살아 가는 동안 아니, 죽어가는 순간까지 삶이란 무엇인가 하고 자꾸 되묻는 것, 그것이 정답이라는 이야기다. 이 마지막 구절이 없었다면 이 글은 그저 그런 글이 되었을 뻔했다. 문답법에서 작가가 말하려는 답은 이처럼 최후까지 숨겨 두는 것이 효과적이다.

라. 효과적인 대화처리 방법

수필 쓰기에서 대화가 차지하는 비중은 희곡이나 소설의 경우처럼 그렇게 큰 것은 아니다. 수필적 문장은 대개 서술적이기 때문이다. 그 때문에 어떤 사람은 수필에서 대화의 사용을 금기시禁忌視하기도 한다. 그러나 이것은 잘못된 생각이다. 문학의 목적은 효과적인 표현을 통해서 독자에게 보다 큰 미적 감동을 주는 데 있으므로, 무엇은 해서는 안 된다는 법은 있을 수 없다. 따라서 필요하다면 대화도 써야 한다. 다만 경계할 것이 있다면 효과적인가 하는 점을 자문해 보는 일이다.

효과적인 대화가 되기 위해서는 다음 두 가지 사실에 주목해야 한다. 첫째는 대화를 지문地文 속에 넣는 간접화법을 쓸 것인가, 아니면 대화를 독립시키는 직접화법을 쓸 것인가 하는 문제다. 둘째는 대화와 지문의 어투상의 문체는 각각 어떤 것을 써야 효과적인가 하는 문제다.

첫 번째 문제인 대화와 지문의 관계부터 보기로 한다. 간접화법은 대화가 지문 속에 묻혀 버리게 되므로 현장감을 주지 못한다. 거기에 비해서 직접화법은 지문으로부터 독립되기 때문에 대화가 생생하게 살아나면서 현장감을 준다. 간접화법이 평면적이라면 직접화법은 입체적이다. 달리 말하면 간접화법을 쓰면 '말하기telling' 식이 되고 직접화법을 쓰면 '보여주기showing' 식이 된다. 수필적 문장은 대개 말하기 식이므로 간접화법을 많이 쓰게 되지만 대화를 동원하는 것이 효과적이라 생각될 때는 주저할 이유가 없다. 다음 글 A의 밑줄 친 부분을 B와 같이 고쳤을 때 어느 것이 보다 효과적인 대화처리법인지 비교해 보기로 한다.

A   나무에는 햇살을 받은 사과가 밝게 빛나고 있었다. 그것들이 배가 고픈 우리를 유혹했다.

    a <u>"야, 우리 사과 따 먹자!"</u> 는 남자애가 먼저 꺼내는 말에, b <u>"그래, 그러자"</u> 하고 우리는 금세 한마음이 되었다. 주위를 살피며 철조망에 난 개구멍을 찾았다. 남자애가 먼저 몸을 오그려 들어갔다. 그 애가 철조망을 잡아 주어서 우리도 쉽게 들어갈 수 있었다. 풀밭에 풋사과가 널려 있었다. 그 중에서 제일 큰 놈을 집어 옷에 쓱 문질러 한 입 베어 물었다. 그러나 처음 먹어 보는 풋사과의 맛은 시고 떫었다.

수강생의 글

B   a "야, 우리 사과 따먹자!"

    남자애가 먼저 말을 꺼냈다.

    b "그래, 그러자."

    우리는 금세 한 마음이 되었다.

    둘째 문단의 a와 b는 남자아이와 여자아이들이 주고 받는 대화이다. 직접화법처럼 따옴표를 쳤지만 이것은 간접화법이다. 결과적으로 대화는 지문 속에 파묻혀 버렸기 때문에 현장감을 잃고 말았다.

    B가 A와 다른 점은 첫째는 a, b의 '대화'를 독립시킨 것이고, 둘째는 '지문'도 하나의 완결된 문장으로 만든 다음 독립시킨 것이다. 그런데 A에 비해 B는 우선 시각적으로 시원하다. 게다가 독자에게 입체감과 동시에 생생한 현장감을 준다. 왜냐하면 대화와 지문을 분리 독립시킴으로써 대화 부분과 지문 사이에 '쉼', 즉 '휴지休止'가 생기고, 그 쉼

에 의하여 대사를 읽은 다음 잠시 쉬었다가 다음 행인 지문을 읽게 되므로, 대화는 대화대로 지문은 지문대로 의미가 강화되는 효과가 생긴 때문이다. 이것은 시에 있어서 행 구분이 주는 효과와 같다.

다음은 앞에서 든 예와 조금 다른 경우다. 앞의 경우는 대화가 지문의 인용절처럼 안겨 있는 데 비해서 대화와 지문이 각각 독립된 문장으로 되어 있다. 그런데 각각 독립된 행으로 처리하지 않고 같은 행에 연달아 썼다. 앞에서 든 예의 경우와 비슷하게 대화와 지문 사이에 '쉼', 즉 '휴지'가 없어서 연달아 읽게 되고 그 결과 대화가 현장감을 얻지 못한 것이다. A를 B로 고쳤을 때 어느 것이 효과적인지 비교해 보자.

A 패니는 허리께까지 드레스의 단추를 풀었다. 딸기는 그녀의 속옷 안에 으깨져 있었다. 선홍색이 하얀 천에 대비되어 마치 나팔꽃 같았다. "딸기를 꺼내려면 이것마저 벗어야겠어." 그녀가 말했다. "내가 꺼내 줄게." 내가 주장했다. "딸기즙이 온 손가락에 묻으면 안 좋잖아." 그녀는 속옷을 벗었다. 딸기는 그녀의 가슴 사이에 으깨져 있었다. 그녀의 가슴은 우유빛 백색이었으며 각각의 가운데는 으깨진 딸기처럼 물들어 있었다. 나는 정신없이 그녀를 품안에 껴안으며 오랫동안 입을 맞추었다. 으깨진 딸기는 우리 곁 땅으로 떨어졌다.

어스킨 콜드웰, 「딸기의 계절」

B 패니는 허리께까지 드레스의 단추를 풀었다. 딸기는 그녀의 속옷 안에 으깨져 있었다. 선홍색이 하얀 천에 대비되어 마치 나팔꽃 같았다.
"딸기를 꺼내려면 이것마저 벗어야겠어."

그녀가 말했다.

"내가 꺼내 줄게."

내가 주장했다.

"딸기즙이 온 손가락에 묻으면 안 좋잖아."

그녀는 속옷을 벗었다. 딸기는 그녀의 가슴 사이에 으깨져 있었다. 그녀의 가슴은 우유빛이었으며, 각각의 가운데는 으깨진 딸기처럼 물이 들어 있었다. 나는 정신 없이 그녀를 품안에 껴안으며 오랫동안 입을 맞추었다. 으깨진 딸기는 우리 곁 땅으로 떨어졌다.

B가 A와 다른 점은 대화와 지문을 각각 독립된 행으로 잡았을 뿐이다. 그러나 주는 효과는 전혀 다르다. 우선 시각적으로 시원할 뿐만 아니라 현장감을 준다.

이제 두 번째 문제, 즉 대화와 지문은 각각 어떤 어투의 언어를 사용해야 효과적인가 하는 문제다. 어투상의 문체에는 구어체와 문어체가 있다. 구어체는 일상 대화에서 사용하는 말이고 문어체는 문장에서 쓰는 공식어이다. 따라서 대화는 직접 주고받는 말이므로 구어체를 쓰는 것이 당연하다. 뿐만 아니라 구어체를 사용할 경우 표준어와 사투리는 물론 비어, 은어와 같은 것도 필요에 따라 적절히 사용해야 한다. 대화를 통해 독자는 말하는 인물의 연령, 교양, 직업, 성격, 출신지 등 많은 정보를 얻을 수 있을 뿐만 아니라 그런 것들을 통해 그 인물의 리얼리티를 느낄 수 있다. 다시 말하면 대화가 저속하면 그 말을 하고 있는 인물이 저속한 사람이고, 대화가 고상한 말이면 그 말을 하는 사람이 점잖은 사람으로 형상화되어 인물에 리얼리티를 부여한다는 이야기다.

그러나 지문은 특수한 경우 — 작가가 의도적으로 어느 지방 방언을 사용할 때 — 를 제외하고는, 표준적 문어체를 사용하는 것이 효과적이다. 지문에서 비어, 은어를 쓴다면 문장의 격이 떨어진다. 방언은 보편성이 떨어지므로 여러 지방 출신으로 구성된 독자와의 소통에 문제가 생기기 때문에 바람직하지 않다. 다음 예문을 보자.

담장 너머로 밭에서 잠시 허리를 편 그녀에게 인사를 건넸다. 그녀는 흙으로 범벅이 된 손가락을 엄지부터 차례로 꼽아가며 아들 딸 집으로 휘돌아 온 그간의 바쁜 일정을 늘어놓았다. 그러다 종내는 남편 흉으로 말머리를 돌렸다.
"아, 그래 좀 늦었더니 죄 엉망이야. 저 들깨 꼴 좀 봐. 내가 없는 새 옮겨 심었으면 오죽이나 좋아."
그쯤에서 그의 역성을 들어주어야 할 것 같아 한 마디 거들었다.
"아저씨도 그냥 놀지 않으셨어요. 논으로 밭으로 꽤 바쁘신 것 같던데……."
"분주다사지 뭐. 그 양반 말뚝건달이야."
"네? 무슨 도사라고요. 말뚝이는 또 뭐예요?"
"아니, 분주다사奔走多事, 하는 일 없이 이리저리 바쁘기만 하다고. 실속도 없이."
우리는 웃고 말았다.

송혜영, 「그 여사의 말뚝」

이 글에서 두 사람이 주고받는 대화는 모두 구어체이고 지문은 표준적 문어체이다. 그 가운데서 필자의 상대역인 '그녀'의 말에는 비어도 사용되고 있다. "들깨 '꼴' 좀 봐"라든가 하는 부분이 그렇다. 이 밖에도 말하는 이의 성격이 매우 괄괄하다는 것도 어투에 잘 나타나 있다. 이런 대화가 인물의 리얼리티를 살린다.

  뿐만 아니라 대화와 지문이 분리 독립되어 있어서 어느 하나가 다른 것에 묻혀 버리는 일이 없이 대화는 대화대로 지문은 지문대로 제 기능을 충분히 발휘하고 있다. 말하는 인물의 성격뿐만 아니라 두 사람이 담장을 사이에 두고 이야기하는 모습이 하나의 생생한 이미지로 잡힌다. 이제 대화와 지문을 왜 분리 독립시켜야 하는지, 대화는 구어체를 사용해야 하고 지문은 문어체를 사용해야 하는 이유가 이해되었으리라 믿는다.

  글쓰기란 어떻게 하면 나의 생각과 느낌을 독자에게 생생하게 전달하느냐의 문제이다. 대화쯤이야 하고 소홀히 하다 보면 글 전체를 망치고 만다. 작은 구멍이 큰 둑을 허무는 것과 같다. 그렇게 하는 것은 독자에 대한 예의가 아닐 뿐만 아니라, 자신에 대한 예의도 또한 아니다. 작은 일에 성실할 때 감동의 진폭은 그만큼 커진다.

03
수필의 효과적 표현

(1) 수사의 개념

아테네 사람들은 매년 설득說得의 신에게 제물을 바쳤다고 한다. 이것은 일찍부터 사람들이 '말의 힘'을 믿어 왔다는 사실에 대한 증거가 된다. 말의 힘이란 그것에 의해서 상대를 감동시키거나 또는 상대로부터 자기가 원하는 행동을 끌어내는 힘을 말한다. 어떤 강제력도 동원하지 않고 단지 몇 마디의 말로 상대를 움직이게 할 수 있는 힘, 그것은 모든 사람이 원하는 하나의 매력적인 덕목임에 틀림없다.

이런 말의 힘을 얻으려는 노력은 일찍부터 시작되었고 그런 연구 노력에 의하여 얻어진 결과물이 곧 '수사법'이다. 그러나 한 때 이런 수사법이 단순한 말재주로 인식되었던 적이 있었다. "문제의 진위와 상관없이 자기의 결론을 상대방에게 납득시키고, 윤리성이나 지혜와는 상관없이 찬양이든 폄하든 어느 한쪽의 입장에서 연설문을 작성하면 된다"[1] 는 식으로 수사법 교사들은 오랫동안 가르쳐 왔기 때문이었다.

그러나 현대에 와서 수사법은 단순히 말을 아름답게 꾸미는 장식이 아니며, 또한 거짓을 진실인 것처럼 꾸미는 가식도 아니라는 사실이 힘을 얻고 있다. 말과 사고는 분리할 수 없는 것이라는 사실이 현대 언어학에 의해 밝혀졌기 때문이다. 따라서 수사법은 말재주가 아니라 사고하는 방법인 동시에 말하는 방법인 것이다.

  때로는 수사법의 다의성多義性과 불투명성不透明性이 문제되고 있지만 이것도 과거의 견해들이다. 왜냐하면 그것은 언어 본래의 속성이기 때문이라는 주장이 인정되고 있기 때문이다. I.A 리차즈는, 수사법의 다의성과 모호성은 '우리 대부분의 중요한 발화發話 — 특히 시와 종교 — 에서 불가결한 수단'이라고 말한다. 수사법은 장식이 아니라 본질이다.

  잘못된 생각을 옳은 말로 표현할 수 없고, 옳은 사상을 잘못된 말로 표현할 수 없다. 그런 의미에서 "훌륭하게 말하는 사람은 또한 반드시 건전한 사고를 하는 사람이라"는 키케로Cicero의 말에 주목할 가치가 있다.

(2) 수사의 종류

수사법은 일반적으로 크게 세 가지로 나눈다. 비유법, 강조법, 변화법이 그것이다. 그러나 이 책에서는 M. H. 에이브럼스의 분류를 따르고자 한다. 그는, '사고의 결과를 어떻게 효과적으로 표현할 것인가 하는 데에 목적을 두는가, 아니면 단어나 구절의 배열의 결과로 나타나는 특별한 효과에 목적을 두느냐'에 따라 크게 두 가지로 분류하고 있다. 앞

1. Peter Dixon, 강대건 옮김, 『수사법』, 서울대학교출판부, 1987, p.16

의 것을 '생각의 비유figuers of thougth'라고 하고 뒤의 것을 '말의 비유 figuers of speech'라고 한다.[2]

생각의 비유에는 직유와 은유, 상징과 풍유, 환유와 제유, 인유와 패러디가 있고, 말의 비유에는 과장과 대조와 대구, 반복과 열거, 반어와 역설 그리고 경구 등이 있다. 이 글에서는 글을 쓰는 데 꼭 필요한 수사법만 설명하기로 한다.

가. 생각의 비유

비유는 문학 창작에서 가장 중요한 표현법이다. 특히 시에서 그렇다. 시는 비유로 시작해서 비유로 끝난다고 해도 지나치지 않다. 수필은 시와 소설의 중간에 위치하고 있다. 어떤 수필은 시 쪽에 더 가깝다. 소설에서 비유가 차지하는 비중보다 수필에서 비유가 차지하는 비중이 크다.

비유란 A라는 하나의 말을, 유사성을 가진 B라는 다른 말로 빗대어 표현하는 것을 말한다. 이 때 A를 원관념元觀念이라 하고 B를 보조관념補助觀念이라고 한다. 원관념은 작가가 독자에게 전달하고자 하는 취지 tenor이고, 보조관념은 원관념을 실어 나르는 수단, 즉 매개어vehicle이다.

글을 쓰는 사람들이 굳이 보조관념을 동원하는 이유는 취지를 효과적으로 실어 나르기 위한 목적에서이다. 그 효과는 A라는 말과 B라는 말의 단순한 산술적 합계가 줄 수 있는 효과의 크기보다 훨씬 더 크다.

비유적 언어를 사용했을 때 나타나는 효과는 크게 세 가지를 들 수

---

2. M.H. Abrams, *A Glossary of Literary Terms*, Thomson, 2004, p.101.

있다. 첫째는 취지 즉 원관념을 감각적으로 선명하게 하거나 또는 강화시키며, 둘째는 독자의 지적 호기심을 만족시켜서 쾌감을 주며, 셋째는 새로운 말을 창조한다.

특히 새로운 말의 창조가 절실한 것은, 아무리 어휘 수가 많더라도 표준적 언어 사용만으로는 인간의 사상 감정을 표현하기에 너무 불완전하다는 것이다. 우리가 지금은 아무 의식없이 사용하고 있는 대부분의 어휘들도 실은 비유가 창조해낸 새로운 말들이다. 예를 들어 '바늘귀', '버선코' 같은 복합명사는 물론이고, 일상적으로 우리가 사용하고 있는 '흐르는 세월'이라는 관용구조차 비유의 산물이다.

'바늘귀'란 말은 바늘을 동물 또는 인간에 빗대어 그 구멍을 귀와 같이 본 결과이고, '버선코'도 버선을 인간 또는 동물에 빗대어 뾰족하게 나온 부분을 코로 봄으로써 이루어진 어휘들이다. '흐르는 세월'도 마찬가지다. 추상적인 세월을 어떤 액체—이 경우 개울물이거나 강물이겠지만—라는 가시적인 물질에 빗댄 것이다. 만약 비유적 언어의 용법을 모른다면 우리의 언어 생활은 빈약할 것이 틀림없다. 그래서 말이 끝나는 곳에서 비유가 시작되는 것이다.

＊직유와 은유

직유simile는 문학에서 가장 많이 동원되는 수사법이다. 직유는 나타내고자 하는 어떤 대상을 다른 대상에 빗대어 나타내되, 그 두 개의 관념, 즉 원관념과 보조관념 사이에 '～처럼, ～양, ～같이'와 같은 매개어에 의한 짝짓기를 말한다. 직유는 은유보다 의미가 제한적이고 그래서 은유보다 비교적 그 의미가 명료하다. 산문은 명료성을 요구한다. 직유가

시보다는 산문에서 더 자주 동원되는 것은 그 때문이다.

요즈음 북악산 옆을 지나다 보면 산이 몹시 작아 보일 때가 있다. a성글어진 내 머리처럼 나무가 많이 적어진 것 같고, b주름과 잡티가 많아진 내 얼굴처럼 잘고 못 생긴 바위들이 널려 있다. 무엇보다도 옛날만큼 산의 기상이 느껴지지 않는 것이다. 내가 늙어 가니까 산도 젊음을 잃어 가는 것처럼 보이는 것은 아닐까. 오늘도 북악산을 보며 나 자신을 헤아려 본다.

한혜숙, 「북악재색도北岳霽色圖」

a, b는 직유이다.
a의 원관념은 '나무가 줄어든 북악산의 옆모습'이고, 보조관념은 '머리칼이 성긴 자신의 모습'이다. b의 원관념은 산에 드러난 작은 '바위'이고, 보조관념은 자신의 얼굴에 나타난 '잡티'다. 세월이 흘러감에 따라 나무가 줄어들고 바위가 드러나는 북악산의 모습을, 머리칼이 성글어지고 잡티가 늘어나는 자신의 늙어 가는 모습에다 비유함으로써 세월 앞에 풍화되어 가는 산의 모습을 감각적으로 강화하고 있다.

소나무 그늘 안에서 낯선 동네가 멀리 숨어 있음을 알아낸다. 아주 멀리 나무 전봇대에 오줌을 누고 있는 강아지를 흘끔 바라보다가, 그 목줄을 쥐고 있는 아이가 언젠가의 내 모습 같다.
그러나 그 아이는 내가 무슨 말이든 걸고 싶어하는 것을 눈치챘는지, 강아지를 끌고 사라진다. a나의 외로움은 엿가락처럼 계속 늘어난다. (중략) 문을 연 가게 비슷한 것도 안 보인다. b비린 생선의 비늘처럼 외롭다는 생각이 일어나, 내 온몸이 가려워진다. 이럴 바에야 갯가의 물 이랑에라도 들어가 버리면 어떻겠느냐고 내가 날 달래 본다.

유경환, 「외로움에 관한 보고서」

   a에서 '외로움'을 '늘어나는 엿가락'으로 비유한 것이 재미있다. 그냥 외롭다고 했더라면 독자는 외로움을 실감하지 못했을 것이다. 추상적 정서일 뿐이니까. 그러나 늘어난 엿가락 또는 늘어진 엿가락에 의해 필자의 외로움은 맥없이 늘어지고 쳐지고, 그러다가 드디어 권태 쪽으로 점점 미끄러지고 만다. 접착성이 강한 작가의 외로움이 드디어 독자의 손가락에 달라붙는다.
   b에서 '외로움'을 '생선 비늘'에 빗댄 것도 매우 참신하다. '외로움'에서 생선의 '비린내'를 느끼는 시인의 과민한 후각. 게다가 '생선 비늘'처럼 일어서는 외로움이라는 표현에서, 작가는 추상적 고독을 계측 가능한 사물로 형상화시키고 있다. 얼마나 외로우면 고독의 비늘 조각을 한 장 한 장 셀 수 있을까. 독자는 이런 표현 앞에 언제나 속수무책이다.
   은유metaphore는 직유보다 깊고 모호하다. 따라서 수필보다 시에서 더 자주 동원된다. 다음 시행을 보기로 한다.

A   a인연은 갈밭을 건너는 b바람

박목월, 「이별가」

a와 b는 이질적이다. 그러나 그 둘 사이에는 유사성이 존재한다. '인연'과 '바람'은 '덧없음'이라는 유사성에 의해 짝을 짓는다. 이 보잘것 없는 공통점을 접점接點으로 하여 전혀 이질적인 두 말이 필연처럼 달라 붙는다.

그런데 이 때 유사성을 접점으로 하지만 원관념과 보조관념은 각각 자신이 가지고 있는 차이점을 그대로 보유하고 있다. 보유하고 있다는 정태적 의미보다는 동태적動態的 의미로 이해하는 것이 옳다. 왜냐하면 두 개의 문맥이 교차되는 순간 두 차이성이 충돌하면서 보다 강한 인상을 창조하기 때문이다. 예문 A에서 보는 바와 같이 a와 b 사이의 차이점이 크면 비유의 효과도 그만큼 커진다. 이것을 그림으로 나타내면 다음과 같다.

a : ───── 원관념이 이끄는 문맥
b : ───── 보조관념이 이끄는 문맥
c : ━ ━ ━ a와 b가 짝을 지은 결과로 나타나는 제3의 문맥

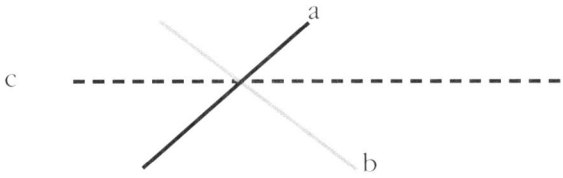

그러나 위의 경우와는 달리 원관념과 보조관념의 차이점이 너무 커서 접점을 찾지 못할 때 두 관념은 평행선을 긋게 되므로 제3의 문맥은 형성되지 못한다. 다음 예를 보자.

B   a호수는 한 포기 화려한 b꽃밭

김광균, 「성호부근星湖附近」

　a와 b는 이질성이 너무 크고 유사성이 없기 때문에 접점이 형성되지 못하고 두 개의 문맥은 평행선을 달린다. 비유 자체가 성립되지 못하기 때문에 어떤 효과도 기대할 수 없다. 이를 그림으로 나타내면 다음과 같다.

a ─────────────
b ─────────────

　이와 반대로 원관념과 보조관념 사이에 유사성만 있고 이질성이 약하면 비유의 효과도 극히 미미하게 된다. 다음 예와 같다.

C   커트글라스에 담긴 a레몬
      잘 익은 한 알의 b오렌지

　a레몬과 b오렌지 사이에는 유사성이 큰 대신 이질성이 작다. 따라서 a와 b 두 문맥은 겹쳐지게 되므로 제3의 문맥 즉 C의 효과도 다음 그림과 같이 자연 미미할 수밖에 없게 된다. 그와 반대로 유사성과 이질성을 고루 갖추었을 때 비유의 효과는 극대화된다.

D   나의 a허기는
      시골 역 b플랫폼

김광림, 「가을날」

    a와 b는 이질적이다. 그러나 그 둘 사이에는 유사성이 있다. '허기'는 위 속이 '비어 있을 때 즉 공복감空腹感'이고, '시골 역 플랫폼'은 손님이 없는 '한산한 공간' 다시 말해서 '비어 있는 공간'이다. 두 말 사이의 유사성은 '비어 있음'이다. 이 보잘것없는 공통점을 접점으로 하여 전혀 이질적인 두 말 '허기'와 '플랫폼'이 필연처럼 달라붙으면서 원관념인 a'허기'는 위장이라고 하는 좁은 공간을 뛰어넘어 '시골 역 플랫폼'이라는 넓은 공간으로 확장된다. 즉 '허기'의 정도가 그만큼 확장되고 강화되는 것이다. 두 이질적인 문맥의 충돌로 발생하는 이 예기치 못한 효과, 그것은 시인의 뛰어난 직관의 결과라 하겠다. 이런 탁월한 통찰력에서 독자는 지적 쾌감을 느끼게 된다.

    아리스토텔레스는 "가장 중요한 것은 비유를 마음대로 부리는 일이다. 그것이야말로 남에게서 배울 수 없는 것이며, 천재의 표적"[3]이라고 말했다. 그러나 이 세상에는 배움으로도 도달할 수 없는 정상頂上은 그

---

3. 아리스토텔레스, 천병희 옮김, 『시학』, 문예출판사, 2000, p.125.

리 많지 않다. 비유의 기술도 마찬가지다.

그러나 비록 유사성도 크고 이질성도 크다 하더라도, 잘못하면 보조관념이 원관념을 훼손시킬 경우가 있다. 다음과 같은 경우다.

아내의 무덤 앞에 핀 a엉겅퀴꽃은 아버지가 쓰다 버린 b몽당붓

원관념 '엉겅퀴꽃'과 보조관념 '몽당붓'은 전혀 별개의 사물이다. 그만큼 차이점도 크다. 그런가 하면 이 두 개념은 유사성도 크다. 형태가 닮았기 때문이다. 그러나 보조관념 '몽당붓'은 원관념 '엉겅퀴꽃'을 훼손시키고 있다. 형태상의 유사성은 살렸을지 모르지만 원관념의 '아름다운 보랏빛'과 '그윽한 향기'와 '살아 있는 생명력'은 놓치고 말았다. 놓치고 만 정도가 아니라 아름다운 보랏빛은 '칙칙한 먹빛'이 되고, 그윽한 향기는 아예 사라지고 말았다. 결국 더럽고 메마른 '몽당붓'은 엉겅퀴꽃의 빛깔과 향기에 전이되는 바람에 원관념인 엉겅퀴꽃은 더럽혀지고 만 것이다. 이런 경우는 전이轉移가 아니라 전락轉落이라 해야 옳을 것이다. 얻은 것은 한 가지고 잃은 것은 세 가지나 된다. 비유의 효과, 즉 원관념을 선명하게 하고, 지적 호기심을 만족시켜 쾌감을 주는 데 실패한 은유이다.

이처럼 "상식 수준의 비유는 새로운 의미를 창조하지 못한다. 이런 표현을 하는 작가의 의식이 상식 차원에 머물고 있다는 데 문제가 있다. 따라서 비유란 단순한 표현 기교가 아니라 세계 인식의 깊이와 넓이 그 자체여야 한다."[4]

따라서 글을 쓰는 사람은 보조관념을 끌어 오는 데 매우 주도면밀해

야 함을 알 수 있다. 다음 시를 보자.

어지러운 먼지 번득이는 속을
두 개의 성냥개비 높이 치켜들고
무얼 그리 찾느냐
귀는 아직 열 때가 아니다

오순탁,「달팽이」

　이 시에서 원관념은 '달팽이 눈'이고, 보조관념은 '성냥개비'다.
　나는 이 시를 처음 읽는 순간 매우 감탄했던 기억이 난다. 달팽이의 눈을 성냥개비에 비유한 것은 놀라운 통찰력이라 생각했기 때문이다. 그러나 나중에 생각하니 이 비유도 완전히 성공한 예가 못 된다는 사실을 깨닫게 되었다. 앞의 '엉겅퀴꽃'과 '몽당붓'의 관계와 같이 보조관념이 원관념의 일부 즉 형태상의 유사성만 살렸을 뿐, 원관념인 '달팽이 눈'이 가지고 있는 유연성, 연약함, 생명력 같은 것은 다 놓치고 경직된 목질木質을 얻은 데 그쳤기 때문이다. 결국 하나를 얻었으나 셋을 잃어버린 결과가 되고 말았다.
　대상을 보는 순간 어떤 보조관념이 연상된다고 해서 쉽게 만족해서는 안 된다는 것을 그 때 알았다. '좀더 효과적인 것은 없을까' 하는 문제 의식을 가지고 고심해야 한다. 다시 말해서 백척간두百尺竿頭에서 진일보進一步하는 치열한 노력이 필요하다는 이야기다. 다음은 필자의

---

4. 오규원,『현대시작법』, 문학과 지성사, 1998, p.282.

「달팽이」의 뒷부분이다. 달팽이의 눈을 표현하기 위해서 성냥개비 대신 무엇을 빌어 왔는지, 그것이 과연 필자가 말한 만큼 효과적인지 검토해 보기 바란다.

    여름도 다 끝나려는 어느 늦은 저녁 무렵이었다. 그 때 나는 달팽이의 이상한 몸짓을 보았다. 억새풀의 제일 높은 끝에 한 방울의 이슬처럼 위태롭게 맺혀 있었다. 목은 길게 솟아 올랐고, 조그만 입은 약간 벌어졌으며, 꽃의 수술 같은 두 개의 눈은 긴장되어 있었다. 마치 노래를 부르려는 순간의 어떤 가수처럼.

'꽃의 수술'을 보조관념으로 동원함으로써 달팽이 눈은 실제보다 형태상으로는 물론, 촉각적인 면에서 그 유연성과 생명감이라는 면에서 사실보다 강화되었다고 생각한다. 즉 '꽃의 수술'이 이끄는 문맥과 '달팽이 눈'이 이끄는 문맥이 만나는 접점에서 새로운 문맥이 생겨나면서 달팽이의 눈은 꽃의 수술로 표상되는 향기와 색깔과 유연성은 물론 생명력까지 확보하게 된 것이다. 차이성 속에서의 유사성에만 만족해서는 위험하다. 통합적 효과를 고려해야 한다. 다음은 어느 수강생의 글의 일부이다. 보조관념 선택의 중요성에 대해서 다시 한 번 생각하는 기회가 되었으면 한다.

    "누나."
    "응?"
    "누나는 달이 뭣처럼 보여?"

"그야 쟁반처럼 보이지."

"나는 축구공처럼 보이는데……."

과학적 관점에서 본다면 동생의 말이 맞다. 그러나 우리의 눈에 보이는 달은 구형球形이 아니다. 원형圓形이다. 또 축구공은 역동적力動的 심상으로 떠오르지만, 달은 정적靜的 심상으로 떠오른다. 그리고 표면의 재질이 가죽이라는 경험에서 얻어진 감각은 달에서 느끼는 찬 느낌을 형상화시켜 주지 못한다.

쟁반이라고 하는 경우를 보자. 쟁반은 일반적으로 그 재질이 사기거나 유리이기 때문에 촉감상 느낌이 차다. 형태로 볼 때도 원형이다. 이런 점을 볼 때, '쟁반'이라는 보조관념이 더 효과적이라는 사실에 수긍이 갈 것이다.

그러나 여기에도 문제가 있다. '쟁반 같은 달'이란 표현은 너무 오래 사용되어 왔다. 이제는 진부한 비유가 되고 말았다. 시적 참신성이 결여되었으므로 지적 호기심을 만족시키지 못하며, 따라서 쾌감도 줄 수 없다. 유행이 지난 옷과 같다. 이런 비유를 사유死喩 즉 '죽은 비유'라고 한다.

만약 소설가 서머싯 몸W.Somerset Maugham이 이 남매의 이야기를 옆에서 듣고 있었다면 뭐라 했을까? 아마 이렇게 말했을지 모른다.

"내 눈에는 육 펜스짜리 동전으로 보이는데."

그의 소설「달과 육 펜스」에서 그는 달을 '육 펜스'짜리 동전으로 비유하고 있다. 달이 주는 차가운 금속성과 형태를 잘 나타낸 비유다. 달을 금속성 물질에 비유한 예는 다음 시에서도 볼 수 있다.

양철로 된 달이 하나 수면 위에 떨어지고

김광균, 「성호부근」

＊상징과 풍유

상징symbol은 추상적인 관념을 대표하는 구체적 사물 일체를 말한다. 상징도 비유의 하위개념이므로 추상적 관념을 원관념이라 하고 구체적 사물을 보조관념이라고 한다. 다른 점은 원관념을 드러내느냐 숨기느냐에 의해 구별된다. 원관념을 드러내면 비유라 하고 원관념을 숨기고 보조관념만 드러내면 상징이라 한다. 그래서 상징은 '원관념이 생략된 은유'라고도 한다. 그렇다고 해서 상징으로서의 조건이 완결되는 것은 아니다. 비유는 작품의 어느 한 부분에서 역할하는 반면 상징은 작품 전체를 지배한다는 점이다. 어떤 심상이 상징인가 여부를 가리는 방법은 작품 전체에서 그 심상을 중심으로 '의미의 그물'이 짜여져 있는가의 여부를 가리는 일이다.

또 비유는 원관념과 보조관념 사이에 유사성이라는 접점을 공유하지만 상징은 이질적 관계로 결합된다는 점이 다르다. 그러므로 비유가 비교나 유추와 관련을 가진다면, 상징은 암시적일 경우가 많다. 비유는 원관념과 보조관념의 관계가 한 번 이루어지지만, 상징은 원관념과 보조관념의 관계가 두 번 이상 이루어진다. 그래서 직유보다 은유가 애매하고 은유보다 상징이 더 애매하고 다의적이다.

A   가난한 내가

　아름다운 나타샤를 사랑해서

　오늘밤 푹푹 a눈이 나린다.

백석, 「나와 나타샤와 흰 당나귀」

B   기침을 하자.

　젊은 시인이여, 기침을 하자.

　b눈 위에 대고 기침을 하자.

　눈더러 보라고 마음놓고 마음놓고

　기침을 하자.

김수영, 「눈」

   a의 '눈'은 단순한 구체적 사물을 환기시키는 시각적 심상에 지나지 않는다. 그러나 b의 '눈'은 시각적 심상일 뿐만 아니라 상징적 심상으로, '순수 정신'이라 할 수도 있고, '순수 생명적 존재'라고 할 수도 있다. 애매하고 다의적이라는 이야기다. 거기에 대해서 '기침'의 결과물인 '가래'와 눈은 서로 대척점에 있다. '가래'는 '일상으로 오염된 비순수의 정신 상태'일 수 있다. 젊은 시인들에게 오염된 자기를 가래를 뱉듯이 뱉어 정화시키고 오염되지 않은 순수 정신으로 돌아가기를 권유하고 있다. 눈과 기침의 대비를 통한 고도의 상징적 수법과 날카로운 비판 정신이 돋보인다. 따라서 b '눈'의 상징적 의미는 그 단어 또는 시행 하나만으로 파악할 수 없다. 시 전편에 걸친 '의미의 그물'에 의해서 파악할 수 있을 뿐이다.

어떤 구체어가 비유로 사용된 경우와 상징으로 사용된 경우가 다르다. 비유로 사용된 구체어는 그 본래의 뜻을 버리고 문맥 속에서 다른 뜻으로 사용된다. 상징으로 사용된 어떤 구체어는 본래의 구체적인 뜻도 가지면서 동시에 다른 뜻도 나타낸다. 이 점이 비유와 상징의 또 다른 점이다.

상징에는 몇 가지 종류가 있다. 개인적 상징, 문학적 상징, 기호적 상징, 제도적 상징, 자연적 상징, 원형적 상징이 그것이다.

기호적 상징에는 모든 색깔, 신호등, 문자, 숫자 등이 속한다. 빨강은 정열, 흰색은 평화, 노랑은 희망을 나타낸다. 제도적 상징은 국가, 사회단체가 자체를 상징하기 위해서 택한 사물들이다. 국기, 교표, 상표 같은 것이다. 자연적 상징은 하늘, 불, 바다, 물, 새, 해, 달, 별, 나무, 바람과 같은 것이다. 이런 것들은 또 원형 상징이 되기도 한다. 원형 상징은 지역과 민족을 초월해서 거의 같은 의미로 받아들여지고 있다.

'하늘' 또는 '불'은 남성의 상징이고 상승을 나타내며, '바다' 또는 '물'은 여성의 상징인 동시에 정화 또는 탄생과 동시에 죽음의 상징이다. 해는 광명, 달은 재생 또는 잉태를 상징한다. 산과 나무는 상승, 성공을 상징하고, 둥근 '원의 형태'는 완벽성, 영원성을, 수직선은 상승, 성공, 생명력을, 수평선은 정지, 안정, 평화, 죽음을 상징한다. 바람은 혼란, 시대적 폭력 등을 상징한다.

세상에는 절대 진리와 정의가 있다고 믿는 사람들이 있다. 그들은 항상 선의 편에 자기가 있다고, 자신의 믿음에 한 치의 의심도 없다고 부르짖는다. 한때 자신의 신념에 투철한 이들을 우러렀던 시절도 있었다. 하지만 세월에 부대끼면서 인식의 틀도 바뀌었다. a세상에 바람 잘 날 없는 건 바로 자신의 신념에 회의할 줄 모르는 그런 이들 때문이기도 하다. b그들이 일으키는 거센 바람 속에 목이 떨어지는 건 항상 여린 꽃잎이었다.

송혜영, 「꽃잎」

이 글은 캄보디아 킬링필드의 기행 수필이다. 이 글에서 a에 나오는 '바람'과 b에 나오는 '꽃잎'은 상징이다. 첫째 원관념이 노출되어 있지 않고, 둘째는 바람과 꽃잎은 그 의미를 그대로 간직하면서 다른 의미를 말하고 있다. a와 b의 '바람'은 '난세', '혼란', '폭력' 등을 상징하고 '꽃잎'은 그런 폭력에 목숨을 잃는 어린 생명이고, 죄없는 약자들이다. 이처럼 상징은 어려운 대신 그것을 푸는 묘미가 있다. 그래서 적절한 상징은 우리에게 쾌감을 준다.

풍유allegory는 '겉 이야기'와 '속 이야기'가 다른 '서사'를 말한다. 겉으로는 A라는 이야기를 하면서 속으로는 B라는 이야기를 하는 기법이다. 그러니까 '이중 구조'를 가진 이야기가 풍유이다. 따라서 이야기의 목적은 겉 이야기에 있는 것이 아니라 이면에 숨긴 속 이야기에 있다. 그래서 풍유는 비유의 확장된 형식이라고도 한다.

풍유법이 상징과 다른 점은 풍자, 비판, 교훈적 성격이 강하다는 점이다. 풍유법은 수준이 낮은 사람들에게 어려운 추상적 내용을 알기 쉽게 하기 위한 경우와, 언로가 막힌 사회에서 권력의 탄압을 피하는 방편의 하나로 발생하였기 때문에 주로 동물을 등장시켜서 이야기를 단순화한다. "풍유 속에 등장하는 인물을 민중은 알고 있으나 독재자가 모르거나 모른 척 아량을 베풀 여지를 남겨 둔다. 풍유는 산문성, 연속성, 설화성을 띠지만 상징은 비산문성을 띤다."5

(1) 옛날 음식을 훔쳐먹는데 귀신이 다 된 쥐가 있었다.
(2) 그러나 늙어서 제 힘으로 먹이를 구할 수가 없었다.
(3) 젊은 쥐들이 그의 기술을 배워 한동안 음식을 나누어 주어 연명했다.
(4) 그러나 기술을 다 배운 젊은 쥐들이 그 후 늙은 쥐를 돌보지 않았다.
(5) 늙은 쥐는 괘씸하게 생각했지만 도리가 없었다.
(6) 어느 날 안주인이 맛있는 음식을 솥 속에 넣은 다음 뚜껑 위에 큰 돌을 눌러 놓고 외출했다.
(7) 젊은 쥐들이 그걸 먹으려고 애를 썼지만 헛수고였다.
(8) 의논한 끝에 늙은 쥐를 찾아가서 도와 줄 것을 간청했다.
(9) 늙은 쥐는 괘씸했지만 가르쳐 줄 수밖에 없었다.
(10) 솥의 세 개 발 중 하나가 놓인 땅 밑을 파면 솥이 모로 쓰러질 것이고 뚜껑은 절로 열리게 될 것이라고 했다.
(11) 늙은 쥐가 시키는 대로 했더니 과연 솥이 한 쪽으로 쓰러져서 음식을 맛있게 먹을 수 있었다.
(12) 남은 음식을 가져다 늙은 쥐에게도 주있다.

고상안, 「효빈잡기效嚬雜記」

5. 이지엽, 『현대시창작강의』, 고요아침, 2005, p.244.

여기서 원관념은 표면에 나타나 있지 않다. '속 이야기'는 숨겨져 있고 '겉 이야기'만 표면에 드러나 있다. 겉 이야기는 쥐들의 이야기지만 속 이야기는 사람들 이야기다. 이중 구조이다. 그러나 독자는 이 이야기가 무엇을 말하려는 것인지 안다. 이 글을 해석하는 데는 몇 가지 요소의 짝을 찾으면 된다. 젊은 쥐는 힘은 있으나 경험과 지혜가 없는 젊은이고, 늙은 쥐는 힘은 없으나 경험과 지혜가 많은 늙은이를 의미한다. 젊은이들이 늙은이를 홀대하지 말고 그 지혜를 존중해야 한다는 '경로'의 교훈이 들어 있다.

풍유법으로 수필을 쓸 수도 있다. 설총이 신문왕을 간諫하기 위해 지은 「화왕계花王戒」는 풍유법을 사용한 작품이다.

* 인유引喩와 패러디

인유allusion도 비유법의 하나이다. 직유나 은유와 마찬가지로 독자가 경험하지 못한 것을 독자가 이미 경험한 것과 연관시킴으로써 친숙하게 하는 방법이다. 때문에 인유는 이미 잘 알려진 어구, 문장, 작품 같은 것을 적절하게 인용하여 자기가 표현하고자 하는 새로운 내용을 보다 쉽게 보다 풍부하게 한다. 여기서 어구와 문장이라 하는 것은 속담, 고사성어 같은 것을 의미하며, 작품이란 시나 산문의 전부 또는 일부를 의미한다. 그 밖에도 신화, 전설, 설화 또는 역사적 인물과 사건 같은 것을 인용하기도 한다.

그런 것들이 이미 함축하고 있는 문학적 분위기나 내용을 새로운 자기 작품의 내용과 중첩시켜서 독특한 의미론적 문맥을 형성하는 이점이 있다. 뿐만 아니라 작가의 의견이나 주장에 대한 방증이 되기도 하고 의미를 강화하는 효과를 내기도 한다.

인유에는 두 가지 방법이 있다. 하나는 출처를 밝히는 것이고, 다른 하나는 출처를 밝히지 않는 것이다. 출처를 밝히는 것을 명인明引이라 하고 밝히지 않는 것을 암인暗引이라고 한다. 이미 알려진 사실을 다시 출처를 밝히는 것은 구차스러운 일인 동시에 문맥의 흐름을 방해한다. 그럴 경우에는 암인을 쓰는 것이 효과적이다. 그러나 이 때 유의할 것은 표절의 위험성이다. 출처를 밝히지 않아도 독자가 알 만한 것은 밝힐 필요가 없지만 그렇지 않을 경우는 밝혀야 한다.

인유를 사용할 때는 천의무봉天衣無縫이어야 한다. 인유란 결국 남의 말이나 글 또는 사건을 빌어다 자기 글에 무늬를 새기는 것인데, 새긴 자국이 흉하게 나타난다면 보기 좋을 리가 없다. 설명적인 어구를 넣지 않고도 독자가 자연스럽게 이해할 수 있게 하는 기술이 필요하다.

인유는 위와 같이 단순한 부분으로서 원용되는 경우에만 쓰이는 것이 아니다. 글 전편을 인유로 이끌어 가는 경우도 있다. 다음 시 한 편과 수필 한 편을 비교해 보기로 한다.

A 껍데기는 가라.
　사월四月도 알맹이만 남고
　껍데기는 가라.

　껍데기는 가라.
　동학년東學年 곰나루의, 그 아우성만 살고
　껍데기는 가라.

신동엽, 「껍데기는 가라」

B 아내여, 4월이라고 힘주어 말하면서 돌아누워 우는 그 눈물의 의미를 모르지는 않는다. 그 눈물의 하나하나가 내게 던지는 아픈 질문임을 모른다면, 나는 이미 4월의 광장에 섰던 경력을 내 이력서에서 지워 버렸을 것이다.

그 때의 그 남자는 어디 갔느냐고, '투표는 포탄보다 강하다'는 링컨을 인용하던 그 남자는 어디 가고 이젠 월례적인 보수와 약간 두툼한 보너스에 만족하는 중견 샐러리맨이 남았느냐고, 죽음보다 더 큰 것을 위하여 죽겠다던 당대의 남자는 어디 가고 평판과 예의만을 돌보는 중년 사내만 남았느냐고 당신은 지금 울고 있다.

김재원, 「4월에 돌아누워 우는 아내여」

A와 B에서 "4월"은 모두 '4.19 학생혁명'을 말한다. 역사적 사건을 시의 전개를 위하여 인유한 것이다. 반민주에 항거한 순수한 4.19정신을 상기시킴으로써 오늘날 현실에 안주하고, 사소한 일상에 매몰되어 가는 나태를 각성시키는 효과를 거두고 있다. 인유는 이와 같이 과거와 현재를 비교함으로써 현재를 비판적으로 바라볼 수 있는 시각을 마련해 주는 효과가 있다.

인유를 쓸 때 유의할 것이 있다. 인용문의 길이와 글 전체 길이의 비례 문제이다. 인용문이 본문보다 길면 곤란하다. 남의 떡으로 내 잔치를 치르는 것과 같다. 인용문은 가급적 짧은 것이 좋다. 핵심만 뽑아서 자기의 의도를 강화하는 것이 바람직하다는 이야기다. 시를 인용할 때

두서너 줄을 넘지 않는 것이 좋다. 긴 시 전편을 인용하는 일은 필자가 요령부득임을 들키는 일이 되거나, 아니면 남의 글에 지나치게 의존하려는 의타심으로 비치기 쉽다.

　패러디parody는 한 마디로 말해서 다른 사람의 작품의 일부 또는 전부를 모방하는 것을 말한다. 유명 작가의 작품에 기대어 그 작품이 이미 성취한 분위기라든가, 리듬, 어조, 내용에 자기의 생각을 편승시킴으로써 단순한 모방 차원에 그치지 않고 원작에 변용을 가하여 결과적으로 풍자적 또는 해학적 효과를 노린 것이라 할 수 있다. 그래서 원작을 희화화戱畵化한 비유라고 해서 희유戱喩라고도 하고 또는 희화한 인용이라고 해서 희인戱引이라고도 한다.

　패러디는 창조성이 없으며 악의가 개입할 소지가 있다. 일종의 '비틀기 수법'에 지나지 않는다는 주장이다. 그러나 웃음을 자아내는 창조적 측면을 고려하지 않을 수 없다. 패러디는 현대시에서 특히 왕성하게 차용되고 있다.

　음악에서 이미 잘 알려진 곡에 다른 가사를 붙여서 부르는 경우가 있는데, 이것도 패러디이다. 문학에서 패러디는 시와 소설에서 쉽게 볼 수 있다. 1930년에 나온 박태원의 소설「소설가 구보 씨 일일」을 1960년에 최인훈이 같은 제목「소설가 구보 씨의 일일」로 패러디했다. 1990년에는 주인석이「녹색시민 구보 씨의 하루」로 다시 패러디한 예가 있다.

　이런 수법은 회화와 음악에서 빈번히 차용되고 있다. 예를 들어 모나리자를 그린 다음 코밑에 멋진 카이젤 수염을 붙인다든가 해서 희화화戱畵化시키는 방법이다. 다음은 필립 할스만이 모나리자를 패러디하여

1954년에 발표한 사진 작품이다. 살바도르 달리의 눈과 멋진 콧수염을 달고 있다.

필립 할스만, 「달리의 코밑수염을 달고 있는 모나리자」, 1954

A 이런들 어떠하며 저런들 어떠하료
   초야 우생이 이러타 어떠하료
   하물며 천석고황을 고쳐 무슴하료

이황, 「도산 12곡」

B 이런들 어떠하며 저런들 어떠하료
   만수산 드렁칡이 얽혀진들 어떠하료
   우리도 이같이 하야 백년같이 누리리라

이방원, 「하여가」

이 두 시조 가운데서 A는 B를 패러디 한 것이라 볼 수 있다. 초장이 일치하고 어조가 일치한다. 다만 중장과 종장만은 내용을 비틀어 자기의 생각을 담아 냈다. 이와 같이 껍데기와 살만 빌려다가 자기의 뼈를 집어 넣어 표현하는 것이 패러디다. 일종의 환골탈태換骨奪胎라 할 수 있다.[6] 따라서 패러디란 오늘날에만 유행한 것이 아니다. 오래 전부터 있어 왔던 것이다.

수필에서는 패러디가 흔하지 않다. 하지만 몇 작가들에 의해 시도되고 있다.

A <u>a유세차 모년 모월 모일에 '망자의 붕우' 모씨는 컴퓨터 자판기 b글 몇 자로써 침자針貲의 죽음을 애도하니</u> 그 슬픔의 무게를 담아내기에 가볍디가벼운 A4용지의 공간이 약소하게만 느껴지는구나. 망자에게 미처 베풀지 못한 사랑과 지난 날 나의 소홀함의 통한 앞에서 한낱 제문의 각박한 형식이 그저 무색할 따름이다. 차라리 이 A4용지의 하얀 여백 고이 접어 그대 저승길 환히 밝히는 종이꽃 상여라도 만들고 싶구나.

 <u>c오오통재라. 아깝고 불쌍하다. 너를 얻어 손길 가까이 둔 지 우금 이십 여 년이라.</u> 내가 밀양 박씨 규정공파 26대손 맏며느리로 시집 올 때부터 함께 한 재봉틀 속에서 쟁쟁하게 꽂혀 있던 너의 자태가 아직도 눈에 선하다.

 그 시절 '꽃님이 시집 갈 때 부라더 미싱'이라는 광고 카피 속에 빛

---

6. 박항식, 『수사학』, 현대문학사, 1976, p.509.

나던 충직한 너는 그 동안 온갖 침선 일을 도맡아 오다가 급기야 죽음에 이르렀기에 어찌 인정을 베풀지 않으랴 싶어 d<u>너의 행장과 나의 회포를 총총히 적어 영결하노라.</u>

김정희, 「신 조침문」

B　a<u>유세차 모년 모월 모일에 미망인 모씨는</u> b<u>두어 자 글로써 침자에게 고하노니,</u> 인간 부녀의 손 가운데 종요로운 것이 바늘이로되, 세상 사람이 귀히 아니 여기는 것은 도처에 흔한 바이로다. 이 바늘은 한낱 작은 물건이나, 이렇듯 슬퍼함은 나의 정회가 남과 다름이라. c<u>오호 애재라, 아깝고 불쌍하다. 너를 얻어 손 가운데 지닌 지 우금 이십칠 년이라.</u> 어이 인정이 그렇지 아니하리요. 슬프다. 눈물을 잠깐 거두고 심신을 겨우 진정하여, d<u>너의 행장과 나의 회포를 총총히 적어 영결하노라.</u>

유씨 부인, 「조침문」

　A, B를 비교해 보면 A의 a, b, c, d와 B의 a, b, c, d가 일치하는 것 외에도, 어조, 리듬, 내용의 상당 부분 일치한다. 하지만 패러디한 작가는 사이사이에 자기의 새로운 내용 즉 원작에 나오는 바늘 대신 '부라더 미싱' 재봉틀 바늘을 대입시키고, A4 용지에 컴퓨터로 제문을 쓴다고 하는 등, 과거 유씨 부인의 시대와 다른 시대상을 끼어 넣음으로써 격세지감을 느끼는 묘미를 창안해 내고 있다. 다시 말해서 오리지널 텍스트를 비틂으로써 묘한 웃음을 자아내게 하고 있다.

나. 말의 비유

＊과장 誇張

과장hyperbol은 의도적으로 어떤 내용이나 대상을 사실보다 크게 또는 많게 표현하든가, 아니면 사실보다 작게 또는 적게 표현하는 기법을 말한다. 사실보다 크게 하는 것을 과대지향적過大指向的 과장이라 하고, 작게 표현하는 것을 과소지향적過小指向的 과장이라 한다. 그러나 이렇게 세분하는 것은 일을 번잡하게 하므로 두 경우 모두 아울러서 '과장'이라 하는 것이 좋다. 과장을 쓸 때는 무조건 크게 또는 작게 표현한다고 해서 성공하는 것은 아니다. 적절성이 관건이다. 이 적절성을 얻지 못하면 작품은 진실성을 잃고 작가는 성실성을 잃게 된다.

A 가난한 내가
　아름다운 나타샤를 사랑해서
　오늘밤 푹푹 눈이 나린다

백석, 「나와 나타샤와 흰 당나귀」

B a꽃이 피네 한 잎 한 잎
　b한 하늘이 열리고 있네

이호우, 「개화」

　A는 가난한 내가 분에 넘치게 아름다운 나타샤를 사랑해서 눈이 내린다고 한 것은 비약인 동시에 과장이다. 나의 사랑은 하늘까지 감동시

커서 축복의 눈이 푹푹 내린다고 과장한다. 비약과 과장, 이것이 시다. B는 꽃이 피는 것을 천지개벽만큼이나 엄청난 사실이라고 과장한다. 한 생명 탄생의 의미가 그만큼 위대하다는 것을 강조하고 있다.

 글을 쓰다 보면 실제보다 과장하기 쉽다. 이 때 그 과장이 지나쳐서 대상의 본질에서 벗어나게 되면 독자로부터 외면당하게 된다. 특히 어떤 대상을 예찬할 때거나 부모 이야기를 할 때 과장하고 싶은 유혹에 빠지게 된다. 목련을 예찬할 때, 천하에 제일 가는 아름다운 꽃으로 과장하고, 다른 꽃을 또 그렇게 과장하게 된다면 '모순'에 빠지고 말 것이다.

*대조와 대구

대조contrast는 이 책 앞 절 "효과적 내용 전개"에서 자세히 설명했다. 따라서 이 장에서는 간단히 언급하고 넘어 가기로 한다.

 수사법상의 대조는 어구나 문장과 같은 좁은 범위에서 적용되는 기법이지만, 설명에서의 대조는 문장의 전체 전개에 관계된다는 점을 다시 한번 강조한다. 그러나 두 가지 또는 그 이상의 상반된 것들을 대비시킴으로써 각자의 특성이 드러나게 하는 점은 같다. 거기에 비해서 대구對句는 음조音調가 유사한 문구를 나란히 배열하여 병행의 아름다움을 창조하려는 기법이다. 대구는 대우법對偶이라고도 하는데, 내용이 유사한 경우도 있고 상반되는 경우도 있다.

A a 천 길 땅 밑을 검은 물로 흐르거나
  b 도솔천의 하늘을 구름으로 날더라도

그건 결국 도련님 곁 아니에요?

서정주, 「춘향유문春香遺文」

B   당신이 있어 세상은 얼마나 눈부신지.
　　a<u>천사처럼 노래하고</u> b<u>악마처럼 춤추리</u>

   A의 a와 b는 대조이다. '땅 밑'이란 지하의 세계이고 '도솔천'은 천상의 세계이다. 그러니까 죽어서 천상으로 승천하든, 아니면 황천으로 떨어지든 결국 자기는 언제나 도련님 곁에 있을 것이란 뜻이다. 그러나 B의 a와 b의 관계는 천사와 악마가 대립적 개념이긴 하지만 이렇게 병행해 놓은 목적은 천사적인 것과 악마적인 것을 대조하려는 데 있지 않고, 노래하고 춤추겠다는 뜻을 가락을 맞추어 표현한 데 있다. 따라서 이 경우는 운율적 효과를 노린 대구이다. 대조가 아니다.
   대구parallelism는 속담과 경구법에 많이 쓰인다. 대구를 사용하면 리듬이 생긴다. 그러나 남용하면 문장이 틀에 박히게 되고, 치밀한 묘사에 장애가 된다. 글이 리듬을 타는 것도 커다란 이점이 되지만 그 대신 놓치는 것도 없지 않다. 소설과 같은 치밀한 묘사를 필요로 하는 장르에서는 피한다. 그러나 수필은 이런 점을 활용하는 것이 문장에 탄력을 주는 방법이 된다.
   대구는 반복하는 어구가 있을 때 음악적 효과가 커진다.

　　호랑이는 <u>죽어서</u> <u>가죽을 남기고</u>
　　　　　　　a　　　　b

사람은 죽어서 이름을 남긴다.
　　　　　　a　　　　　b

　이 속담에서 '호랑이'에 대응하는 '사람'이 있고, '가죽'에 대응하는 '이름'이 있다. 이것은 같은 것이 아니다. 다른 것이다. 그러나 a '죽어서'와 b '남는다'는 두 번 반복된다. 이와 같이 반복되는 단어에 의해서 리듬이 조성된다.

＊반복과 열거

반복repitition은 동일한 단어, 어구, 문장을 반복하여 의미를 강화하는 수사법을 말한다. 반복에는 시각적 아름다움과 청각적 아름다움을 창조하는 효과가 있다. 같은 것의 반복은 분명 시각적이든 청각적이든 쾌감을 주는 것은 사실이다. 그러나 기계적이고 계속적인 반복은 오히려 단조로움을 줄 우려가 없지 않다. 반복법을 쓰더라도 중간에 변화를 두는 것이 좋다.

　열거법enumeration은 비슷한 계통의 단어, 어구, 문장의 뜻을 강조하기 위하여 열거하는 것을 말한다. 열거는 결과적으로 문장의 리듬을 살리는 효과를 낸다. 이런 면에서 반복과 열거는 겹치는 경우가 많다. 점층gradation은 사물이나 내용을 열거하되 작은 것에서 큰 것으로, 가벼운 것에서 무거운 것으로, 낮은 단계에서 높은 단계로 차례대로 배열하는 것을 말한다. 열거는 점층의 원리에 의해 질서 있게 배열해야 효과적이다.

다시 반복법으로 돌아가자. 반복에는 단어의 반복과 구절이나 문장의 반복, 그리고 운율적 반복이 있다고 했다. 다음은 같은 어절의 반복이다.

> 나의 소년시절은 은빛 바다가 엿보이는 그 긴 언덕길을 어머니의 상여와 함께 꼬부라져 돌아갔다. 내 첫사랑도 그 길 위에서 '조약돌처럼 집었다가 조약돌처럼 잃어버렸다'
>
> 김기림,「길」

우연히 또는 무심히 시작했다가 뚜렷한 이유도 모른 채 잃어 버린 '첫사랑'을 '조약돌처럼'이란 어절의 반복에 의해 효과적으로 강조했다.

앞 구절의 끝 어절을 다음 구절의 첫 어절로 삼는 반복법이 있다. 이를 연쇄법連鎖法이라고도 한다.

그러나 이것도 생각 없이 기계적으로 반복하면 장난기가 되어 효과를 잃고 만다. 다음과 같이 두어 번 반복하는 것에서 멈추는 것이 효과적이다.

> 그대는 어느 나라의 고전을 말하는 a호접胡蝶,
>   a호접胡蝶인 양 살포시 춤을 추라 아미를 숙이시고
>
> 조지훈,「고풍의상」

다음과 같은 반복을 회귀반복回歸反復이라고 한다. 반복되는 말 사이에 다른 말이 개입되어 있는 경우이다.

도식으로 나타내면 다음과 같다.

R-a-R-b-R-c-R

할아버지도 언제 난 지를 모른다는 마을 밖 그 늙은 버드나무 밑에서 나는 지금도 R돌아오지 않는 a어머니, R돌아오지 않는 b계집애, R돌아오지 않는 c이야기가 R돌아올 것만 같애 멍하니 기다려 본다. 그러면 어느새 어둠이 기어와서 내 뺨의 얼룩을 씻어 준다.

김기림, 「길」

위의 예에서는 '돌아오지 않는다'는 동일 어구를 네 번 반복함으로써 기다림의 간절함과 그것은 결코 이룰 수 없는 것이라는 절망감을 동시에 강조하고 있다.

청각적 반복은 앞에 나오는 "운율"에서 이미 설명했으므로 생략한다.

열거는 두 개 이상의 사물이나 사건을 차례대로 쓰는 것을 말한다. 여기서 '차례'란 말에 유의해야 한다. 말하고자 하는 사람의 의도에 따라서 약한 것, 가벼운 것을 먼저 놓고 중요한 것을 다음에 놓는다든가 해야 한다. 이것은 몇 개의 단어의 열거에서는 물론이고, 한 편의 문장에서 여러 종속제재들 가운데 어느 것부터 먼저 배열해서 어떤 종속제재에서 글을 끝내야 하는가 하는 문제와도 깊이 관련되어 있다. 문장의 내용 전개와도 관련된다는 이야기다.

그 밖에 계절과 관계가 있는 사물은 계절의 순서에 따를 것이며, 공간적으로 가까운 것에서부터 먼 것으로 나가든가 아니면 먼 것에서 가까운 것으로 들어 오든가 해야 질서 있는 열거가 된다.
 또 여러 가지가 뒤섞여 있는 사항들을 열거할 경우에는 유사한 것끼리 묶어야 한다. 그리고 같은 자격의 말일 때에는 음절수가 적은 것에서 많은 것으로 배열해야 한다. 이런 것들이 열거의 법칙이다.

A: 그녀의 꽃밭에는 계절에 따라 온갖 꽃이 핀다. 그 가운데 a코스모스, b원추리, c아네모네, d장미, e맨드라미, f제비꽃, g팬지, h봉선화 그리고 i국화는 그녀가 제일 좋아하는 꽃들이다.

 아무 생각 없이 읽으면 별 이상이 없는 것 같다. 그러나 좀더 좋은 글이 되려면 이처럼 무질서하게 '나열'해 놓아서는 곤란하다. 열거에는 그렇게 할 수밖에 없는 이유가 있어야 한다. 글의 이해라든가 효과를 위해서이다. 이 글을 보면 소주제 문장인 첫문장에 '계절에 따라'란 말이 나온다. 따라서 뒤에 열거된 꽃들은 그 계절에 따라 배열해야 질서 있는 글이 된다. 즉 봄에 피는 꽃과 여름에 피는 꽃 가을에 피는 꽃으로 분류한 다음, 같은 계절 가운데서도 먼저 피는 것과 나중 피는 것으로 나누어서 열거해야 '질서가 잡힌 글'이 된다. 다음은 꽃들을 계절별로 분류하고 그것들을 다시 피는 순서에 따라 열거한 것이다.

 봄 : c, f, g → f, g, c
 여름 : b, d, h → d, h, b
 가을 : a, e, i → a, e, i

가을 꽃은 코스모스, 맨드라미, 국화가 비슷한 시기에 피므로 어느 것을 먼저 써도 관계없지만 이런 경우는 음절수가 적은 것부터 쓰는 것이 좋다. 이제 글 A₁를 다시 고쳐 본다.

A₂ 그녀의 꽃밭에는 계절에 따라 온갖 꽃이 핀다. 그 가운데 f제비꽃, g팬지, c아네모네, d장미, h봉선화, b원추리, i국화 a코스모스 그리고 e맨드라미는 그녀가 제일 좋아하는 꽃들이다.

여러 가지를 열거할 경우에는 크게 몇 개의 집단으로 분류한 다음 차례로 써 나가야 한다. 그래야 질서 있는 글이 된다.

A₁ 청바지 하면 떠오르는 어휘들이 있다. 춤, 시, 꿈, 숲, 자유, 일탈, 방황, 저항, 갈등, 절망, 혼돈, 반역, 파격, 커피, 눈물, 기차, 편지, 강물, 희망, 문학, 첫눈, 첫사랑, 자전거, 통기타, 대학로, 만년필, 스무 살, 맥주거품, 존 스타인벡.

수강생의 글

한 마디로 말해서 혼돈이다. 브레인스토밍brainstorming의 결과를 그대로 자동기술自動記述해 놓은 것 같다. 우리가 글을 쓸 때 이렇게 생각 나는 대로 적는 것은 당연하다. 그러나 그것을 그대로 발표해서는 안 된다. 조정 단계에서 못했다면 다음 단계인 구성과 집필과 퇴고 단계에서 질서를 잡아 주어야 한다. 이 점에 대해서는 다음 장에서 상세히 설명하기로 한다.

다시 A₁로 돌아간다. 이 혼란을 해결하기 위해서 29개의 소재들을 성격에 따라 분류해야 한다.

청바지는 서구로부터 유입된 외래문화의 하나이며, 1970년대 이후 '청년문화'의 상징으로 통하던 몇 가지 요소들 가운데 하나이다. 따라서 청바지는 도회적 성격이 강한 대신 향토적 성격은 약하다. 그리고 본인의 사적인 체험으로 볼 때는 어떤 특수한 경험을 상기시킬 수도 있겠지만, 문학은 개인적 체험이 보편성을 띨 때 소통이 가능한 것이다. 따라서 향토성이 짙은 소재인 '숲, 강물, 첫눈'과 개인적 체험과 결부된 '눈물, 편지, 문학, 만년필'은 제외시킨 후, 나머지 22개의 소재를 가지고 다시 정리해 본다.

A₂ 청바지 하면 떠오르는 어휘들이 있다. 춤, 시, 꿈, 자유, 일탈, 방황, 저항, 갈등, 절망, 혼돈, 반역, 파격, 커피, 기차, 희망, 첫사랑, 자전거, 통기타, 대학로, 스무살, 맥주거품, 존 스타인벡.

A₁보다 많이 정돈되었다. 그러나 아직도 유의어가 중복되어 있다. 유의어는 하나로 통합시킨다. 갈등, 방황, 반역, 혼돈, 절망은 모두 '저항'에 포함시키고, 파격은 '일탈'에, 희망은 '꿈'에 각각 통합시킨다. 그런 다음 음절수에 따라 짧은 것부터 배열한다. 그리고 쉼표로만 연결된 것을 접속조사를 적절하게 넣어서 문장의 단조로움을 피한다.

A₃ 청바지 하면 떠오르는 어휘들이 있다. 시와 꿈과 춤, 자유와 일탈과 저항, 스무 살과 첫사랑, 커피와 기차와 자전거, 대학로와 통기타와 맥

주거품 그리고 존 스타인벡.

이 글에서 소설가 존 스타인벡보다는, '반항과 스무 살과 일탈과 방황' 등에 잘 어울리는 배우는 제임스 딘이 아닐까? 이런 것도 퇴고 과정에서 심사 숙고해야 할 문제다.

※ 반어와 역설 그리고 경구

반어irony는 '아이러니'란 용어로 더 자주 쓰인다. 아이러니는, 문장의 뜻을 강조하기 위하여 표현하고자 하는 내용과 실제 문자로 표현한 내용이 상반되는 것을 말한다. 다시 말하면 겉으로 드러난 '말'과 그 말 속에다 숨겨 놓은 '뜻'이 반대가 되는 수사법이다.

아이러니에는 두 가지가 있다. 하나는 '언어적verbal 아이러니'이고 다른 하나는 '구조적structual 아이러니'이다.

언어적 아이러니는 가장 일반적 의미의 아이러니로 앞에서 말한 바와 같이 '표현'과 '의미'의 상충을 조성하여 독자에게 긴장감을 불러 일으키는 효과를 낸다. 예를 들면, '추녀'를 보고 '미인'이라고 한다든가, 하는 짓이 꼴불견일 때 반대로 '잘한다'고 하는 경우이다.

이와 달리 구조적 아이러니는 글 전체에 걸친 반어이다. 구조적 아이러니에는 '사건적 아이러니'와 '극적 아이러니'가 있다.

대개 조상 중에 매국노나 정상배로 알려진 분이 있으면 큰 수치로 알고 쉬쉬하는데 나는 그렇게 생각지 않습니다. 지금은 그 시절을 기억하는 사람도 없고, 세상이 변하면 어떻게 될지 모르지만 조상이 여기저기 묻어 둔 부동산도 지금은 송사만 일으키면 법에서 딱 찾아 줍니다. 영광입지요. 그런 면에서 나는 우리 조상을 존경합니다. 만약 독립운동가나 청백리의 자손이라면 내 인생이 얼마나 팍팍하고 구질구질하겠어요. 훌륭한 분의 유족이라고 국가에서 감사 표시를 한다는데 몇 푼이 됩니까. 자긍심만으로 요즘 세상 살아갈 수 있나요. 재물은 귀신도 부린다는데 돈이 최고입니다.

허징, 「비난에 대한 변명」

이 글은 독립운동가와 청백리의 후손들이 궁핍한 생활을 하는데 비하여, 매국노와 정상배의 후손들이 오히려 풍족한 생활을 하는 세태를 반어적으로 비판한 글이다. 어느 어구에 국한된 아이러니가 아니라 글 전체에 걸친 아이러니이다. 이것이 사건적 아이러니이다.

극적 아이러니는 플롯 상의 역전 또는 반전이 있는 경우이다. 극적 아이러니는 작품 속의 화자나 독자는 알고 있는 것을 다른 등장 인물이 모르는 경우에 해당된다. 이몽룡이 거지 행세를 하고 변사또의 생일 잔치에 등장한 것은 화자와 독자만 알고 다른 등장 인물들은 모르는 경우이다.

아이러니가 효과를 내기 위해서는 우리에게 '웃음'과 아울러 '아픔'을 줄 수 있어야 한다. 여기서 아픔이란 아이러니의 희생자에게서 독자가 느끼는 '동정심'에서 생긴다. "아이러니의 희생자가 조롱받게 되는 것은 무지 때문이다. 따라서 아이러니 요소는 무지, 대조, 고통, 희극성

7. 이지엽, 『현대시 창작 강의』, 고요아침, 2005, p.316.

이다. 관찰자가 느끼는 것은 우월감과 자유와 재미이다. 우리가 아이러니컬한 이야기를 즐기는 것은 이 때문이다."[7]

(1) 어느 날 한 교수가 친구 집에 놀러 갔다.
(2) 이야기가 길어지는 바람에 밤이 깊은 줄을 몰랐다.
(3) 집에 가려고 나오니 마침 비가 억수로 퍼붓고 있었다.
(4) 주인이 만류했다.
(5) "밤도 깊었으니 자고 아침에 가면 어떻겠나?"
(6) "글쎄, 그럴까."
(7) 집 주인은 친구를 손님 방까지 안내하고 자기 방으로 돌아왔다.
(8) 그리고 한참이 지나서였다.
(9) 주인이 자리에 들어가 막 잠이 들려고 하는 참인데, 밖에서 초인종이 울리는 것이었다.
(10) 나가 보았다.
(11) 잠자리에 든 줄 만 알았던 친구가 거기 비를 흠뻑 맞은 채 서 있는 것이었다.
(12) "이 사람, 웬 일인가?"
(13) "잠옷 가지러 갔었지."
(14) 교수가 태연히 말하는 것이었다.

독일에는 교수를 조롱하는 소화笑話들이 많다. 지적인 엘리트의 전형이기 때문일 것이다. 가장 고귀한 신분이거나 가장 완벽하다고 생각하는 부류의 사람이 실수했을 때 우리는 더 많이 웃게 된다. 낙폭落幅이

클수록 폭포소리가 요란한 것처럼 웃음소리도 요란하다.

이 글에 등장하는 교수도 마찬가지다. 어리석은 동기에서 낭패를 본다. 이 소화를 읽는 독자는 어리석은 교수보다 자신이 우월하다고 생각하는 데서 쾌감을 느낀다. 동시에 교수에 대한 한 가닥 동정심도 동시에 느낀다. 소위 앞에서 말한 '아픔'이 이것이다. 웃음과 아픔 그리고 반전. 이것이 구조적 아이러니 가운데 극적 아이러니의 특성이다.

역설paradox은 얼른 보면 이치에 어긋나는 것처럼 보이지만 그 속에 진리가 내포되어 있는 경우의 수사법이다. 예를 들어 "쓰디쓴 즐거움" "황홀한 고통" "화려한 추락" 같은 모순어법矛盾語法이 역설법이다. 즐겁지만 그 즐거움이 그냥 즐겁기만 한 것이 아니라 그 속에 아픈 무엇이 들어 있다든가 할 때의 표현이다. 한용운의 「님의 침묵」에서, "님은 갔지마는 나는 님을 보내지 아니하였습니다"를 보자. 님이 가고 없는 것은 현실이다. 그러나 나는 님을 보내지 않았다고 하니 서로 모순된다. 그러나 이 말의 뜻은 님이 간 것은 사실이지만 내 마음 속에는 아직 님이 계시다는 의미를 강조하기 위한 표현이다.

역설과 아이러니의 차이점은 역설이 제한된 표현법인 반면, 아이러니는 때로는 말하는 사람의 세계를 바라보는 시각까지 드러내는 표현법이라는 데에 그 차이점이 있다. 그런 점에서 아이러니가 역설보다 범위가 넓다. 그래서 역설을 아이러니의 하위 개념으로 본다. 역설은 아이러니와는 달리 문장 그 자체에서 상반되는 말이 발견된다. 두 개의 개념이 혼동을 일으키는 이유는 아이러니와 역설이 다 같이 '이것'을 말하는 것 같으면서 실은 '저것'을 말하는 표현법이기 때문이다.

다시 말하면 아이러니는 진술 그 자체에 모순이 없으나 그 속뜻이 겉으로 말해진 바와 다른 경우라면, 역설은 이미 말 속에 모순을 지니고 있다는 점이다. "앞선 자 뒷서고, 뒷선 자 앞선다"는 성경 구절이 좋은 예이다. 여기에는 모순이 드러나 있다. 아이러니는 '꼴 좋다'고 했을 때 그 말 자체에는 모순이 없다. 다만 속 뜻이 '꼴 보기가 싫다'는 상반된 뜻을 나타낼 뿐이다.

역설에는 '표층적 역설'과 '심층적 역설' 그리고 '시적 역설'이 있다.

표층적 역설은 앞에서 예를 든 모순 형용이 이에 속한다. 수식어와 피수식어로 이루어지는 역설이다. "술은 물로 된 불이다"와 같은 것이다. 이 역설은 논리적 유추로 충분히 설명될 수 있다.

심층적 역설법은 이를 존재론적 역설이라고도 한다. 형이상학적 깨달음을 담고 있기 때문이다. 앞에서 예를 든 "앞선 자 뒷서고, 뒷선 자 앞선다"는 것이 여기에 해당된다. "죽음의 공포를 해결할 수 있는 것은 죽음뿐이다"라고 표현했다면 그건 심층적 역설이다. 종교적 진리나 철학적 깨달음과 같이 논리를 뛰어넘는 심오한 생각은 이와 같은 표현법을 빌리지 않고는 설명하기 어렵다. 그런 의미에서 공자나 노자나 예수 같은 성인들은 짧게 말하고 그 아성亞聖이라고 불리는 맹자나 바울 같은 이들의 문장은 길다. 왜냐하면 논리를 초월한 진리를 논리적으로 설명하려고 하니 길어질 수밖에 없는 것이다.

끊임없이 지나가는 생각과 여러 갈래로 흐트러지는 마음을 거두어들인다는 것은 불안하고 헝클어진 나와 조용히 악수하는 일이기도 했다.

"<u>소리 없는 소리를 들어보십시오.</u>"

코끝에서 들락거리는 숨소리를 따라가길 수십 번, 어느 순간 내가 보였다. 모래무지 잡고 깔깔거리며 물장구치던 냇가의 어린 나. 그 안의 내가 말했다.
"어디 갔다 이제 왔니……."

전민, 「내 안의 나를 찾아」

이 글에서 밑줄 친 부분을 보자. 소리 없는 소리를 어떻게 듣는단 말인가. 그러나 여기서 말하는 것은 마음 속에서 들리는 소리에 귀를 기울이라는 것이다. 바로 "어디 갔다 이제 왔니…" 하고 어린 시절의 순수한 '나'가 일상에 매몰된 '나'에게 거는 말소리를 들으라는 이야기다. 각성의 촉구이다.

시적 역설은 시 전편에 걸쳐 나타나는 역설이다. 이 경우도 단순한 관습적 또는 표준적 진술로는 다 나타낼 수 없는 의미를 표현한다.

<u>a이별은 미의 창조입니다.</u>
이별의 미는 아침의 바탕 없는 황금과 밤의 올 없는 검은 비단과 죽음 없는 영원의 생명과 시들지 않는 하늘의 푸른 꽃에도 없습니다.
님이여, 이별이 아니면 나는 눈물에서 죽었다가 웃음에서 다시 살아날 수가 없습니다.
오오, 이별이여.
<u>b미는 이별의 창조입니다.</u>

한용운, 「이별은 미의 창조」

a "이별은 미의 창조입니다" 로 시작해서 b "미는 이별의 창조입니다"

로 교차반복법을 쓴 이 시는 전편이 역설적 구조로 되어 있다. 이 시의 기본 사상은 부정적 가치 없이는 긍정적 가치도 존재하지 못한다는 것이다. 이별은 님의 존재를 깨닫게 하는 전제 조건이다. 부정적인 이별의 슬픔이 없다면 긍정적인 만남의 기쁨도 없다. 이별의 눈물 없이 어찌 만남의 웃음이 있겠는가. 부정을 통해서 긍정에 이르고, 그것을 다시 부정함으로써 더 큰 긍정에 도달한다는 불교적 역설에 이 시의 묘미가 있다.[8] 영원히 시들지 않는 푸른 조화造花에서는 생명의 아름다움을 느낄 수 없다. 따라서 인생의 아름다움이라는 긍정적 가치도 죽음이라는 부정적 가치를 통해서 존재한다는 이야기다. 이 시는 역설을 통해서 언어의 관습적 사용으로는 도달할 수 없는 충격을 우리에게 주는 데 성공하고 있다.

경구epigram란 기지, 역설, 반어, 등의 기법에 의하여 간단하면서도 사람의 마음에 놀라움과 깨우침을 주는 수사법이다. 경구는 풍자와 암시를 요체로 하는 속담, 격언, 명언 등에 많으며, 그 밑바닥에는 불변의 진리가 숨어 있다. 이것이 소위 아포리즘aphorism이라 하는 것이다.

또 속담은 오랜 세월 동안 축적된 우리의 지혜의 정수이다. 거의 완벽한 경구에 해당된다. 속담이 주는 촌철살인寸鐵殺人의 교훈적 효과. 따라서 속담에는 원숙한 세계관, 인생관, 사회관 전반이 잘 반영된 것이며, 교양과 처세의 기본이 들어 있다.

그러나 경구를 한 문장에 너무 많이 쓰면 문장이 딱딱할 뿐만 아니라 교훈적 성격이 너무 강하여 곧 질리게 된다. 지나친 것은 부족함만 못

---

8. 김태형·정희성, 『현대시의 이해와 감상』, 문원각, 1994, p.444.

하다. 균형이 관건이다. 그렇다고 경구 하나 없는 수필은 속이 들어 있지 않은 송편과 같다. 괴춤을 묶지 않은 것 같기도 하고, 꿰지 않은 구슬처럼 산만하다.

A 모든 병은 고칠 약이 있다. 그러나 속기俗氣만은 고칠 약이 없다. 다만 책이 있을 뿐이다.

　사람이 명예에 대한 욕심을 버리지 못하면 처자식 앞에서도 뽐내고 싶은 법이다. 그러나 마음 속 깊이 숨어 있는 그 욕심을 쫓아 낸다면 잠을 자도 청초한 꿈을 꿀 것이다.

　책을 읽는 것은 이로움만 있고 해로움이 없으며, 산과 물을 사랑하는 것은 이로움만 있고 해로움이 없으며, 꽃과 달과 바람과 대나무를 완상하는 것은 이로움만 있고 해로움이 없으며, 단정하게 앉아서 고요히 입을 다무는 것은 이로움만 있고 해로움이 없다

　물이 끓고 차의 향기가 맑게 번질 때 마침 문 앞에 손님이 찾아온다. 얼마나 기쁜 일인가. 하지만 새가 울고 꽃이 이우는데도 찾아오는 사람이 없다 해도 슬퍼하지 말라. 오히려 그 가운데 유연한 맛이 있느니, 진원眞源은 맛이 없고, 진수眞水는 향취가 없는 법이다.

신흠, 「야언野言」

B 나이를 먹으면 젊었을 때의 초조와 번뇌를 해탈하고 마음이 가라앉는다고 한다. 이 '마음의 안정' 이라는 것은 무기력으로부터 오는 모든 사물에 대한 무관심을 말하는 것이다. 무디어진 지성과 둔해진 감수성에 대한 슬픈 위안의 말이다. 늙으면 플라톤도 '허수아비'가 되는 것이

다. 아무리 높은 지혜도 젊음만은 못하다.(중략)

녹슬은 심장도 피가 용솟음치는 것을 느끼게 된다. 물건을 못 사는 사람에게도 찬란한 쇼윈도는 기쁨을 주니, 나는 비록 청춘을 잃어버렸다 하여도 비잔틴 왕궁의 유폐되어 있는 금으로 만든 새를 부러워하지는 않는다. 아, 봄이 오고 있다. 순간마다 가까워 오는 봄!

피천득, 「봄」

A는 전편이 경구로 되어 있다. 압축된 인생 철학이다. 그러나 살냄새가 나지 않는다. 의관을 정제하고 정좌하신 선비의 근엄한 얼굴만 보인다. 경구는 어쩌면 동서양을 막론하고 16, 17세기를 지배하던 수사법이 아닌가 한다. 우리는 베이컨의 수필에서, 셰익스피어의 작품에서도 이런 경구와 만나게 된다. 수필에는 없어서는 아니 될 요소지만 지나치면 거북스러운 요소가 경구가 아닌가 한다.

거기에 비해서 B에는 몇 군데 경구를 동원했을 뿐이다. 그런데도 그것이 돋보인다. 만약 이 수필에서 이런 경구가 없었다고 가정해 보자. 알맹이가 빠진 글이 되고 말았을 것이다. 적절한 경구는 성장(盛裝)한 여인의 모습을 돋보이게 하는 진주 목걸이와도 같다.

04
아름다운 수필의 요건

(1) 여섯 가지 기본 요건

좋은 수필이 갖추어야 할 기본 조건은 대략 다음 여섯 가지로 요약할 수 있다. 통일성, 일관성, 완결성, 경제성, 명료성 그리고 균형이다. 그러나 아름다운 수필이 되기 위해서는 이것 외에 한 가지 조건을 더 충족시켜야 한다. 바로 예술성이다. 이제 이 일곱 가지 조건에 대해서 생각해 본다.

여섯 가지 기본 요건 가운데서 다시 그 중요도의 순서에 따라 세 가지로 압축한다면 통일성, 일관성 그리고 완결성을 들 수 있다. 이것들은 글을 조직하는 데에 있어서 반드시 지켜야 할 조건들이다. 경제성과 명료성은 주로 단어 선택과 문장 차원에서 지켜야 할 요건들이라면, 균형은 비율의 문제이다.

가. 통일성

– 한 접시에 두 가지 음식을 담지 말라

뷔페는 고급 요리가 아니다. 성급한 사람들을 위한 음식이다. 여러 음식을 한 접시에 섞어 담기 때문에 음식들은 자기의 독특한 맛과 향기를 잃고 만다. 먹고 난 다음에도 무엇을 먹었는지 모르는 것이 뷔페이다.

글도 그렇다. 잡다한 제재와 주제를 한 편의 글에 섞어 놓으면 읽고 난 다음 무엇을 읽었는지 모르게 된다. 이런 글을 통일성이 없는 글이라 한다. 하나의 접시에 두 가지 음식을 담지 말라. 이것이 좋은 수필을 쓰려는 사람들에게 필자가 하고 싶은 첫 번째 말이다.

통일성이란 하나의 문단에 또는 한 편의 작품에는 주제와 제재가 하나만 있어야 한다는 조건이다. 그리고 그것에 딸린 소주제와 종속제재들은 각기 전체의 주제와 제재에 통합되어야 한다. 통일성에는 주제의 통일성과 제재의 통일성이 있다.

　　(1)그 집 마당에는 계절마다 여러 가지 a꽃이 피었다. (2)봄이 되면 제일 먼저 목련이 우아하게 피고, 그것이 질 때쯤이면 집 전체를 화사하게 물들이며 벚꽃이 피었다. (3)봄 꽃 향기가 채 가시기도 전에 우거진 녹음 사이로 작약과 모란이 성장한 여인 같은 자태를 뽐내며 뒤를 이었다. (4)그러다가 나뭇잎이 하나둘 떨어지는 가을이 되면 추억처럼 찾아오는 것은 노란 산국과 보라색 개미취였다. (5)어깨에 하얀 숄을 걸친 한 b여인이 온 몸에 저물어 가는 석양을 받으며 벤치에 앉아 책을 읽거나 뜨개질을 하고 있었다.

이 문단에는 2개의 제재가 들어 있다. (1)~(4)의 제재는 a'꽃'이다. 그것에 대한 종속제재는 목련, 벚꽃, 작약, 모란, 산국, 개미취이다. 이것들은 '꽃'의 하위어로 '꽃'의 지배를 받는다.

(5)의 제재는 b'여인'이다. 여인은 (1)~(4)의 제재 '꽃'의 지배를 받지 않는다. 그뿐만 아니라 '꽃'도 '여인'의 지배를 받지 않는다. 따라서 이 문단은 제재의 통일성을 이루지 못하고 있다. (5)를 별도의 문단으로 독립시켜야 한다.

통일성은 문단 차원에서만 지켜야 하는 조건이 아니다. 한 편의 작품 전체에서도 반드시 지켜져야 하는 조건이다.

A   <u>나는 고구마에 대한 추억이 많다.</u> 전에는 아이들이 간식이란 것을 감히 생각지도 못했다. 그저 논이나 밭에서 나는 **고구마**가 전부였다.

B   a**감자**는 아이들 간식거리이기도 했지만 한편 농촌에서 쉽게 구할 수 있는 찬거리이기도 했다. 깍두기처럼 썰어서 간장에 조려 먹기도 하고, 갖은 양념을 해서 갈치 토막을 넣고 조리면 여름 한철 최고의 반찬이었다. 꽁보리밥과도 궁합이 잘 맞았다.

C   요즈음 **감자**는 건강 식품으로 인기가 좋다. 다이어트에도 좋고 변비에도 좋다. 공복에 날로 갈아서 먹기도 한다.

D   간식으로 먹으려면 감자는 꼭 쪄야 하는 번거로움이 있지만 **고구마**는 날것으로 먹을 수 있어 좋다. 가마니에 살살 문지르면 껍질이 벗겨진다. 색깔이 짙은 것보다 옅은 분홍색이 도는 것을 골라 먹으면 육질이 부드럽고 수분이 많고 달착지근하다.

E   그 가운데서도 **물고구마**에 대한 추억은 지금도 각별하다. 수은주가

영하로 내려가고 바람이 불어 문풍지가 우는 밤이면 그 맛이 더욱 일미였다. 시험공부를 한답시고 책은 윗목으로 밀어 놓고, 뜨끈한 온돌방에서 베개는 가슴에 받치고 수다를 떨다가 배가 고프면, 서까래 끝에 매달아 놓은 고구마를 바구니째 들여다 놓고, 녹기를 기다린 다음 고구마 꼭지만 조금 따고 후루룩 소리가 나게 들이켜면 차고 달콤한 고구마의 노란 속살이 통째로 입 속으로 빨려 들어왔다. 마치 쭈쭈바를 빨아 먹는 것 같았다.

F   요즈음 시중에는 **물고구마**를 찾는 사람이 별로 없다. 밤고구마를 선호하다 보니 물고구마는 슬그머니 뒷전으로 사라진 것이다. 밤고구마도 좋지만 나는 물고구마를 더 좋아한다. 어릴 적 즐겨 먹던 기억을 잊을 수 없어서인지도 모른다.

수강생의 글

　이 글에도 두 가지 제재가 들어 있다. 하나는 '고구마'이고 다른 하나는 '감자'다. 주제도 통일되지 않았다. A에서는 '고구마에 대한 추억'을 말하고, B와 C에서 '찬거리로서의 감자의 중요성'에 대해서 언급하고 있다. 그러다가 D, F에서는 다시 고구마에 대하여 말하고 있다. 감자는 감자대로 고구마는 고구마대로 병렬시켜 놓았을 뿐이다. 따라서 제재의 통일성도 주제의 통일성도 이루지 못했다.

　이 글에서 제재와 주제의 통일성이 이루어지게 하려면 두 가지 방법이 있다. 첫째는 감자를 제외시키고 고구마에 대해서만 쓰는 방법이고, 둘째는 감자와 고구마 두 가지를 제재로 다 살리되, 제재의 통일성과 주제의 통일성을 이루어지게 하는 방법이다. 첫째 방법부터 생각해 본다.

첫째 방법: 감자가 제재인 B, C 문단을 없애고 다음과 같이 재구성한 다음 그 구성 순서에 따라 다시 집필한다.

고치기 전 순서 : A - B - C - D - E - F

고친 후의 순서 : A - D - E - F

A 나는 **고구마**에 대한 추억이 많다. 전에는 아이들이 간식이란 것을 감히 생각지도 못했다. 그저 논이나 밭에서 나는 **고구마**가 전부였다.

D 간식으로 먹으려면 감자는 꼭 쪄야 하는 번거로움이 있지만 **고구마**는 날것으로 먹을 수 있어 좋다. 가마니에 살살 문지르면 껍질이 벗겨진다. 색깔이 짙은 것보다 옅은 분홍색이 도는 것을 골라 먹으면 육질이 부드럽고 수분이 많고 달착지근하다.

E 그 가운데서도 **물고구마**에 대한 추억은 지금도 각별하다. 수은주가 영하로 내려가고 바람이 불어 문풍지가 우는 밤이면 그 맛이 더욱 일미였다. 시험공부를 한답시고 책은 윗목으로 밀어 놓고, 뜨끈한 온돌방에서 베개는 가슴에 받치고 수다를 떨다가 배가 고프면, 서까래 끝에 매달아 놓은 고구마를 바구니째 들여다 놓고, 녹기를 기다린 다음 고구마의 꼭지만 조금 따고 후루룩 소리가 나게 들이켜면 차고 달콤한 고구마의 노란 속살이 통째로 입 속으로 빨려 들어왔다. 마치 쭈쭈바

를 빨아먹는 것 같았다.

F　　요즈음 시중에는 **물고구마**를 찾는 사람이 별로 없다. 밤고구마를 선호하다 보니 물고구마는 슬그머니 뒷전으로 사라진 것이다. 밤고구마도 좋지만 나는 물고구마를 더 좋아한다. 어릴 적에 즐겨 먹던 기억을 잊을 수 없어서인지도 모른다.

　제재인 고구마와 종속제재인 물고구마를 통해서 제재의 통일이 이루어졌을 뿐만 아니라, '고구마에 대한 추억'이라는 주제 아래에 '물고구마에 대한 추억'이라는 소주제가 포함되어 있다. A문단의 밑줄 친 문장은 이 글의 주제 문장이다.

　　둘째 방법 :　원문의 제재를 통합하기 위하여 A문단에 '감자'를 추가한다. 이렇게 되면 글 전체의 제재는 '과거 시골 아이들의 간식거리'가 되고 감자와 고구마는 각각 그것에 대한 종속제재가 된다. B, C문단은 그대로 둔다. 주제의 통합을 위해서 결미에 해당하는 문단을 하나 새로 만들어 G라 기호를 붙여서 이 글의 결미로 삼는다. 고친 후의 구성을 본다.

　　서두 :　　A=(감자)+고구마

　　본문 :　┌ B=감자　　　　　＊여기서 '감자'를 '고구마' 앞에 놓은
　　　　　　└ C=감자　　　　　　것은 바로 이어지는 B, C에서 감자가
　　　　　　　　　　　　　　　　잇달아 나오기 때문이다.

```
         ┌ D=고구마
         │ E=물고구마
         └ F=물고구마
```
*결미에서도 서두에서 제시된 제재의 순서에 맞추어 감자를 앞에 놓고 고구마를 뒤에 언급하여야 한다. 일관성을 위해서이다. 일관성에 대해서는 바로 다음 절에서 설명하기로 한다.

결미 : G=(감자+고구마)

 이제 이 구성에 따라 다시 쓴다. 단 ( ) 속의 내용은 원문에는 없는 것을 통일성을 위해서 보충한 것이다. 글이 정돈된 느낌을 주고, 주제가 선명해졌다면 그것은 글의 통일성이 주는 효과 때문이다.

A 나는 **감자**와 **고구마**에 대한 추억이 많다. 전에는 아이들이 **간식**이란 걸 감히 생각지도 못했다. 그저 논이나 밭에서 나는 감자와 고구마가 전부였다.

B **감자**는 아이들 간식거리이기도 했지만 한편 농촌에서 쉽게 구할 수 있는 찬거리이기도 했다. 깍두기처럼 썰어서 간장에 조려 먹기도 하고, 갖은 양념을 해서 갈치 토막을 넣고 조리면 여름 한철 최고의 반찬이었다. 꽁보리밥과도 궁합이 잘 맞았다.

C 요즈음 **감자**는 건강식품으로 인기가 좋다. 다이어트에도 좋고 변비에도 좋다. 공복에 날로 갈아서 먹기도 한다.

D 간식으로 먹으려면 감자는 꼭 쪄야 하는 번거로움이 있지만 **고구마**는 날것으로 먹을 수 있어 좋다. 가마니에 살살 문지르면 껍질이 벗겨진다. 색깔이 짙은 것보다는 옅은 분홍색이 도는 것을 골라 먹으면 육질이 부드럽고 수분이 많고 달착지근하다.

E   그 가운데서도 **물고구마**에 대한 추억은 지금도 각별하다. 수은주가 영하로 내려가고 바람이 불어 문풍지가 우는 밤이면 그 맛이 더욱 일미였다. 시험 공부한답시고 책은 윗목으로 밀어 놓고, 뜨끈한 온돌방에서 베개를 가슴에 받치고 수다를 떨다가 배가 고프면, 서까래 끝에 매달아 놓은 고구마를 바구니째 들여 놓고, 녹기를 기다린 다음 고구마 꼭지만 조금 따고 후루룩 소리가 나게 들이켜면 차고 달콤한 고구마의 노란 속살이 통째로 입 속으로 빨려 들어왔다. 마치 쭈쭈바를 빨아 먹는 것 같았다.

F   요즈음 시중에는 **물고구마**를 찾는 사람이 별로 없다. 밤고구마만 선호하다 보니 물고구마는 슬그머니 뒷전으로 사라진 것이다. 밤고구마도 좋지만 나는 물고구마를 더 좋아한다. 어릴 적 즐겨 먹던 기억을 잊을 수 없어서인지도 모른다.

G   **감자**나 **고구마**나 다 우리들이 가난했을 때 반찬거리가 되고 간식 거리가 되어 허기를 달래 주던 고마운 식품이다. 만약 감자와 고구마가 없었다면 우리의 몸은 허약해지고 추억도 많이 빈약해졌을지 모른다.

본문에서 다루어질 제재는 서두에서 미리 제시되어야 하기 때문에 A의 주제 문장에 '감자'를 추가한 것이다. 새로 넣은 G문단의 주제는 '감자와 고구마의 가치와 그것들에 대한 추억이다' 주제의 통일이 이루어졌다.

나. 일관성
　- 냉수에도 차례가 있다

차례를 지킨다는 말은 어떤 대상을 그것이 놓일 자리에 놓는 것을 말한다. 이렇게 질서를 지킨 배열이 곧 일관성이며 글에서 이것이 무시되면 횡설수설이 된다.
　무질서한 생각에 질서를 부여하는 일, 즉 혼돈의 질서화가 곧 집필이다. 이런 질서 중의 하나가 일관성인 것이다. 통일성이 하나의 주제에 의해 모든 소주제가 통일되는 것이라면, 일관성이란 한 편의 작품 속에서 하나의 소주제와 다른 소주제, 하나의 종속제재와 다른 종속제재가 바른 순서로 배열되어야 하는 조건을 말한다.
　배열에는 시간적 배열, 공간적 배열, 점층적 배열과, 일반에 대한 특수 배열, 원인에 대한 결과 배열, 전체에 대한 부분 배열 등이 있다. 시간적 배열은 '과거-현재-미래'로 될 수도 있지만, 작품의 효과를 위해서는 역순逆順으로 배열할 수도 있다.
　공간적 배열은 묘사의 순서와 마찬가지로 먼 곳에서 가까운 곳으로, 안에서 밖으로, 그와 반대로 갈 수도 있다. 다음은 시간의 순서에 따른 일관성 있는 배열이다.

　　하나는 세 살 아래 동생이 태어나던 날 아침의 기억이다. (1)여느 때처럼 엄마 옆에서 눈을 뜨니, 밤새 동생이 태어났다고 했다. (2)그때 산파 아주머니가 대야에 물을 담아 들여오는데, 마침 창을 통해 햇살 한 줄기가 들어왔다. (3)햇살은 물 위로 반사되었고 순간, 색 바랜

격자 무늬 천장 위로 어른어른 빛 동그라미들이 그려졌다. 한 생명의 소식과 함께 내가 본 밝은 빛 동그라미들, 아직까지 그보다 아름다운 이미지를 본 적이 없었다.

장영희, 「약속」

이 글의 제재는 밑줄친 부분인 '동생이 태어나던 날 아침의 기억'이다. 그 뒤에 나오는 (1), (2), (3)은 종속제재들인데 모두 시간적 순서에 따라 차례로 배열되었다. 일관성을 지킨 것이다.

한 편의 수필이 일관성을 잃었을 때 어떤 결과가 오는지 보기로 한다.

A (1)나는 어릴 때 할머니께서 여름밤 모기를 날려 주시면서 또는 겨울밤 화롯불에 밤알을 묻어 두시고서, 나에게 일러 주시던 호랑이 이야기며 심청이 이야기며 그밖에 가지가지 이야기들을 눈을 감고는 늘 회상해 보는 일이 잦다. (2)어떤 줄거리의 이야기였던가 그 내용들은 지금 똑똑히 생각나지 않으나 모든 이야기들이 다들 나를 바르고 옳은 사람으로 만들기 위한 것이었다는 것만은 짐작이 간다. (3)비록 무서운 호랑이의 이야기일지라도 그 호랑이가 그저 무서운 짐승만의 호랑이가 아니고 나쁜 놈을 물어 죽이고 착한 사람은 도와주는 그런 의로운 호랑이었다. (4)내가 학교 공부를 하고 장성해지자 그런 할머니의 이야기들을 케케묵고 시대에 뒤진, 소위 호랑이 담배 먹던 시절의 이야기들로만 생각했을 뿐 아무런 개의조차 하지 않았으며, 도리어 그것을 재미있게 듣고 있었던 어린 시절이 우습기만 했었다.

B 그러나 (5)나이가 늘고 아이들이 커 가니 옛날 조상들의 알뜰한 애정

과 교훈이 눈시울이 더워지도록 느껴진다. (6)해가 진 후에 손톱·발톱을 깎으면 귀신이 온다든가, 밤에 방을 쓸어 내면 복을 감하니 한편에 쓸어 모아 두었다가 아침에 쓸어 내라는 말을 그저 너절한 말들이라고만 생각했던 것이다. (7)지금처럼 밝은 석유등이나 전등이 없고, 접시에 나무 열매의 기름을 담고 그 속에 심지를 담가서 겨우 어둠을 면하던 옛날을 생각해 보면, 비로소 이 말의 뜻이 눈물겹게 느껴지는 것이다. (8)어두운 밤에 손톱·발톱을 깎으면 예리한 칼날에 베이기 쉬우며, 저녁에 방을 쓸어 내면 버려서는 안 될 작은 물건들이 함께 쓸려 나가기 쉬우니 밝은 날 잘 보일 때에 버릴 것만 버리라는 말들이다. (9)이렇게 조상들은 우리들 후세를 위하여 세심하고 알뜰했던 것이다.

이호우, 「다시 들어보고 싶은 이야기」

이 글의 제재는 '할머니의 이야기'이다. 주제 문장은 B의 (5)와 (9)이다.

A문단은 모두 네 개의 문장으로 되어 있다. B문단은 다섯 개의 문장으로 되어 있다. 그런데 별로 길지 않은 이 글의 문맥이 혼란스럽다. 그 원인을 찾기 위해 각 문단을 구성하고 있는 문장의 내용을 요약해 본다.

A (1) 요새 자주 할머니가 들려주시던
   이야기를 생각한다 ················· **현재** - 사실
 (2) 할머니 이야기들은 모두 나를
   옳은 사람으로 만들기 위한 것이었다 ······ **현재** - 긍정적 의견
 (3) 호랑이도 무섭기만 한 호랑이가 아니라

    의로운 호랑이를 예로 들었다 ·········· **현재** – 긍정적 의견
 (4) 중학교 졸업 후 할머니 이야기는
    케케묵은 것이라고 생각했다 ·········· **과거** – 부정적 의견

B (5) 우리 조상들이 후손을 위하는
    애정이 눈물겹다 ·········· **현재** – 긍정적 의견
 (6) 할머니 이야기들이 너절한
    말들이었다고 생각했다 ·········· **과거** – 부정적 의견
 (7) 조상들의 후손을 위한 배려가
    눈물겹다 ·········· **현재** – 긍정적 의견
 (8) 할머니의 이야기가 유익한
    것이었다고 생각한다 ·········· **현재** – 긍정적 의견
 (9) 조상들의 후세를 위한 배려가
    알뜰했다고 생각한다 ·········· **현재** – 긍정적 의견

 아홉 개의 문장 가운데 할머니의 이야기에 대한 작가의 태도를 보면 긍정도 부정도 아니고 '사실'을 말한 문장은 (1)뿐이다. 나머지 여덟 개의 문장은 시간적 배경이 과거인 것은 모두 부정적 의견이고, 시간적 배경이 현재인 것은 모두 긍정적 의견으로 되어 있다.
 그런데 이 글이 혼란스럽게 된 것은 일관성을 무시하고 '현재–과거–현재–과거–현재'와 같이 과거 부정적 의견과 현재 긍정적 의견을 섞바꾸어 배열했기 때문이다. 다시 말하면 이 글의 문맥은 '과거에는 할머니의 이야기에 대해서 부정적이었으나, 현재 나이가 들면서 긍정적으

로 바뀌었다'는 것이다. 그렇다면 이 글의 배열은, 부정도 긍정도 아닌 사실 즉 (1) "최근에 와서 할머니 이야기를 자주 생각한다"는 문장을 제일 앞에 배열하고, 그 다음에 과거 부정적 의견에 해당하는 것을 모두 모아서 배열한 다음, 현재의 긍정적 의견에 해당하는 것을 모두 모아서 아래와 같이 재배열하면 작가가 하고자 하는 말이 우선 일관성 있게 배열된다.

현재의 사실—과거 부정적 의견들—현재 긍정적 의견들

이제 앞에서 지적한 대로 '부정도 긍정도 아닌 현재의 사실'을 말한 A의 (1)을 제일 앞에 놓고, 과거 부정적 의견인 (4), (6)을 차례로 놓는다. 그 다음 '그러나'를 놓고 B의 현재 긍정적 의견에 해당되는 문장 (7)을 놓고 (8)과 (3)을 차례로 놓는다. 그 뒤에 (2)와 (5)를 배열하면 일관성이 뚜렷한 문장이 된다.

(9)는 생략한다. (5)의 내용과 중복되기 때문이다. 이렇게 해서 아홉 개의 문장 가운데 여덟 개만 남긴다.

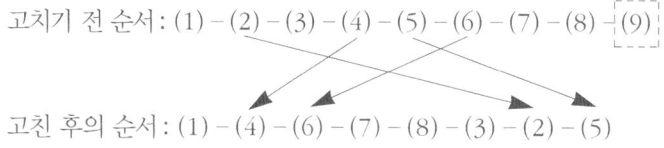

마지막으로 A, B 두 개의 문단으로 된 것을 소주제에 따라, 네 개의 문단 A₁, A₂, B₁, B₂로 나누어 배열하면 일관성 있는 한 편의 글이 완성

된다. 재구성에 의해 다시 쓴다. 단어 선택과 문장 연결에 어색한 점이 있으나 손을 대지 않고 원문 그대로 두고 문장의 위치만 재배열한다.

A₁ (1)나는 어릴 때 할머니께서 여름밤 모기를 날려 주시면서 또는 겨울밤 화롯불에 밤알을 묻어 주시고서, 나에게 일러 주시던 호랑이 이야기며 심청이 이야기며 그밖에 가지가지 이야기들을 눈을 감고는 늘 회상해 보는 일이 잦다.

A₂ (4)내가 학교 공부를 하고 장성해지자 그런 할머니의 이야기들을 케케묵고 시대에 뒤진, 소위 호랑이 담배 먹던 시절의 이야기들로만 생각했을 뿐 아무런 개의조차 하지 않았으며, 도리어 그것을 재미있게 듣고 있었던 어린 시절이 우습기만 했었다. (6)해가 진 후에 손톱·발톱을 깎으면 귀신이 온다든가, 밤에 방을 쓸어 내면 복을 감하니 한편에 쓸어 모아 두었다가 아침에 쓸어 내라는 말을 그저 너절한 말들이라고만 생각했던 것이다.

B₁ 그러나 (7)지금처럼 밝은 석유등이나 전등이 없었고, 접시에 나무 열매의 기름을 담고 그 속에 심지를 담가서 겨우 어둠을 면하던 옛날을 생각해 보면, 비로소 이 말의 뜻이 눈물겹게 느껴지는 것이다. (8)어두운 밤에 손톱·발톱을 깎으면 예리한 칼날에 베이기 쉬우며, 저녁에 방을 쓸어 내면 버려서는 안 될 작은 물건들이 함께 쓸려 나가기 쉬우니 밝은 날 잘 보일 때에 버릴 것만 버리라는 말들이다. (3)비록 무서운 호랑이의 이야기일지라도 그 호랑이가 그저 무서운 짐승만의 호랑이가 아니고 나쁜 놈을 물어 죽이고 착한 사람은 도와 주는 그런 의로운 호랑이었다.

B₂ (2)어떤 줄거리의 이야기였던가 그 내용들은 지금 똑똑히 생각나지 않으나 모든 이야기들이 다들 나를 바르고 옳은 사람으로 만들기 위한 것이었다는 것만은 짐작이 가진다. (5)나이가 늘고 아이들이 커 가니 옛날 조상들의 알뜰한 애정과 교훈이 눈시울이 더워지도록 느껴진다.

모로 가도 서울로 가면 된다는 식의 안일하고 무성의한 태도는 금물이다. 똑바르게 갈 수 있는 도로인데 '갈 지之 자'로 간다든가, 이유 없이 샛길로 빠진다든가, 속도를 내도 되는 길에서 이유 없이 지체하는 것은 바람직한 태도가 아니다. 가급적 편안하게 정성껏 승객을 배려하는 마음으로 운전해야 한다. 그런 운전자가 베스트 드라이버이다. 글을 쓰는 사람도 마찬가지다.

일관성은 작품 전체, 즉 서두와 본문 사이에, 본문과 결미 사이에서도 지켜져야 한다. 알기 쉽게 도식으로 나타내 본다.

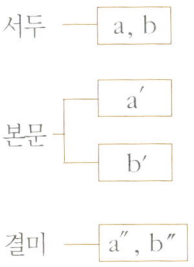

위의 도식에서 보는 것처럼 만약 서두에서 a와 b라는 두 개의 종속 제재가 제시되었다면, 본문에는 두 개의 종속 제재를 각각 하나 이상의 문단으로 배열하면서, 각 내용을 풍부하게 하는 종속제재 a'와 b'가 되

게 한다. 그렇게 한 다음, 결미에서는 본문에서 상술한 종속 제재 a'와 b'를 그 배열 순서대로 요약하여 a″, b″가 되게 하여 결말을 내면 서두와 본문, 본문과 결미 사이에 일관성이 이루어지게 된다. 만약 본문에서 a'와 b'의 순서를 바꾸어 배열하면 일관성을 잃게 된다는 이야기다. 간단한 예를 들어 본다.

서두 : 우리 집 마당에는 두 그루의 **목련나무**가 있다. 동쪽에 있는 것은 a백목련이고 서쪽에 있는 것은 b자목련이다. 해마다 봄이 되면 두 그루가 사이 좋게 차례로 꽃을 피우곤 한다.

본문 : 오긋하고 하얀 a'백목련 봉오리를 보고 있으면 하나하나가 모두 화선지로 방금 만들어 달아 놓은 종이 등 같다. 아니, 어찌 보면 일찍 홀로 되셨던 작은누님 같기도 하다. 백목련은 한 송이 한 송이가 모두 통곡이라던 어느 시인의 시구가 떠오른다.

　　　　b'자목련은 백목련보다 늦게 필 뿐만 아니라 백목련과는 달리 연두색 잎과 함께 핀다. 그래서인지 덜 외로워 보인다. 그 은근한 보라 빛과 우아한 자태를 보고 있으면 궁정 뜰에 서 있는 어느 서양의 왕비를 보는 것 같다. 자주색은 아무에게나 허용되는 색깔이 아니라고 해서일까. 자목련은 말수가 적고 몸가짐이 우아하셨던 우리 셋째 형수님을 생각나게 한다.

결미 : 봄이 되어 a″백목련과 b″자목련이 연달아 피는 것은 기쁜 일이다. 이승에서 더는 만날 수 없는 두 분을 볼 수 있는 것은 더 기쁜 일이다. 그런데, 그런데 마음은 노상 그렇지만은 않으니 슬픈 일이다.

이 글 전체의 제재는 '목련나무'이다. 종속제재는 a '백목련', b '자목련'이다. 모두 서두에 제시되어 있다.

본문 첫 문단에서 첫째 종속제재 a에 대한 구체적 진술 a′가 나오고, 본문 둘째 문단에서 둘째 종속제재 b에 대한 구체적 진술 b′가 나왔다.

결미에서 서두와 본문에서 언급된 종속제재 a, b와 a′, b′를 묶어서 다시 a″, b″에서 언급하고 글을 끝냈다. 다시 말하면 서두에서 종속제재의 배열순서가 a '백목련', b '자목련' 순서이므로 본문과 결미에서 b′-a′ b″-a″ 순서로 배열한다면 일관성을 잃게 된다는 말이다.

다. 완결성
– 작은 구멍이 큰 둑을 허문다

아무리 내용이 좋아도 갖추어야 할 조건을 갖추지 못하면 불완전한 글이 되고 만다. 작은 구멍 하나가 큰 둑을 무너뜨릴 수 있는 것처럼, 작은 결함이 글 전체를 무너뜨릴 수도 있다. 따라서 완결성을 갖춘 글이 되기 위해서는 세심한 주의가 필요하다.

하나의 문단은 하나의 생각을 나타낸다. 그러나 하나의 생각이라고 해서 그것으로 문단이 완결되는 경우는 드물다. 예시 문단이나 묘사 문단에서는 소주제 문장이 빠지는 수가 있지만, 일반적인 문단이 완결되려면 소주제 문장과 그에 대한 뒷받침 문장이 갖추어져야 한다. 또 한 편의 글이 완결되려면 주제문단에 대한 뒷받침 문단들이 갖추어져야 한다.

다음 문단을 읽고 미비점을 찾아내서 완결된 문단이 되도록 한다.

밑줄을 친 문장은 이 문단의 소주제 문장이다. 그런데 소주제 문장에서 언급한 '몇 가지 기준'에 대한 뒷받침 문장이 없다. 때문에 세 가지 분류가 무엇을 기준으로 한 것인지 이해할 수 없다. 이런 문단은 완결성이 결여된 문단이다. 빠진 뒷받침 문장을 보충한다.

수필은 몇 가지 기준에 의해 분류할 수 있다. <u>첫째는 내용이 무거우냐 가벼우냐에 따라서, 둘째는 제재의 성격에 따라서, 셋째는 이웃 장르의 형식과 어느 정도 가까우냐에 따라서 나눌 수도 있다.</u> 중수필과 경수필은 첫째 기준에 의한 분류이고, 추상수필, 구상수필, 자전수필, 비판수필은 둘째 기준에 의한 것이다. 그리고 시적 수필, 소설적 수필, 극적 수필, 비평적 수필은 마지막 기준에 의한 분류이다.

밑줄을 친 문장은 보충된 뒷받침 문장이다. 이것으로 문단이 완결되었다.

다음 수필을 읽고 무엇이 빠졌는지 그 미비점을 찾아 보완한다.

(i) 지하철을 타면 아마추어 뮤지션들이 탄다. 젊은 기타리스트, 아코디언을 멘 노신사, 에디트 피아프 풍의 샹송을 부르는 중년 여가수,

좁은 기차 안에서 불안하게 흔들거리면서도 정열을 다 바쳐 음악을 연주하거나 노래를 하는 모습. 기차의 바퀴 구르는 소리가 배음倍音으로 들리고, 간혹 기차가 구부러진 선로 위로 몸 트는 소리가 간주間奏로 들리고……. 지상을 달리는 6호선 메트로에서 낙엽 지는 파리의 거리를 내려다보며 듣는 에디트 피아프의 「장밋빛 인생」이나 「사랑의 찬가」 등은 가슴이 저리다. 다른 노선의 지하철과는 듣는 맛이 확실히 다르다. 나는 무엇보다 그들의 열정과 자유가 느껴지는 아마추어적 음악성이 좋았다. 그것은 기본이고, 사실은 그들이 연주 후에 겸손하게 내미는 구겨진 모자 위에 동전을 떨어뜨릴 때 주고받는 미소가 더 좋았다. (ⅱ) 서울에서 승객들이 졸고 있는 사이로 플라스틱 소쿠리를 끼고 지팡이를 짚고 녹음기가 불러 주는 성가곡에 입을 맞추며 세상 지겨운 얼굴을 하고 동냥을 하는 모습과는 얼마나 다른가. 파리의 악사들도 거지꼴이긴 마찬가지다. 바이올린을 든 손의 손톱에 낀 때, 추운 겨울날, 첼로를 켜는 여인네의 한쪽 귀가 찢어진 여름 치마. 하지만 그런 모습이 안쓰럽기보다는 '빵을 구하는 그들의 음악'이 행복해 보이는 건 무슨 연유일까.

권지예, 「거리의 악사」

이국 정서를 자극하는 낭만적 작품이다. 그런데 몇 가지 미비점이 눈에 띈다. 우선 문단 나누기에 문제가 있다. 하나의 문단에는 하나의 소주제만 있어야 하는데, 이 문단에는 두 가지 소주제가 들어 있다. 문단 구성의 요건을 어기고 있다. 다음과 같이 독립시켜 각각 하나의 문단으로 만들어야 한다.

(i) 파리 지하철 걸인들의 노래는 가슴을 저리게 한다
(ii) 서울 지하철 걸인들과 달리 그들이 행복해 보이는 이유는 무엇일까

　다음은 (ii)문단이 문제다. 이 문단에서 작가는 하나의 의문을 제기하고 있다. "서울이든 파리든 지하철에서 구걸하는 사람들이 처한 상황은 서로 비슷하다. 구걸이라는 행위도 별로 차이가 없다. 그런데 파리의 걸인들과 서울의 걸인들의 표정과 승객들의 반응이 판이하다. 왜 그럴까?" 하는 것이다.
　그러나 글 속에는 해답의 실마리가 될 만한 어떤 암시도 주어져 있지 않다. 그리고 글은 바로 끝나 버리고 말았다. 이처럼 독자에게 의문만 던져 주고 암시조차 제시하지 않은 글은 완결성이 떨어진 글이다. 미비점을 보완할 방법은 없을까?
　이 의문에 대한 해답은 두 도시의 걸인들이 자신들의 행위에 대한 '인식의 차이'에서 찾을 수밖에 없을 것 같다. 우선 이런 점에 초점을 맞추고 생각을 더 진전시켜 본다.
　파리의 걸인들은 열정을 바쳐 노래를 하거나 연주한다. 궁상을 떨지 않는다. 오히려 당당하다고 할 정도이다. 혹시 그들은 자신들의 행위를 '구걸'이 아니라 '공연' 정도로 생각하는 것은 아닐까? 공연 후에 받는 것은 동정이 아니라 떳떳한 관람료이다. 그러니 부끄러워할 이유가 없다. 그래서 미소를 지을 수 있는 것이다. 승객들도 마찬가지다. 연주를 들었으니 그에 대한 관람료를 지불하는 것은 당연하다. 때문에 동전이 아까울 리 없다. 미소는 그런 마음에서 자연스럽게 오고 갈 수 있는 것

이다.

서울의 걸인들은 어떤가? 아마 그들은 파리의 걸인들처럼 생각하지 않는 것 같다. 그들은 자기들의 행위가 '공연'이 아니라 '구걸'이라고 생각한다. 그리고 그들 대부분은 장애인들이다. 따라서 자기들은 사회적 약자이기 때문에 당연히 도움을 받아야 된다고 생각하는 것인지도 모른다. 그러니 애써 승객을 기쁘게 할 필요도 없다. 동정심에 호소하면 그만이다. 녹음기를 틀어 놓는 것은 자기의 출현을 알리는 신호음일 뿐 승객을 즐겁게 하려는 의도가 아닐 수도 있다. 게다가 가급적 궁상맞은 표정을 지어야 동정심을 더 많이 자극할 수 있다고 계산하고 있는지도 모른다.

이제 이 내용을 요약하여 하나의 문단을 만들어 '(iii)'이라 한다. 그리고 이 글을 두 개의 문단 (i), (ii)로 나눈 다음 (iii)을 보충해서 완결된 글이 되게 한다. 위에서 언급한 내용 외에 원문에 손을 대지 않는다.

  (i) 지하철을 타면 아마추어 뮤지션들이 탄다. 젊은 기타리스트, 아코디언을 멘 노신사, 에디트 피아프 풍의 샹송을 부르는 중년 여가수, 좁은 기차 안에서 불안하게 흔들거리면서도 정열을 다 바쳐 음악을 연주하거나 노래를 하는 모습. 기차의 바퀴 구르는 소리가 배음背音으로 들리고, 간혹 기차가 구부러진 선로 위로 몸 트는 소리가 간주間奏로 들리고……. 지상을 달리는 6호선 메트로에서 낙엽 지는 파리의 거리를 내려다보며 듣는 에디트 피아프의 「장밋빛 인생」이나 「사랑의 찬가」 등은 가슴이 저리다. 다른 노선의 지하철과는 듣는 맛이 확실히 다르다.

(ii)나는 무엇보다 그들의 열정과 자유가 느껴지는 아마추어적 음악성이 좋았다. 그것은 기본이고, 사실은 그들이 연주 후에 겸손하게 내미는 구겨진 모자 위에 동전을 떨어뜨릴 때 주고받는 미소가 더 좋았다. 서울에서 승객들이 졸고 있는 사이로 플라스틱 소쿠리를 끼고 지팡이를 짚고 녹음기가 불러 주는 성가곡에 입을 맞추며 세상 지겨운 얼굴을 하고 동냥을 하는 모습과는 얼마나 다른가. 파리의 악사들도 거지꼴이긴 마찬가지다. 바이올린을 든 손의 손톱에 낀 때, 추운 겨울날, 첼로를 켜는 여인네의 한쪽 귀가 찢어진 여름 치마. 하지만 그런 모습이 안쓰럽기보다는 '빵을 구하는 그들의 음악'이 행복해 보이는 건 무슨 연유일까.

　　(iii)혹시 인식의 차이에서 오는 것은 아닐까. 서울의 뮤지션(?)들은 자신들이 '동냥'을 한다고 생각하기 때문에 지겨운 얼굴이 효과적이라고 여길 수도 있다. 애써 누굴 즐겁게 하랴. 어차피 동냥이니까. 그와는 달리 파리의 걸인들은 '공연'을 한다고 생각하는지도 모른다. 청중인 승객들을 즐겁게 한 대가로 받는 돈이기에 무대에 선 가수처럼 예의를 갖추고 미소를 지을 수 있고, 승객들은 승객들대로 관람료를 지불하는 기분으로 미소 지을 수 있는 것인지도 모른다.

두 가지 소주제가 들어 있는 긴 문단을 두 개의 문단으로 각각 독립시킨 결과 우선 시각적으로 시원하고 의미를 파악하기도 쉬워졌다. 두 번째는 미비점을 보완한 결과 의문도 해소되고 글의 내용도 깊어졌고 그만큼 감동의 진폭도 커졌다. 왜냐하면 (iii)은 이 글의 핵심이 되기 때문이다. 어떤 면에서 아무리 뛰어난 글이라도 반드시 있어야 할 핵심 내용이 빠진다면 그런 글을 두고 완결성을 갖춘 글이라 할 수 없을 것이다.

라. 경제성
 – 최소한의 투자로 최대한의 이윤을

경제란 최소한의 투자로 최대한의 이윤을 남기는 것을 말한다. 문학도 마찬가지다. 필자가 전달하고자 하는 사상과 정서를 독자가 충분히 이해하고 감동하는 데 필요한 최소한의 단어를 사용하는 것을 의미한다. 필요 이상의 단어를 사용하는 것은 낭비이다. 필요 이하의 단어를 사용하는 것은 인색한 일이다. 모두 비경제적이기 때문이다. 따라서 꼭 필요한 만큼의 단어를 사용하는 것이 좋은 수필 쓰기의 기본이 된다.

수식어는 될 수 있는 한 절약한다. 수식어가 많다고 대상의 본질이 더 잘 전달되리라 생각하는 것은 잘못이다. 언어는 기호이다. 필자가 기호로 독자의 체험을 자극하면 독자는 자신의 체험적 이미지를 떠올림으로써 작가가 전달하고자 하는 대상을 구체적으로 재생시킨다. 다음 경우를 본다.

a크고 b하얀 은쟁반에 c빨갛게 d잘 e익은 사과 한 알이 놓여 있다

a, b는 각각 은쟁반을 수식한다. c, d는 e '익은'을 수식하고, e는 c와 d를 이끌고 '사과'를 수식한다. 여기서 은쟁반을 수식하는 어절 가운데 b는 필요치 않은 수식어이다. 독자가 '은쟁반'을 읽는 순간 하얀

은쟁반을 떠올리기 때문이다. 검은 은쟁반을 떠올릴 독자는 없다. 눈을 보고 '흰 눈'이라고 하는 것이나, 백마를 보고 '흰 백마'라고 하는 것과 마찬가지다. 어의語義의 중복은 문장의 경제성에 어긋난다.

사과를 수식하는 3개의 어절 c, d, e의 경우도 마찬가지다. 사과라는 단어를 읽는 순간 독자는 자기가 체험한 사과 가운데서 '가장 빨갛고 크고 먹음직스러운 것'을 연상하게 되어 있다. 아무도 퍼렇게 덜 익은 사과를 떠올릴 사람은 없다. 이처럼 수식어가 많으면 오히려 혼란스럽다. 세 가지 이상의 물감을 섞었을 때 물감이 탁해지는 이치와 마찬가지다. 옛 문장가들이 "말을 버리라"고 한 것은 이런 경우에 해당한다. 위의 문장은 아래와 같이 고치는 것이 경제성과 아울러 명료성을 살리는 길이다.

a큰 은쟁반에 사과 한 알이 놓여 있다.

a를 버리지 않은 것은 작은 쟁반일 수도 있기 때문이다. c, d, e는 생략하는 것이 오히려 이미지가 선명해진다. 그러나 다음과 같은 경우는 수식어가 꼭 필요하다. 없으면 독자가 이해하고 반응하기 힘들다.

그물을 들어 올리자 그 속에 고기가 들어 있었다.

여기서 다른 것은 그만 두고라도 '고기'에 대한 수식어가 앞에 오든가, 아니면 뒷받침 문장으로 보충해주어야 한다. 아니면 어떤 고기인지, 크기는 얼마나 큰지, 몇 마리나 들어 있었는지 알 수 없다. 구체성이 없기 때문에 독자가 제대로 상상할 수 없다. 그냥 '고기'라고 하는 것보다 '큰 고기'가 낫고, '큰 고기'라고 하는 것보다 '큰 붕어'나 '큰 잉어'나 '팔뚝만한 쏘가리'라고 하는 것이 낫다. 언어의 남용도 경계해야 할 일이지만 지나치게 절약하는 것도 경계해야 할 일이다.

(1) 그물을 들어 올리자 그 속에 <u>팔뚝만한 쏘가리가 세 마리나</u> 들어 있었다.
(2) 그물을 들어 올리자 그 속에 고기가 들어 있었다. <u>팔뚝만한 쏘가리 세 마리였다.</u>

부족할 것도 넘칠 것도 없이 필요한 만큼의 언어가 사용되었다. 다음 글을 본다.

너, 보리는 그 a<u>순박하고, 억세고, 참을성 많은 농부들과 함께 자라나고,</u> 또한 b<u>농부들은 너를 심고, 너를 키우고, 너를 사랑하면서 살아간다.</u> 보리, 너는 c<u>항상</u> d<u>순박하고, 억세고, 참을성 많은 농부들과 함께,</u> 이 땅에서 e<u>영원히</u> 사라지지 않을 것이다.

한흑구, 「보리」

a와 d는 중복이다. 이 글은 운율적 효과를 노리고 있다. 그런 효과를 위한 반복은 a와 b로도 충분하다. d에서까지 중복시킬 필요가 없다. 언어의 낭비인 동시에 감정의 낭비이다. d는 생략하는 것이 경제성을 높이는 길이다. c와 e도 같은 말의 중복이다. 하나를 생략해야 한다. 대상

과의 심리적 거리를 조정하지 못할 때 작가는 감상에 빠지고 만다.

이런 경우 외에 자기가 말하고자 하는 생각이 명확하지 못할 때 사람들은 말을 낭비하게 된다. 결국 중언부언하다가 뜻이 모호한 글을 만들고 만다. 때로는 그런 모호성 뒤에 숨어 버리려는 작가도 없지 않다. 또는 멋을 부리기 위해서 문장의 분식粉飾에 빠져 버리는 경우도 있다. 재벌들의 분식회계도 문제지만 작가들의 분식도 문제다.

(1)사람이 생을 받았다면 그러므로 사로 가지 않으면 안 된다. (2)가지 않을 수가 없다. (3)생은 도처에서 영욕과 환희와 비애, 성공과 실패를 거듭한다. (4)하지만 사의 세계엔 그런 명암과 희비의 파노라마가 없을 것이다. (5)억겁의 시간 속에 실체가 존재하지 않게 되어 버리고 나면 끝없이 밀리고 밀리면서 한없이 침전할 것이다. (6)나락으로의 추락은 얼마나 비정한 것일까.

문단을 구성하고 있는 문장들을 독립시킨다. 내용이 중복되는 문장을 쉽게 찾아낼 수 있도록 하기 위해서다.

(1) 사람이 생을 받았다면 그러므로
　　사로 가지 않으면 안 된다. ……………………………… (死)
(2) 가지 않을 수가 없다. ……………………………… (死)
(3) 생은 도처에서 영욕과 환희와 비애,
　　성공과 실패를 거듭한다. ……………………………… (生)
(4) 하지만 사의 세계엔 그런 명암과

희비의 파노라마가 없을 것이다. ………………………………… (死)
  (5) 억겁의 시간 속에 실체가 존재하지 않게
  되어 버리고 나면 끝없이 밀리고 밀리면서
  한없이 침전할 것이다. ……………………………………………… (死)
  (6) 나락으로의 추락은 얼마나 비정한
  것일까. ……………………………………………………………… (死)

 이 글의 제목은 「생과 사」이다. 여섯 개의 문장 가운데 '생生'에 대한 내용은 (3)하나뿐이고 모두 '사死'에 대한 내용이다. 같은 사에 대한 내용을 말한 문장 가운데 중복되는 것을 찾아 보면, (1)과 (2)이다. 하나로 묶는 것이 좋다. (5)와 (6)도 하나로 묶는다. 그리고 열거한 "영욕, 환희, 비애, 성공, 실패"에서 '영욕榮辱'을 제외시키거나 아니면 '환희'와 '비애', '성공'과 '실패'를 제외시키고 '영욕'만 남겨도 된다. 영욕이라는 말 속에 이미 그런 뜻이 내포되어 있다. 다음과 같이 고쳐 본다.

  (1+2)사람은 한 번 태어난 이상 죽음을 피할 수는 없다. (3)생의 세계에는 도처에 성공과 실패, 환희와 비애가 거듭된다. (4)사의 세계에는 그런 명암에서 오는 기쁨과 슬픔은 없을 것이다. (5+6)하지만 죽고 난 뒤 억겁의 시간 속으로 추락할 것이 두렵다.

 여섯 개의 문장을 네 개의 문장으로 줄였지만 의미는 오히려 명료해졌다. 경제성은 명료성과 관련되어 있다. 확신이 없는 문장의 중복은 핵심을 흐리게 한다. 적당히 많이 늘어 놓으면 어느 놈이든 한 놈 걸리겠지 하는 생각으로 좋은 글을 기대하는 것은 요행수를 바라는 것이나 다름없다.

마. 명료성
― 진실은 난해하지 않다

정평이 나 있는 명문들은 모두 명쾌하다. 몽테뉴와 베이컨의 문장이 그렇고, 피천득의 문장이 그러하다. 한때 난해한 글을 멋진 글로 오해하던 시절이 있었다. 1950년대의 일이다. 시도 소설도 평론도 마찬가지였다. 그러나 지금은 아무도 그런 글을 좋은 글이라 생각하지 않는다. 명료한 글 그것이 좋은 글이다. 진실은 난해하고자 하지 않는다.

글의 명료성은 필자가 자기 생각과 느낌을 독자에게 얼마나 정확하게 전달하느냐에 따라 결정된다. 그런 면에서 앞의 예문 「생과 사」는 명료성이란 측면에서 보아도 불완전한 문장이다. 앞에서 언급한 통일성, 일관성, 완결성, 경제성을 갖춘 글은 그렇지 못한 글보다 명료하다. 단어 선택에서 어려운 어휘나 추상어를 많이 쓰거나, 지나치게 복잡한 겹문장을 쓰거나, 주어와 서술어의 관계가 분명치 않은 글은 명료성이 떨어진다. 또 두 개 이상의 소주제 문장을 안고 있는 문단도 명료성이 떨어진다. 또는 한 편의 글 속에서 해석의 단서가 들어가 있지 않은 비유나 상징이 많은 글도 명료성이 떨어진다. 산문의 여러 특성 가운데 하나는 명료성이다. 수필은 산문이다. 수필이 함축적 언어로 표현되어야 한다는 것과 명료성과는 별개의 문제다. 단어 선택의 측면에 유의하면서 다음 글을 읽어 본다.

포플러는 하늘을 향하고 산다. 인간 살림에 세력 투쟁이 있고 국가 생활에 영토 확장의 야망이 없을 수 없는 것처럼, 무릇 거대한 수목은 그 수세樹勢을 널리 a횡으로 펴서 b일장一將 성공에 백골고百骨枯라는 셈으로 거수巨樹의 광활한 지엽枝葉이 임의로 무성을 c극하기 위하여 그 전후 좌우의 d만초萬草가 고갈을 당하고야 만다. 오직 포플러나무만은 횡으로 세력을 벌이려 하지 않고 e종으로 하늘을 향하여 자라고 또 자라기만 한다. 그 f일직一直한 구간軀幹과 수직으로 하늘을 향한 g대지소지大枝小枝는 호렙 산 아래서 축복하는 모세의 손인가, 겟세마네 동산에서 피땀 흘리신 예수의 팔뚝인가? 유한을 횡으로 살지 않고 무한을 종으로 사는 포플러야말로 고귀하도다.

김교신, 「포플러나무 예찬」

포플러에 대한 기독교적 해석이 돋보인다. 동원된 어휘만 좀더 평이한 일상어였다면, 오늘날에도 읽히는 좋은 수필이 되었을 것이다. a부터 g까지 모두 어려운 단어들이다. "일장 성공에 백골고"는 한 장수가 공을 세우는 데에는 수많은 병졸들의 죽음이라는 희생이 따른다는 뜻이다. "일직구간"은 꼿꼿한 줄기란 뜻이다. 어려운 단어의 선택은 글의 명료성을 해치고, 상투적인 고사성어의 남용은 글을 진부하게 한다. 어려운 단어는 쉬운 것으로 바꾸고 고사성어는 쉽게 풀어서 다음과 같이 다시 쓴다.

포플러는 하늘을 향하고 산다. 인간의 삶에 세력 다툼이 없을 수 없고, 국가의 경영에 영토확장의 야망이 없을 수 없다. 대체로 보아 거대한 수목은 그 세력을 널리 a옆으로 c마음껏 펴기 위하여서, b하나의 장수가 성공하는 데 수많은 군졸들의 희생이 따르듯, 그 밑에 있는 d온갖 풀들이 말라 죽는 희생이 따르게 마련이다. 그러나 오직 포플러만은 옆으로 세력을 뻗치려 하지 않고 e위로 하늘을 향하여 자라고 또 자란다. 하늘을 향한 f하나의 곧은 줄기와 g크고 작은 가지는 마치 호렙 산 아래에서 이스라엘 민족에게 축복을 내리던 모세의 손과도 같고, 겟세마네 동산에서 피땀을 흘리신 예수의 팔뚝과 같다. 유한하게 옆으로 뻗는 삶을 살지 않고 무한하게 위로 하늘을 향해 뻗는 삶을 사는 포플러야말로 고귀하다.

어려운 단어나 관용구뿐만 아니라 턱없이 긴 겹문장도 명료성을 떨어뜨린다. 김진섭의 수필 대부분이 이에 속한다. 다음 글은 대한민국 헌법 전문前文이다. 수필은 아니지만 지나치게 긴 겹문장을 상용하여 난해한 글이 된 예이다.

유구한 역사와 전통에 빛나는 우리 대한 국민은 3.1운동으로 건립된 대한민국 임시 정부의 법통과 불의에 항거한 4.19 민주 이념을 계승하고, 조국의 민주 개혁과 평화적 통일의 사명에 입각하여 정의, 인도와 동포애로써 민족의 단결을 공고히 하고, 모든 사회적 폐습과 불의를 타파하며, 정치·경제·사회·문화의 모든 영역에 있어서 각인의 기회를 균등히 하고, 능력을 최고도로 발휘하게 하며, 자유와 권리에 따르는 책임과 의무를 완수하게 하여, 안으로 국민 생활의 균등한 향상을 기하고 밖으로는 항구적인 세계 평화와 인류 공영에 이바지함으로써 우리들과 우리들의 자손의 안전과 자유와 행복을 영원히 확보할 것을 다짐하면서 1948년 7월 12일에 제정하고 8차에 걸쳐 개정된 헌법을 이제 국회의 의결을 거쳐 국민 투표에 의하여 개정한다.

하나의 문단이 하나의 문장으로 되어 있다. 수많은 수식어구 때문에 내용이 선뜻 들어오지 않는다. 이 글에서 '주절의 주어와 목적어와 서술어'를 찾으라면 쉽게 찾을 사람이 몇이나 될지 의문이다. 한 국가의 기본을 정한 헌법의 전문이라는 점에서 장중한 맛을 살린 것은 이해되지만, 법문法文은 무엇보다 명료성이 생명이라는 점에서는 재고되어야 할 문제가 아닌가 한다.

이 글의 주어는 '국민은'이고, 목적어는 '헌법을'이며, 서술어는 '개정한다'이다. 따라서 이 글의 요지는 '국민은 헌법을 개정한다'이다. 이런 뜻이 명료해지려면 몇 개의 문장으로 나누어야 한다.

찍어야 할 곳에 문장 부호를 찍지 않거나, 문장 성분 사이의 관계를 잘못 진술하거나 또는 지시어를 잘못 사용하면 문장의 명료성을 해친다.

A 트럭이 중앙선을 넘어 달려오는 관광버스와 정면 충돌했다.
B 예린이가 웃으면서 다가오는 다인과 악수했다.

위의 예들은 각각 쉼표가 찍혀야 할 곳에 찍히지 않아서 두 가지 의미로 해석된다. A에서 중앙선을 넘은 것이 트럭이라면, '넘어' 다음에 쉼표를 찍어야 하고, 중앙선을 넘은 것이 관광버스라면, '트럭이' 다음에 쉼표를 찍어야 한다.

B에서 '웃으면서'의 주어가 예린이라면 '웃으면서' 다음에 쉼표를 찍어야 한다. '웃으면서'의 주어가 다인이라면 '예린이가' 다음에 쉼표를 찍어야 한다. 다음과 같이 고쳐 본다.

A′   트럭이 중앙선을 넘어, 달려오는 관광버스와 정면 충돌했다.
A″   트럭이, 중앙선을 넘어 달려오는 관광버스와 정면 충돌했다.

B′   예린이가 웃으면서, 다가오는 다인과 악수했다.
B″   예린이가, 웃으면서 다가오는 다인과 악수했다.

다음은 문장 성분 관계가 잘못된 경우와, 지시어가 잘못되어 명료성을 잃은 경우이다.

A 하지만 더욱 알 수 없는 것은 그 방 안으로 들어간 뒤의 내 감정이었다. 가끔씩 스스로도 이해할 수 없는 <u>변덕</u>을 지금에서조차도 엉뚱스럽게 <u>느껴지기</u>까지 한다.

B 마을 뒤쪽으로 2킬로미터쯤, 솔밭 후미진 곳에 미군 헬기 한 대가 추락했다. <u>그것</u>은 국민학교에서도 겨우 유행가 한 곡조 뽑다 보면 닿을 시간밖에 안 되는 <u>거리</u>다.

A에서 "변덕을" 그대로 두려면 그 서술어 "느껴지기"를 타동사로 고쳐야 뜻이 명료해진다. 만약 서술어를 그대로 두려면, "변덕을"에서 목

적격 조사 '을' 대신 주격조사 '이'로 바꾸어야 한다.

 B에서 지시 대명사 "그것은"은 무엇을 가리키는지 분명치 않다. 그것에 걸리는 서술어 "거리다"인 것을 보면 헬기가 추락한 지점을 가리키는 것 같다. 그렇다면 "그것은"을 '그곳은'으로 고쳐야 한다.

바. 균형
― 수필의 황금 분할

황금 분할golden cut은 하나의 선분을 나눌 때, 짧은 선분과 긴 선분의 비례가 긴 선분과 전체 길이의 비례와 같은 것을 말한다. 어렵게 말할 것이 아니다. 어떤 사물의 가로와 세로의 비례와 인간의 시각에 미감美感을 주도록 나누어진 것은 모두 황금 분할이라 할 수 있다. 더 쉽게 말하자. 엽서의 가로와 세로의 비례, 대부분의 책의 가로와 세로의 비례, 대부분의 화폭의 가로와 세로의 비례가 대체로 황금 분할에 해당된다.

수필에서 황금 분할은 부분과 전체의 비례를 말한다. 이 비례가 지켜지면 균형이 잡힌 글이 되어 쾌감을 주고, 그렇지 않으면 균형이 깨진 글이 되어 불쾌감을 준다.

글의 균형은 서두―본문―결미의 양적 비례를 말한다. 또는 전체 글과 인용문의 양적 비례를 말한다. 그 밖에 두 가지 이상의 종속제재를 다룰 때 각 제재에 배당된 양의 비례를 의미한다. 그 외에도 몇 가지 균형을 생각할 수 있지만 이 책에서는 세 가지 균형에 대해서만 생각하기로 한다.

반드시란 말을 붙일 수는 없지만, 한 편의 수필의 길이를 4라고 가정했을 때, 서두―본문―결미의 기본 비례는 '1 : 2 : 1'이 된다. 그러나 이 경우는 아주 짧은 수필에 해당된다. 수필의 길이가 길어질수록 본문의 길이가 비례해서 길어진다. 서두와 결미는 크게 변동하지 않는다. 긴 수필이란 말은 결국 본문이 긴 수필이란 이야기가 된다.

필자가 『한국의 명수필 1』에 실린 수필을 분석한 결과, 한 편의 수필의 전체 분량을 10이라고 가정할 때 서두, 본문, 결미의 비율이 대개 다음과 같았다.

　　서두 : 본문 : 결미 = 1 : 8 : 1

그러나 이것은 어떤 공식도 규칙도 아니다. 통계상의 수치일 뿐이다. 꼭 지켜야 할 필요가 없다. 모든 작품은 외적 조건에 의해 양이 결정되는 것이 아니다. 내적 필연성에 의해 양이 결정된다.

두 개 이상의 종속제재를 다룰 경우, 각 제재의 비중이 같을 경우에는 각 제재에 배당된 양도 같아야 한다. 그렇게 하지 않으면 어느 한 쪽으로 무게가 쏠리게 된다. 그러나 두 가지 이상의 종속제재를 다룰 때 덜 중요한 것은 적게, 상대적으로 더 중요한 것은 많게 배분하여 차등을 두고 점층적으로 배열하는 것이 균형 잡힌 글이 되게 한다. 제재의 경중에 따라 분량을 결정해야 한다는 뜻이다.

서두와 본문과 결미에 각각 들어가야 할 내용이 제자리에 배치되게 하는 것도 그 글의 균형과 관계가 있다. 서두에서는 화제를 제시하든가, 다루고자 하는 제재와 그에 대한 소회所懷나 느낌을 제시하고, 본문에서는 종속제재들을 충분히 다루고, 구체적 느낌이나 예시를 들어 주제를 심화한 다음, 결미에는 가장 인상적이면서도 여운이 있는 문장으로 끝맺는 것이 효과적이다. 그런 글이 균형이 잡힌 글이다.

그러나 이런 것은 절대적인 것이 아니다. 극히 드문 예외지만 수필 중에는 서두가 없는 것도 있다. 이양하의 「나무」가 그 예이다. 하지만 대부분의 수필은 이런 형식을 갖추는 것이 통례이다.

서두가 크고 본문과 결미가 빈약한 글과, 본문보다 결미가 비대한 글과, 서두, 본문, 결미가 모두 균형이 잡힌 글을 다음과 같이 그림으로 나타내 본다.

하트형 스페이드 형 다이아몬드 형

"완결성"에서 인용된 「거리의 악사」는 서두가 큰 하트형이라면, 전숙희의 「설」은 결미가 비대한 스페이드 형이다. 대부분의 수필은 다이아몬드 형에 가깝다.

구성상의 균형을 떠나서, 인용문과 본문의 경우에도 균형의 문제는 고려되어야 한다. 지나치게 인용문이나 인용 시가 길면 자칫 주객이 전도된 느낌을 주기 쉽다. 산문일 경우도 짧은 수필 한 편에 하나 이상의 인용문이 들어간 것은 균형을 해친다. 시라면 한두 행, 길어야 네다섯 행 정도를 넘지 않는 것이 좋다.

이상에서 좋은 수필이 갖추어야 할 기본 조건 여섯 가지에 대해서 생각해 보았다. 그러나 이런 조건을 맹목적으로 따를 필요는 없다. 다만 좋은 수필이라고 선발된 작품들 대부분이 이런 조건을 만족시키고 있다는 사실에 유의하는 것이 도움이 될 것이란 이야기다. 그런 기초적 이해를 바탕으로 창조적 변화를 꾀하는 것은 각 작가에게 주어진 몫이다. 위대한 작가는 '문법'을 새로 쓴다고 들었다.

(2) 아름다운 수필의 요건
— 해석解釋에서 형상화形象化까지

아무리 훌륭한 석재를 다듬어 탑을 쌓았다 해도 마지막 끝에 보주寶珠를 놓지 않았다면 그것은 훌륭한 탑이 될 수 없다. 수필 쓰기도 마찬가지다. 앞에서 열거한 여섯 가지 기본 요건을 고루 갖추었다 해도 마지막 조건인 예술성을 획득하지 못하면 좋은 수필은 될 수 있어도 아름다운 수필은 될 수 없다. 이제 아름다운 수필이 갖추어야 할 요건에 대하여 생각해 본다.

글쓰기의 기본은 나와 나를 둘러 싸고 있는 세계에 대한 해석에서 출발한다. 세계란 사물뿐만이 아니라 사람과 사건까지 포함한 개념이다. 글을 쓴다는 것은 세계라고 하는 텍스트를 어떻게 읽느냐 하는 데에서 출발한다.

그러나 해석은 해석으로 끝나지 않는다. 설혹 그런 경우가 있더라도 그 해석한 내용이 구체적 형체를 갖추는 단계까지 올라 가야 한 편의 글이 완성된다. 이 과정이 형상화이다. 그런데 형상화란 추상적 개념을 구체화하는 것만을 의미하지 않는다. 어떤 구체적 사물이라도 그것을 감각적으로 강화시킬 경우에도 적용되는 개념이다.

문학적 성취는 첫째 참신한 소재, 둘째 참신한 해석, 셋째 참신한 표현 즉 형상화에 의해 성패가 갈린다. 이 글에서는 소재 선택을 제외한, 해석과 형상화가 구체적으로 어떤 것이며 그것이 수필의 예술성 실현에 어떻게 기여하는가에 대해서 생각해 보고자 한다.

앞에서 말한 바와 같이, 해석은 우선 참신하고 개성적이어야 한다.

예술적 감동은 바로 그 참신한 발상에서 생성되기 때문이다. 지금까지 선배나 동료 작가가 해석한 의미와 같이 해석한다면 그것은 모방이거나 표절의 수준을 넘지 못한다. 여기서 말하는 개성적 시각이란 대상에 대한 쉬클로프스키적 시각을 의미한다. 그런데 그의 주장인 "낯설게 하기"란 말은 실은 '낯설게 보기'와 '낯설게 하기'를 모두 포함한 진술이다. 왜냐하면 "낯설게 하기"란 주장 가운데에 "비일상적 시각", "뒤집어 보기", "현미경적 시각"이란 항목이 열거되어 있기 때문이다. "낯설게 보기"가 해석의 범주에 속한다면 "낯설게 하기"는 표현의 범주에 속한다는 것이 필자의 생각이다. 다시 말하자면 낯설게 보아야 낯설게 할 수 있다.

여기 대나무라는 대상이 있다고 하자. 만약 대상의 형체를 보고 묘사한다거나 그 실용성을 설명한다면 그것은 스케치나 설명문에 지나지 않을 것이다. 대나무라는 평범한 대상을 자기만의 시각으로 해석할 때 사실의 세계를 뛰어 넘는, 한 차원 높은 예술의 단계에 도달하게 된다.

> 대나무가 처음 돋아날 때부터 단번에 쑥 자라 버리는 것에서, 선천적으로 자질을 타고난 사람이 하루 아침에 문득 깨달음이 향상되는 것을 읽을 수 있으며, 대나무가 자랄수록 더욱 단단해지는 것에서, 후천적으로 노력한 사람의 깨달음이 점진적으로 향상되는 것을 읽을 수 있습니다. 또 대나무가 속이 빈 것에서 마음을 비운 사람의 참 모습을 읽을 수 있습니다.
>
> 이인로, 「월등사죽루죽기(月燈寺竹樓竹記)」

이 인용문에서 보는 바와 같이, 대나무에서 '지조'나 '절개'를 읽었다면 그건 선배들의 해석을 모방하거나 답습한 것이 되고 말 것이다. 그러나 이인로는, 대나무가 단번에 다 자라 버리는 것에서 불교에서 말하는 돈오頓悟의 자질을 타고 난 인간을 읽었고, 자랄수록 목질이 단단해지는 것에서 점오漸悟의 노력형 인간을 읽었다. 그리고 속이 비어 있다는 대나무의 형태에서 '공허'나 '부실'이 아닌 '욕심을 비운 사람의 마음' 즉 불심佛心을 읽은 것이다. 대나무에 대한 이런 해석은 쉬클로프스키가 말하는 낯설게 보기의 좋은 예라 하겠다. 그만큼 개성적이고 참신하여 독자에게 감동을 줄 수 있었던 것이다.

우리는 늘 글감이 없다고 푸념한다. 그러나 글감이 없는 것이 아니다. 도처에 널려 있다. 문제는 우리가 그것을 해석할 수 있는 안목을 갖추지 못했거나, 해석하려는 노력을 하지 않고 있기 때문이다. 다음 글에서 개성적 해석이 한 편의 글을 어떻게 성공시키는가를 볼 수 있다.

> 살포는 연장이라기보다 가세의 영역을 지키는 한 집안의 대주의 의지를 고양하는 물건이다. 연장의 효율성으로 따지자면 삽이 월등 낫지만 그건 젊은이들의 연장이다. 삽이 실권이라면 <u>살포는 권위다.</u>
>
> 목성균, 「살포」

농기구의 하나인 '살포'의 의미를 '노농의 권위'로 읽고 있다. 다만 하나의 농기구에 지나지 않는데도 실용성이라는 차원을 넘어서 높은 정신적 차원의 의미로 해석했다. 이 글이 만약에 살포의 기능과 용도만을 말했다면 그것은 설명문에 머물고 말았을 것이다. 이 수필이 성공을 거

둔 것은 바로 이와 같은 개성적 해석에서 찾아야 한다.

해석은 위에서 든 예들과 같이 구체적 대상에만 해당되는 것이 아니다. 같은 체험적 사건도 그 해석에 따라 다른 의미를 지니게 된다.

오늘 아침에도 여느 때와 마찬가지로 전동차를 탔다. 옥수 역을 지나고 있는데, 할머니 한 분이 껌을 팔고 있었다. 나는 어머니 생각이 나서 얼른 천 원짜리를 꺼내서 노인의 손에 쥐어 주었다. 그러자 할머니는 껌 한 통을 내게 내밀었다. 나는 사양했다. 그러자 노인은 돈을 되돌려 주는 것이었다. 그냥 드리는 거니 받으라고 거듭 말했지만 막무가내로 거절하면서 다음 칸으로 뒤뚱거리며 가 버리는 것이었다.

위와 같은 의외의 반응에서 우리는 두 가지 의미를 읽을 수 있을 것이다. 가난한 사람이 공짜로 돈 천 원을 얻게 되면 고마워해야 할 일이지 자존심은 무슨 자존심이냐고 부정적 해석을 내릴 수 있다. 또는 비록 가난하여 껌을 팔망정 구걸은 하지 않는다는 노인의 꼿꼿한 자존심이 존경스럽다는 긍정적 해석을 내릴 수도 있다.

이처럼 사물이나 사건을 어떻게 해석하느냐에 따라 글의 방향과 성패가 결정된다. 좋은 글의 창작 조건은 다른 데 있지 않고 이와 같이 텍스트를 읽는 독해력에 달려 있는 것이다.

이제 형상화에 대해서 생각해 볼 차례다.

해석이 구체적 사물이나 사건의 의미 읽기라면, 형상화는 추상적 개념을 구체화시키는 것이며, 더 나아가서 구체적 사물을 감각적으로 더 강화시키는 것이라고 앞에서 말했다. 하나의 문학 작품이 성공하느냐

그러지 못하느냐 하는 것은 이 형상화에 의해 결정된다고 해도 지나친 말은 아니다. 우리가 수필의 예술성을 강조하면서도 구체적 방법론에 부딪치면 뜬구름 잡기 식이 되는 것은 바로 이 형상화 과정이 무엇인지, 또 어떤 효과를 가져오는지 깊이 인식하지 못하기 때문이다. 해석만 있고 형상화가 없으면 관념적인 글이 되고 말지만, 참신한 해석에 개성적 형상화가 어울리면 감동이 배가된다. 잘 된 작품은 모두 이 과정을 거치고 있다. 따라서 해석과 형상화는 문학작품이 갖추어야 할 충분 조건이라 하겠다.

시나 서정 수필에서 이 형상화는 주로 비유를 통해서 이루어진다. 비유는 추상적 개념을 구체적 사물로 치환할 뿐만 아니라 같은 구체적 사물도 감각적으로 강화시킨다. 다음은 임영조의 시 「비누」다.

아무런 대가도 없이
온몸을 풀어 우리의 죄를 사하듯
더러운 손을 씻어 주었다
밖에서 묻혀 오는 온갖 불순을
잊고 싶은 기억을 지워 주었다
(중략)
살면 살수록 때가 타는 세상에
뒤끝이 깨끗한 소모消耗는
언제나 아름답고 아쉽듯
헌신적인 보혈로 생을 마치는
이 시대의 희한한 성자聖者

이 시인은 '비누'라고 하는 구체적 사물의 역할과 의미를 해석했다. 그리고 그 해석한 내용을 마지막 행에서 '성자'로 비유함으로써 형상화에 성공한 것이다. 비누라는 일상의 사물이 성자라는 자기 희생적 인격체로 변신하여 우리의 감동을 출렁이게 한다. 만약 마지막 행에서 형상화가 이루어지지 않았더라면 이 시는 관념의 표백에 머물고 말았을 것이다.

인생은 빈 술잔
주단 깔지 않은 층계

인생이란 추상적 개념을 술잔이라는 구체적 사물로 형상화시켰다. 즉 만질 수도 볼 수도 없는 인생을 술잔으로, 그것도 '빈 술잔'에 비유함으로써 형상화에 성공한 것이다. 그런데 여기서도 '인생'에서 '빈 술잔'으로 직행한 것이 아니다. 그 사이에 해석의 과정을 통과함으로써 가능했던 것이다. 인생이란 대상에서 '공허함' '허무함'을 읽어 내고, 그것을 '빈 술잔'이란 보조관념을 빌어다가 추상적 개념인 '공허'를 형상화한 것이다. "생각의 비유"에서 강조한 바와 같이 비유가 없다면 지금과 같은 문학적 성취는 이루어지지 못했을 것이다. 특히 시나 시적 수필에서 그렇다.

다음 수필에서 우리는 비유를 통한 형상화에 성공한 예를 찾을 수 있다.

A   오월은 a금방 찬물에 세수를 한 스물한 살 청신한 얼굴이다.

b 하얀 <u>손가락에 끼어 있는 비취가락지</u>다.

피천득, 「오월」

B 수필은 a<u>가로수 늘어진 페이브먼트</u>가 될 수도 있다.
   그러나 b<u>그 길은 깨끗하고 사람이 적게 다니는 주택가에 있다.</u>

피천득, 「수필」

    윗 글 A에서 오월이란 개념을 찬물에 세수한 스물한 살 여인의 얼굴과 흰 손가락에 끼어 있는 비취가락지에 비유함으로써 오월의 청신한 계절감을 구체화시키는 데 성공했으며, B에서는 수필이란 추상적 개념을 주택가에 나 있는 길로 비유함으로써 수필 장르의 특성 가운데 하나인 소재의 일상성을 형상화하는 데 성공한 것이다. 이와 같은 해석과 형상화의 과정을 가장 명료하게 보여 주는 작품은 이양하의 「나무」가 아닌가 한다.

A₁ a 나무는 덕을 지녔다. 나무는 주어진 분수에 만족할 줄 안다. 나무로 태어난 것을 탓하지 않는다.
    b 나무는 고독을 안다. 나무는 고독을 견디고, 고독을 이기고 고독을 즐긴다.
    c 나무는 원망하지 않는다. 베어 간 재목이 혹 자기를 해칠 도끼 자루가 되고 톱 손잡이가 된다하더라도 이렇다 하는 법이 없다.
A₂ a′ 나무는 <u>안분지족의 현인</u>이다.
    b′ 나무는 <u>고독의 철인</u>이다.

c′ 나무는 견인주의자다.

A₁의 a, b, c는 나무라는 소재에 대한 해석이고, A₂의 a′, b′, c′는 해석한 내용을 비유를 통하여 형상화시킨 것이다.

형상화라는 용어는 시나 서정적 수필에 주로 쓰이는 말이다. 그러나 소설에도 적용되는 용어이다. 시나 시적 수필의 형상화가 비유에 의존하는 반면, 서사문에서는 인물, 사건, 배경과 같은 요소에 의해 이루어진다. 여기 '겁劫'이란 단어가 있다. 이 단어의 뜻을 독자에게 전달하는 방법에는 두 가지가 있다. 하나는 추상적 설명에 의하여 정보만 전달하는 방법이고, 다른 하나는 형상화를 통해 정보와 함께 감동까지 얹어서 전달하는 방법이다.

A 겁劫이란 겁파劫簸 의 준말로 하늘과 땅이 한 번 개벽開闢한 때부터 다음 개벽할 때까지 걸리는 시간이다.

B 여기 호수가 있다. 호숫가에 사방 일 입방미터가 되는 바위가 있다. 일 년에 한 번씩 하늘에서 선녀가 무지개를 타고 내려와서 호수에서 멱을 감은 후 천의天衣를 갈아 입고 그 바위에 올라 춤을 춘다. 그 때 천의가 바위에 스치는 마찰에 의해서 그 바위가 다 닳아 없어지는 데 걸리는 시간을 겁이라 한다.

A는 '겁'이라는 단어에 대한 이희승 사전에 설명된 내용이다. B는 불가에서 불자들에게 이해를 돕기 위해서 자주 쓰는 이야기다. A는 설

명문이다. 정보를 제공할 뿐이다. 다른 목적이 없다. B는 서사문학이다. 거기에는 인물, 사건, 배경이 있다. A에서 두 줄이면 되는 내용을, B에서는 그것의 두 배가 넘는 길이로 말하고 있다. 경제적으로는 A가 효과적이다. 그러나 거기에는 감동이 없다. 그러나 B는 길어진 만큼 감동도 그것에 비례해서 늘어났다. 똑같은 추상적 개념인 주제를 말하고 있지만, 이처럼 감동이 다른 것은 '형상화'를 거친 것과 그렇지 않은 것의 차이이다. 이것이 곧 설명문과 문학 작품의 차이다.

수필은 허구가 아니다. 따라서 없었던 일을 있었던 것처럼 꾸며 내서는 안 된다. 그러나 서사성이 강한 자전수필에서는 사실에 충실하면서도 주제를 감동적으로 표현하기 위해서는 형상화의 단계를 거쳐야 한다. 다음은 어느 수강생이 제출한 글의 일부이다. 이런 원자재와 같은 글이 어떻게 해야 감동적인 글이 되는가 하는 문제에 대해서 생각해 본다.

나의 친할머니와 외할머니는 여러 면에서 다르셨다. 외모뿐만 아니라 성격도 다르셨다. 친할머니는 성격이 괄괄해서 무슨 일이든 척척 잘도 처리하셨다. 거기에 비해서 외할머니는 성격이 부드러우시고 안온하시었다. 목소리도 나직하셨고, 매사에 서두는 일이 없으셨다.

나는 어려서 종기를 자주 앓았는데, 그 종기를 치료하는 방법도 두 분이 전혀 다르셨다. 성격만큼이나 두 분이 달랐지만 나를 사랑하는 면에서는 더 낫고 더 못함이 없었다. 두 분 할머니가 그립다.

수강생의 글

이 글에서 우리가 얻을 수 있는 것은 두 주인공에 대한 정보 수준이다. 두 인물의 대조적 성격이 비교적 잘 나타났지만 인물이 살아 움직이지 않는다. 감동도 그만큼 떨어진다. 형상화가 제대로 이루어지지 못한 것이 그 원인이다.

첫째, 이 글에서는 인물의 외모를 볼 수 없다. 결과적으로 구체적 캐릭터가 부각되지 못했다. 둘째, "종기를 치료하는 방법도 두 분이 다르셨다"고 했는데 구체적으로 어떻게 달랐는지 거기에 대한 뒷받침 문장이 없다. 셋째, 인물의 제시법에서도 직접 설명하는 방법을 취했기 때문에 추상성을 면치 못했다. 위에서 지적된 세 가지 미비점을 보완하기 위하여 형상화의 과정을 거치기로 한다.

나의 친할머니와 외할머니는 여러 면에서 다르셨다.
a친할머니는 얼굴이 긴 편이고 키도 크셨다. 성격은 매우 괄괄해서 무슨 일이든 척척 처리하셨다. 말하자면 b장부형의 여인이셨던 것 같다. 거기에 비해서 c외할머니는 얼굴이 둥근 편이고 키는 중키 정도였다. 매우 부드럽고 안온하신 분이셨다. 목소리는 나직했고 매사에 서두는 일이 없으셨다. 친할머니와는 달리 d전형적 한국의 외할머니 상이셨던 것 같다.
나는 어려서 종기를 자주 앓았는데, 그 종기를 치료하는 방법도 두 분이 다르셨다. e친할머니는 직접 종기를 짜셨다. 그래도 낫지 않으면 종기를 입으로 빠셨다. 아프고 더러웠지만 그렇게 하고 나면 신기하게도 나았다. 하지만 친할머니의 외과적 치료법은 너무 아파서 싫었다.
외할머니는 친할머니와 달랐다. f언젠가 외할머니 댁에 갔을 때 일이다. 그 때도 종기로 고생을 하고 있었다. 외할머니는 나를 부르시더니 옷을 들치시고 종기난 부위를 보시었다. 그리고는 이렇게 말씀하셨다.

"저런, 많이 아프겠구나."

그렇게 위로하고는 목화씨 발린 것을 주셨다.

"이걸 먹고 아무에게도 말하지 마라. 기다리면 나을 거야."

g며칠 후 집으로 돌아오는 길이었다. 허리께가 끈끈해서 보니 종기에 구멍이 뻥 뚫리고 고름이 흘러내렸다. 저녁 때가 되니 근질근질했고, 며칠 후 말끔히 나았다. 외할머니의 내과적 치료가 신기하기만 했다.

두 분 할머니가 외모만큼이나 성격도 다르셨지만 나를 사랑하는 점에서는 더 낫고 더 못함이 없으셨다. 두 분 할머니가 그립다.

밑줄 친 부분은 초고에 없었던 것을 보완한 것이다. a와 c는 앞에서 빠졌던 두 주인공의 외모가 묘사된 것이다. 비로소 구체적 인물의 모습을 떠올릴 수 있게 되었다. b와 d는 두 주인공의 인상을 중심 심상으로 묶은 것이다.

초고에서는 두 할머니의 치료법이 각각 달랐다고 추상적 진술만 했다. 그에 대한 뒷받침 문장이 없었기 때문에 감동을 얻을 수 없었다. e, f, g에서는 친할머니와 외할머니의 치료법과 결과가 구체적으로 진술되었다. 초고보다 감동이 더 커졌다면 그것은 앞에서 지적한 사항들을 통해서 형상화에 성공한 결과라 할 수 있다.

그리고 f에서 외할머니의 말씀을 직접화법으로 처리함으로써 인물이 살아 움직이게 했다. 이런 것을 인물 제시법 가운데서 '간접 제시법'이라 한다. 직접 설명하는 것보다 간접 제시법은 현장감을 살려 준다. 희곡이나 소설에서 대화 장면이 많이 나오는 것은 이런 효과를 노린 것이다.

이렇게 해서 자료 수준인 소재를 형상화시킴으로 해서 독자에게 영향을 주어 정서적 감동을 일으키게 한 것이다. 문학의 예술성이란 다른 것이 아니다. 인물이면 인물이 살아서 움직이게 표현하는 것이고, 풍경이면 풍경이 눈앞에 전개된 것처럼 실감나게 하여 미적 감동을 불러일으키는 것이 바로 예술성인 것이다.

문학의 성취도는 참신한 소재와 그것에 대한 참신한 해석 그리고 해석한 내용을 어떻게 참신하게 형상화하느냐에 따라 결정된다. 이 경우 비록 소재가 참신하지 않더라도 그 해석이 참신하면 반은 성공한 작품이다. 거기에 표현 즉 형상화가 이루어진다면 성공은 보장된 셈이다. 이렇게 하나의 작품은 세계에 대한 개성적 해석과 형상화를 통해서 예술성을 획득하게 되는 것이다. 따라서 수필의 예술성은 여러 가지 경로를 통해서 도달할 수 있는 목표라면 위에서 말한 해석에서 형상화까지의 과정은 그 가운데서 하나의 중요한 통로라 할 수 있다.

제3장

수필 쓰기 실전

01
내용 선정

주제는 작가가 글 속에서 독자에게 말하고자 하는 중심 내용이다. 소재는 주제를 살리기 위하여 동원되는 모든 재료이며, 소재 중에서 글의 중심이 되는 것을 제재라고 한다. 제재나 주제의 선택에는 선후가 없다. 주제를 결정한 다음에 그것에 맞는 제재를 선정하는 것은, 주로 설명문 또는 논설문 같은 비문학적인 글일 경우에 해당된다. 제재를 선택한 다음 그것에 대한 해석이 주제가 되는 경우도 있다. 문학적인 글은 이 경우에 해당된다. 특히 수필에 있어서는 제재, 주제, 제목이 동시에 정해지는 경우가 많다. 편의상 이 글에서는 주제와 제재에 대해서 먼저 말한 후 제목 달기에 대해서 말하기로 한다.

(1) 주제 선정

주제는 그 글의 중심 사상이므로, 그 글에 동원된 모든 소재를 유기적으로 통일시키는 구실을 한다. 만약 소재나 제재가 주제에서 벗어나게 되면, 그 글은 통일성을 잃는다.

주제를 정할 때 그 범위는 되도록 한정시키는 것이 좋다. 의미를 명료하게 하기 위해서이다. 주제가 지나치게 광범위하면 전달하고자 하는 내용이 모호해지기 쉽다. 예를 들어 '우정'보다는 '남녀간의 우정'이 낫다. 그렇다고 '우정'을 주제로 글을 쓰지 말라는 이야기가 아니다. 그렇게 되면 우정에 대한 일반론이 되기 때문에 관념적인 글이 되어 문학적 감동을 주기 힘들다는 뜻이다. 몽테뉴의 「우정」, 알랭의 「행복론」은 문학 쪽보다 철학 쪽에 가깝다.

주제는 단일해야 한다. 한 편의 수필에 두 개 이상의 주제가 들어가 있을 경우, 독자는 필자가 무엇을 말하고자 하는지 혼란을 일으키게 된다. 이런 경우는 각 주제를 독립시켜 두 편의 글로 나누어 쓰는 것이 좋다. 한 접시에는 한 가지 요리만 담아야 한다는 말은 이 경우에도 해당된다. 김소운의 「가난한 날의 행복」은 세 가지 각기 다른 이야기로 구성된 글이지만 주제는 단일하다. 제목 그대로 '가난한 날의 행복'이다.

작품에 따라 주제가 암시적일 수도 있고, 명시적일 수도 있다. 노천명의 「여름밤」이나 윤고종의 「소나무 숲」과 같은 것은 주제가 숨어 있는 경우이고, 윤오영의 「마고자」나 주연아의 「완성된 가면 하나를 위하여」는 주제가 표면에 드러난 경우이다. 지적, 설득적, 교훈적 성격이 강한 수필일수록 주제가 드러나고, 서정적, 서사적 성격이 강한 수필일수록 주제가 드러나지 않는다.

A 앞 벌 논가에서 개구리들이 소낙비 소리처럼 울어 대고, 삼밭에서 오

이 냄새가 풍겨 오는 저녁 마당 한 귀퉁이에 범삼넝쿨, 엉겅퀴, 다북쑥, 이런 것들이 생짜로 들어가 한 데 섞여 타는 냄새란 제법 독기가 있는 것이다. 또한 거기 다만 모깃불로만 쓰이는 이 외의 값진 여름밤의 운치를 지니고 있는 것이다.

 달 아래 호박꽃이 환한 저녁이면 군색스럽지 않아도 좋은 넓은 마당에는 모깃불이 피워지고, 그 옆에는 멍석이 깔리고, 여기선 여름살이 다림질이 한창 벌어지는 것이다. 멍석 자리에 이렇게 앉아 보면 시누이와 올케도 정다울 수 있고, 큰애기에 다림질을 붙집히며, 지긋한 나이를 한 어머니는 별처럼 먼 얘기를 들려 주기도 한다.

노천명, 「여름밤」

B 세상은 나에게 역할에 맞는 가면을 쓰라고 하고, 소외의 형벌이 두려운 나는 가면의 장막 뒤에서 삶을 꾸려 간다. 만약 내가 나의 자유에 충실하려 한다면, 그리하여 내가 속한 이 세상의 법칙을 거역한다면, 나와 세상과의 고리는 끊어지고 나는 그만 외로운 이방인이 되고 말게다.

 언제쯤이면 보이지 않는 이 가면을 걷어 버릴 수 있을까. 어쩌면 나는 생의 종말에 이르러서야 비로소 이것을 벗게 되는 것 아닌지. 아니 어쩌면 우리 모두는 아름답게 완성된 가면, 그 하나를 만들기 위해, 평생을 아등바등 살아가는지도 모르겠다.

주언아, 「완성된 가면 하나를 위하여」

A와 같은 작품에서는 주제를 찾기 쉽지 않다. 뚜렷한 사상을 말하려

는 것이 아니라 '여름밤의 서정'을 표현하려 했기 때문이다. B는 주제가 뚜렷하다. '가면을 쓸 수밖에 없는 현대인의 삶에 대한 성찰'이 잘 나타났다. 어쩌면 산다는 것은 아름다운 가면을 완성하기 위한 것인지도 모른다는 역설이 재미있다.

(2) 소재와 제재 선정
　– 날카로운 통찰력으로 세계를 낯설게 보라

수필은 제재 중심의 문학이라고도 한다. 제재가 정해지면 7할은 완성한 셈이라고 말하기도 한다. 앞에서 말한 바와 같이 제재는 여러 소재 가운데서 주제를 살리는 데 가장 중심이 되는 소재이다. 따라서 소재와 제재는 구분되어야 한다. 앞에서 인용된 「여름밤」을 보자. 이 글에는 '앞 벌, 논가, 개구리들, 삼밭, 마당, 범삼넝쿨, 엉겅퀴, 다북쑥, 모깃불, 여름밤, 달, 호박꽃…….' 같은 많은 소재들이 동원되었다. 그 가운데 이 모든 소재를 대표하는 것은 '여름밤'이다. 따라서 이 글의 제재는 여름밤이 된다.

　그런데 소재를 많이 동원했다고 해서 좋은 글이 되는 것은 아니다. 주제를 살리는 데 꼭 필요한 소재들만 취하고 그렇지 않은 소재는 제외시켜야 한다. 노천명의 수필에서 '범삼넝쿨, 엉겅퀴, 다북쑥'을 열거한 것은 실감을 주기 위해서이다. 사실 모깃불의 재료가 되는 것이 세 가지만은 아닐 것이다. 실제로는 더 많은 종류의 풀들이 재료가 되었겠지만 세 가지만으로도 구체성을 확보할 수 있기 때문에 거기에서 멈춘 것이다. 따라서 주제를 살리는데 기여하는 소재만 남기고 그렇지 않은 소재는 제외시키는 과단성이 필요하다.

　소재를 선택할 때 유의해야 할 점은 첫째, 주제를 살리는 데 가장 적절하다고 생각되는 것이어야 한다. 둘째, 구체적이어야 한다. 셋째, 신빙성이 있는 것이어야 한다. 넷째, 참신하여 독자의 흥미를 끌 수 있는 것이어야 한다. 다섯째, 너무 전문적인 것이어서는 곤란하다. 왜냐 하면 수필은 어디까지나 문학작품으로 독자에게 미적 감동을 주는 데 목적이 있는 것이지 지식을 전달하는 데 있는 것이 아니기 때문이다.

　수필의 소재는 무엇이든지 될 수 있다. 고매한 사상에서부터 신변잡사에 이르기까지 폭이 넓다. 그러나 고매한 사상에 대해서 쓰더라도 형상화에 성공하지 못하면 실패하고 만다. 신변잡사도 그것을 어떻게 형상화하느냐에 따라 '수필'이 될 수도 있고, '신변잡기'에 머물 수도 있다. 단순한 소재의 나열에 그치면 안 된다. 그것들을 하나로 꿰는 통찰력이 필요하다. 그 통찰력을 통해서 주제가 뚜렷한 수필이 될 수 있는 것이다.

A　어느 날 나는 텅 빈 운동장에서 두 팔을 앞뒤로 높이 휘저으면서 혼자 걸어가는 한 어린이를 지나쳐 볼 수가 있었다.

B　밤 사이에 내린 첫눈으로 뒤덮인 운동장은 동녘 하늘에서 솟아오르는 햇살에 더욱 눈이 부시었다. 그 흰 눈 위를 생기가 넘치는 그 어린이는 마치 사열대 앞을 행진하는 군인처럼 기운차게 신이 나서 꺼떡꺼떡 걸어가는 꼴이 하도 익살맞아서 나는 혼자 웃음을 참으면서 바라보고 있었다. 그 어린이는 가끔 활발한 행진을 멈추고 차려의 자세로 서서 고

개를 돌려 뒤를 한동안씩 바라보다가 전과 똑같은 보조로 두 팔, 두 다리를 높직높직 쳐들면서 다시 걸어가는 것이었다. (중략)

C   나는 집으로 걸음을 돌리면서 그 어린이의 행동을 통하여 적지 않은 것을 느꼈고, 또 배울 수가 있었다. 사람들은 (중략) 누구나 자기들의 일생을 곧고 바르게 걸어가 보려고 노력하는 것이 사실이다. 그러나 사람들이 걸어간 그 생애의 발자취들은 작고 큰 허다한 파란 속에서 가지가지의 복잡한 곡선을 그리고 가다가 어느 지점에 이르러서 영원히 끝을 맺고 마는 것이다. (중략) 그런데 눈 덮인 운동장 위를 걸어가는 저 어린이가 짬짬이 걸음을 멈추고 서서 고개를 돌려 자기가 걸어온 발자국을 그윽이 바라보는 것은 얼마나 슬기로운 일인가?

유달영, 「초설에 부쳐서」

이 글에서 A, B만 있고 C가 없었다면 이 글은 별 의미가 없는 글이 되고 말았을 것이다. 눈이 덮인 운동장을 걸어가는 아이에 대한 사생문 寫生文 수준에 멈췄을 것이다.

(3) 제목 달기

– 제목은 그 글 속에 있다

글을 쓰는 과정에서 제목달기가 어느 단계에서 이루어져야 효과적이라는 이론은 없다. 그러나 수필의 경우 대개 제재가 정해진 다음에 글을 쓰게 되는데, 이 때 제재가 바로 제목이 되는 수가 많다. 그러나 경우에 따라서 제목 없이 글을 쓰는 수도 있으며, 다 쓰고 나서, 또는 쓰는 과정에서 제목을 다는 경우도 있다. 한번 정해진 제목이 그 글이 완성되기까지 여러 차례 바뀌기도 하고, 이미 잡지에 발표된 것도 나중에 단행본으로 낼 때 바꾸는 경우도 없지 않다.

한 편의 수필에서 제목이 차지하는 비중이 어느 정도인가 하는 것은 학자에 따라 각기 다르다. 어떤 사람은 제목과 내용 사이에는 필연적 관계가 없다고 말한다. 이 경우 제목은 다만 작품의 표지標識일 뿐이라는 주장이다. 실제로 음악에서 보면, 「교향곡 5번」 또는 「교향곡 9번」 등으로 표제가 붙는데, 이때 제목의 5니 9니 하는 숫자는 작품 내용과 무관하다. 그림에 있어서도 마찬가지다. 「작품 1」, 「작품 '07F」라고 할 때도 그런 경우이다. 아예 제목을 「무제」라고 달아서 발표하는 경우도 있다.

그러나 대부분의 사람들은 제목과 글 사이에 필연적 관계가 있다고 주장한다. 다시 말하면 제목은 글의 내용을 포괄적으로 암시하거나, 상징하는 역할을 한다는 주장이다. 제목은 그 글의 안내 역할을 하기 때문에 독자는 제목을 읽고 그 글의 내용을 예측할 수 있을 뿐만 아니라, 그 글을 읽을 것인지 말 것인지 여부를 결정한다.

그렇다면 제목은 어떻게 달며, 어떤 제목이 효과적인가 하는 문제가 남는다. 대개의 경우 제재를 그대로 사용하든가 제재에 수식어를 붙여서 사용한다. 또는 작품의 주제문을 요약해서 제목으로 삼는다. 앞의 경우는 서정적 또는 서사적 수필일 때가 많고, 뒤의 경우는 교훈적, 설득적, 비판적 수필일 때가 많다.

「그믐달」, 「여름밤」, 「자장면」 같은 것은 제재를 제목으로 삼은 경우이고,「청춘 예찬」,「무소유」,「가난한 날의 행복」 같은 것은 주제문을 요약한 경우이다.

　제목은 하나의 명사로 나타내는 경우도 있고, 하나의 명사구로 하는 경우도 있으며, 때로는 하나의 완결된 문장으로 하기도 한다.「나무」,「어머니」,「딸깍발이」는 하나의 명사로 제목을 삼은 예이다.「도마뱀의 사랑」,「어느 개의 모정」은 하나의 구로 제목을 삼은 예이다. 박경리의「어린 비둘기를 더 이상 욕보이지 말라」 같은 것은 완결된 하나의 문장을 제목을 삼은 예이다.

　제목이 하나의 문장으로 되었을 때는 자연히 길어지고, 설명적이 된다. 그 대신 내용이 확실하게 드러나는 이점이 있다. 우리 나라 수필 가운데 가장 긴 제목은 조선시대 김택영의「친구 박영기가 토계의 수신에게 제사를 지내고 그 아우의 시신을 찾는 것을 돕기 위하여 지은 글爲朴友榮紀祭兎溪水神求弟屍文」일지 모른다.

　제목이 생각나지 않을 때가 있다. 이런 때는 글을 다시 자세히 읽어 보는 것이 좋다. 제목은 그 글 속에 있다.

A　그러던 어느 날, 선을 보기로 날짜를 정해 놓았으니 당장 내려오라는 연락이 왔다. 신랑감이 너무 좋아서 놓치기 아깝다는 올케언니의 숨 넘어가는 재촉에 배겨 낼 수가 없었.

　　집에 도착하니 기다리고 있던 올케언니가 시간이 되었다며 숨 돌릴 사이도 없이 곧바로 나를 앞세웠다. (중략)

　　다방 문을 열고 들어섰을 때였다. 맞은편에 앉아 있는 남자가 문 쪽을 바라보고 있었다. 얼굴이 검고 뚱뚱했다. '저 남자는 아닐 거야' 하며 두리번거리고 있는데, 그 남자 옆에 앉았던 아주머니가 손을 번쩍 들어 올리는 것이었다. 그의 누님이란 사람이었다. 순간 기운이 쫙 빠지는 것 같지만 하는 수 없이 그들 앞에 앉았다.

　나는 처음부터 묻는 말에만 대답했다. 그렇게 한참을 앉아 있었더니 목이 뻣뻣해지면서 온몸이 굳어져 왔다. (중략) 둘이서 이야기를 나누라면서 그의 누님과 올케가 일어섰다. 우리는 중국집으로 들어갔다. 짜장면을 먹을 때 소리를 내면 안 된다는 말을 들은 적이 있어서 나는 군만두를 시켰다. 그는 양장피를 시켰다. 생소한 이름이었다. 어떤 음식일까 하고 궁금해 하는 동안에 음식이 나왔다. 남자는 음식을 받아 내 앞에 놓았다. 군만두가 두 개씩 사이좋게 붙어 있었다. '저 양장피는 어떻게 먹는가' 하고 생각하는 순간 '앗!' 하고 소리를 지를 뻔했다.

　나무젓가락을 양 손에 쥐고 힘을 주어 붙어 있는 만두를 떼다가 만두 한 개가 그만 그 남자의 어깨 너머로 날아간 것이었다. 그러나 놀란 기색도 없이 그는 바닥에 떨어진 만두를 보며 껄껄 웃었다. (중략)

　이야기를 나누다 보니 보기보다는 다르다는 것을 느꼈지만, 그렇다고 내 마음에 드는 것은 아니었다. 그러면서도 어느 새 그와 나는 코스모스가 피어 있는 들길을 나란히 걷고 있었다. (중략) 우리는 버스 정류소까지 함께 걸었다.

　잠시 후 버스가 도착했고, 우리는 작별 인사를 나누었다. 그것이 그 사람과의 마지막이었다.

B　"나는 가난한 탁발승托鉢僧이오. 내가 가진 거라고는 물레와 교도소에서 쓰던 밥그릇과 염소젖 한 깡통, 허름한 요포腰布 여섯 장, 수건,

그리고 대단치 않은 평판評判, 이것뿐이오."

　마하트마 간디가 1931년 9월 런던에서 열린 제2차 원탁회의에 참석하기 위해 가던 도중 마르세유 세관원에게 소지품을 펼쳐 보이면서 한 말이다. K 크리팔라니가 엮은 『간디 어록語錄』을 읽다가 이 구절을 보고 나는 몹시 부끄러웠다. 내가 가진 것이 너무 많다고 생각되었기 때문이다. 적어도 지금의 내 분수로는.

　사실 이 세상에 처음 태어날 때 나는 아무것도 갖고 오지 않았다. 살 만큼 살다가 이 지상의 적籍에서 사라져 갈 때에도 빈 손으로 갈 것이다. 그런데 살다 보니 이것저것 내 몫이 생기게 된 것이다. 물론 일상에 소용되는 물건이라고 할 수도 있다. 그러나 없어서는 안 될 정도로 꼭 요긴한 것들 만일까? 살펴볼수록 없어도 좋을 만한 것들이 적지 않았다.

　우리들의 필요에 의해서 물건을 갖게 되지만, 때로는 그 물건 때문에 적잖이 마음이 쓰이게 된다. 그러니까 무엇인가를 갖는다는 것은 다른 한편 무엇엔가 얽매인다는 것이다. 필요에 따라 가졌던 것이 도리어 우리를 부자유하게 얽맨다고 할 때 주객이 전도되어 우리는 가짐을 당하게 된다는 말이다. 그러므로 많이 갖고 있다는 것은 흔히 자랑거리로 되어 있지만, 그만큼 많이 얽히어 있다는 측면도 동시에 지니고 있는 것이다.

　A의 처음 제목은 「선을 보던 날」이었다. 참신성이 떨어진다. 「맞선」이라고 고쳐도 마찬가지다. 제목은 내용을 나타내는 것만으로 부족하다. 참신해야 하고 독자에게 흥미를 줄 수 있는 것이라야 한다. 그런데

이 글의 내용은 '실패한 맞선'이다. 이런 경우 어떻게 하면 그 내용을 잘 나타내면서도 참신하고 흥미를 주는 제목을 달 수 있을지 고심해 보아야 한다.

이 글을 읽다 보면 재미 있는 부분이 나온다. 둘씩 사이 좋게 붙어 있는 군만두를 떼려다 그것이 상대 남자의 어깨 너머로 날아간 사건이다. 작가가 당황한 만큼은 아니지만 이 대목을 읽는 순간 독자도 당황할 것이 분명하고, 그것이 이 글 전체를 읽고 난 다음에도 뇌리에 남을 것이다.

이렇게 흥미로운 대목을 다시 들여다보면 그 흥미의 원인이 "군만두가 날아갔다"는 표현에 있음을 알 수 있다. 군만두는 날아갈 수 있는 조류鳥類가 아니다. 그런데 날아갔다고 말함으로써 독자에게 충격을 준 것이다. 이제 '군만두가 날아갔다'를 명사구로 고쳐서, '날아간 군만두'로 해 본다. 보통 우리가 '밑천을 다 날렸다'고 하는 말은 '실패했다'는 의미가 함축되어 있다. 따라서 날아갈 수 없는 군만두를 날아갔다 함으로써 흥미를 유발하고, 그러면서 실패한 맞선을 암시할 수 있는 것이다. 이 글은 박종금의 「날아간 군만두」이다.

위의 경우처럼 그 글 속에서 그대로 가져 올 수 없을 때는 그 글의 주제 문장을 찾아야 한다. 그리고 그것을 요약하면 된다. 이것이 두번째로 줄 수 있는 필자의 도움말이다.

이제 B를 보자. 이 글의 주제 문장은 마지막 문단의 마지막 문장이다. 이 주제문을 요약해 보면, 결국 '소유는 구속'이란 뜻이 된다. 다시 말해서 '소유하지 말라'는 것이 이 글의 주제이다. 이 말을 불가에서 자주 쓰는 "무소유"라는 말을 의미하고 그것을 제목으로 삼은 것이다. 물론 이 글의 작가 법정法頂이 이런 제목을 달게 된 것은 위와 같은 과정을 거친 것은 아닐 것이다. 그는 승려이므로 무소유의 사상이 몸에 배인 사람이기 때문에 저절로 나왔을 것이다. 이렇게 분석해서 보인 것은 유사한 경우에 위와 같은 방법으로 제목을 찾아낼 수 있다는 것을 말하기 위해서이다.

서정범의 「겨울 무지개」, 최신해의 「미국의 동태찌개」, 장호의 「능금나무와 수저」 같은 제목은 어울릴 것 같지 않은 두 가지 이질적인 사물을 대치시킴으로써 낯설게 하기에 성공한 예라 하겠다. 그 의외성이 독자의 흥미를 유발시킨다.

윤숙경의 「다섯 평의 유산」에서 '다섯 평'이란 단어는 '유산'이라는 말이 우리에게 주는 어마어마한 기대와 가능성을 배반한다. 그것은 바로 충격으로 받아들여지게 된다. 상식을 깨라. 그것이 제목을 찾는 기본 요건이 된다.

제목에 「25시」, 「제3제국」, 「아홉 켤레의 구두로 남은 사나이」, 「제2의 탄생」, 「서른한 번째의 장미」 같이 숫자가 들어 있으면 현대성, 비정함 같은 도회적 정서를 불러 일으킨다.

최근에는 많이 줄어 들었지만 수필 제목에 자주 등장하는 말이 있었다. '설說', '부賦', '기記', '송頌', 찬讚과 같은 한문 문장의 체재體裁 명칭을 수필 제목에 붙이는 경우이다. 「양잠설」, 「대춘부」, 「병상기」, 「수목송」, 「매화찬」 같은 것이 그 예이다.

'설'이란 앞에다 구체적 사례를 들고 그것에서 어떤 교훈을 끌어내어 설득하는 한문 체재이다. 다시 말해서 구체적 예화에서 설리說理와 입론立論을 끄집어 낸 글이다. '부'는 산문으로 들어가서 운문으로 진행하다가 다시 산문으로 끝나는 즉 산문과 운문이 혼합된 문체이다. '기'는 어떤 일의 전말을 적은 글이며, '송'과 '찬'은 대상의 미덕을 예찬한 글이다.

한문 체재에 쓰이는 이런 말을 생각없이 쓰다가 낭패를 보는 수가 있다.

「연노설煙奴說」이란 제목의 수필을 읽어 보았더니 뜻밖에도 일기체였다. 제목에 '설'이 들어간 것은 잘못된 것이다. 「연노일기」로 고치는 것이 옳다. 「백설부」는 산문이지만 읽으면 의도적으로 율격을 살려서 쓴 글이라는 것을 알 수 있다. 따라서 한문 체재를 그대로 따른 것은 아니지만 율격을 살리려는 의도에서 쓴 글이란 사실에 수긍이 간다. 따라서 제목에 '부'를 붙인 것은 적절했다.

제목과 내용이 일치하지 않을 때 독자는 거부감을 느낀다. 「어느 바다의 소년기」가 그 예다. '바다의 소년기'라고 하면 바다에 소년기, 청년기, 장년기가 있는데 그 중 소년기에 대해서 쓴 내용이 담긴 것으로 받아들여진다. 그런데 실제 그 수필의 내용은 '바다에서 소년기를 보낸 이야기'였다. 제목의 첫째 요건은 내용과의 일치다.

02
구성의 원리와 종류

내용을 효과적으로 배열하기 위해서는 구성의 종류를 알아두면 도움이 된다. 그러나 모든 수필을 어떤 고정된 틀로 나누는 것은 무리다. 또 일정한 틀을 지나치게 애용하다 보면 단조로운 글이 될 우려도 없지 않다. 다음에 설명하고자 하는 구성의 종류들은 대부분의 수필에서 발견되는 공통 분모를 뽑아 체계화한 것이다.

구성의 일반적 유형은 크게 두 가지로 나눈다. 하나는 '전개적 구성'이고 다른 하나는 '논리적 구성'이다. 전개적 구성을 달리 자연적 구성이라고도 한다. 시간의 추이와 공간의 이동이라는 자연적 질서에 따라 배열한다. 논리적 구성은 논리적 일관성이 요구되는 내용일 때 적합한 구성이다. 그 밖에 삽입구성, 패턴, 몽타주, 콜라주가 있다. 이 가운데서 패턴, 몽타주, 콜라주는 이 글에서 언급하지 않기로 한다. 드문 경우이기 때문이다.

(1) 전개적 구성

전개적 구성에는 시간적 구성과 공간적 구성이 있다.

시간적 구성은 '과거—현재—미래'로, 또는 '아침—점심—저녁—밤', '봄—여름—가을—겨울', 또는 '유년기—소년기—청년기—장년기—노년기'로 배열하는 구성이다. 이와는 달리, 현재—과거—현재 식으로 시간의 순서를 바꾸어 놓는 경우도 있다. 앞의 것을 순차적順次的 구성이라고 하고, 뒤의 것을 역순적逆順的 구성이라고 한다. 순차적 구성이 평면적이라면 역순적 구성은 입체적이다. 특히 과거 회상적 내용을 배열하는데 많이 쓰인다.

공간적 구성은 공간의 변화에 따른 구성을 말한다. 안에서 밖으로, 또는 밖에서 안으로, 또는 전면—중앙—후면의 순서로 짜 나가는 구성이다. 기행수필에 적합하다. 이런 수필에서 이동 지점의 순서를 뒤바꾸어 서술하면 독자는 혼란에 빠진다.

> 내 고향은 김해이다. 부산에서 진해로 가는 바닷가 국도를 따라가다 보면 낙동강 줄기와 맞닿게 되는 곳에 성산수문이 나온다. 여기서 길을 꺾어 들판을 지나고 산모퉁이를 돌아 이십 리를 더 들어가면 우리 마을이다.
>
> 남쪽으로 봉화산이, 북쪽으로 보배산이 몇 떼기 논배미를 가운데 두고 둘러 서 있어 마치 산 속에 파묻혀 있는 듯한 동네이다. 마을 입구에서 화산 쪽으로 난 골목길을 따라 올망졸망한 집들을 끼고 쭉 올라가면 그 끄트머리쯤에 우리 집이 있다.
>
> 서성남, 「고향집 버드나무」

마치 네비게이션처럼 친절하고 자상하다. 누구든 이 글만 가지고도 작가의 집을 찾아 갈 수 있을 정도이다. 공간 이동을 배열함에 있어서 일관성을 지켰기 때문에 혼란을 피할 수 있었다.

(2) 논리적 구성

논리적 구성에는 단계식 구성, 포괄식 구성, 인과식 구성, 열거식 구성, 점층식 구성이 있다. 이 글에서는 인과식 구성과 열거식 구성과 점층식 구성에 대해서는 언급하지 않기로 한다. 열거식 구성과 점층식 구성에 대해서는 여러 대목에서 이미 많이 언급했으므로 여기서는 더 이상 언급하지 않는다.

단계식 구성은 다시 3단구성, 4단구성, 5단구성으로 나뉜다. 여기서는 3단구성과 4단구성에 대해서만 말하려고 한다. 5단구성은 소설의 구성(발단-갈등-위기-절정-대단원)이나, 논설문의 구성(주의 환기-과제 제시-과제 해명-해명의 구체화-결론 또는 행동 촉구)에 자주 쓰이지만 수필의 경우에서는 자주 쓰이는 구성법이 아니기 때문이다.

3단구성은 '처음-중간-끝'으로 된 구성이다. 일반적으로 논설문에서는 '서론-본론-결론'이라 말하고, 설명문이나 수필에서는 '서두-본문-결미'라고 부른다. 어쩌면 모든 구성의 기본 틀이라 해도 될 것이다.

4단구성은 한시 절구絶句의 기起-승承-전轉-결結의 구조와 같다. 3단구성과 다른 점은 본문 부분이 두 개로 나뉜다는 점이다. 수필의 구성에 가장 많이 쓰이는 구성은 3단구성과 4단구성이다. 이제 이 두 가지 구성의 관계를 보기로 한다.

4단구성에서 '전轉'에 주목하기로 한다. 기起는 본문에서 말하고자 하는 내용으로 들어갈 수 있는 단서를 마련하고, 승承은 그것을 이어받아 더 발전시키고, 전은 기와 승에서 언급된 내용을 한 단계 고조시키거나, 반전反轉시키는 부분이다. 서사 수필이라면 구성의 정점頂點 즉 클라이맥스는 이 부분에 설정된다. 그리고 기와 승에서 밋밋하게 내려오던 문맥의 흐름이 우뚝 서거나, 급격한 반전이 이루어지게 함으로써 글 전체에 변화를 주어 지금까지 이야기의 평면성을 입체화시킨다.

승까지의 내용이 부정적이었다면 전에서는 긍정적 내용으로 바뀔 수 있다. 또 승까지의 내용이 물질적인 면이 다루어졌다면, 전에서는 정신적인 면이 다루어질 수 있다. 어떤 주제나 제재가 기와 승에서 국내적 시각으로 다루어졌다면, 전에서는 국제적 시각으로 다루어질 수 있다. 다시 말해서 기와 승보다 다른 각도나, 혹은 한 단계 높은 차원에 해당하는 내용을 배열하는 경우가 많다. 전에 와서는 뭔가 기와 승에서보다 달라져야 단조로움을 피할 수 있다.

4단 구성은 한시 절구와 같은 구조이므로 한시를 예로 드는 것이 이해에 도움이 될 것 같다. 이순신의 「한산도야음閑山島夜吟」을 보기로 한다.

水國秋光暮(바다에 가을이 저무니) ········· 기―서경
驚寒雁陣高(추위에 놀란 기러기 떼 높이 날아 가는데) ······ 승―서경
憂心輾轉夜(근심으로 엎치락뒤치락 잠 못 이루는 밤에) ······ 전―서정
殘月照弓刀(새벽 달은 활과 칼날에 번득이네) ··········· 결―서경

이 시에서 보는 바와 같이 기와 승에서 '서경'으로 전개되다가 전에서는 '서정'으로 바뀐다. 즉 외면적 상황 묘사에서 내면적 심리 묘사로 차원을 달리 하고 있다. 그렇게 함으로써 기와 승에서 밋밋하게 전개되던 내용을 급격히 변환시켜 이 시의 절정을 이루게 하고 있다. 시상이 여기에 와서 우뚝 서고, 뭉치면서 주제가 분명해진다. 이와 같은 '전'의 구실에 대해 많이 연구하는 것은 수필에서 효과적인 구성을 짜는 데 도움이 된다. 위치는 글 전체의 4분의 3에 해당되는 지점, 또는 그 이후에 배열하는 것이 효과적이다. 이양하의 「나무」, 피천득의 「인연」이 좋은 예가 된다. 그림 1과 같다.

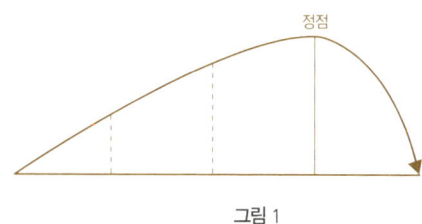

그림 1

그러나 모든 수필이 이처럼 뚜렷한 정점을 가지는 것은 아니다. 작은 정점 여러 개가 연속해서 배열된 구성도 많다. 피천득의 「나의 사랑하는 생활」, 손광성의 「아름다운 소리들」이 좋은 예가 된다. 다음 그림 2

와 같다.

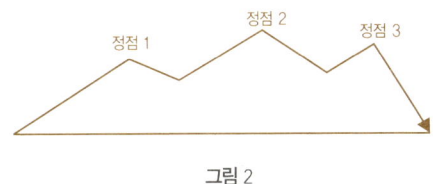

그림 2

포괄식 구성은 주제문을 어디에 놓느냐에 따라 세 가지로 나뉜다. 두괄식, 미괄식, 양괄식이다. 두괄식은 달리 말하면 연역적 구성이고, 미괄식은 귀납적 구성이다. 이런 구성은 특히 지적 수필에 적합하지만 그 밖의 여러 종류의 수필에 두루 활용된다. 문단 안에서 보면 추상적 진술이 나오면 그것을 뒷받침해 줄 구체적 진술이 나와야 하고, 반대로 구체적 진술을 열거했으면 그것을 하나로 묶는 추상적 진술이 나와야 문단이 완결된다.

한 편의 글에서도 마찬가지다. 추상적 진술 문단을 쓰고 나면 뒷받침 문단을 써야 글이 완결되고, 반대로 여러 가지 뒷받침 문단을 먼저 쓰고 나면 주제에 해당하는 추상적 진술을 배열해서 하나로 묶어야 글이 완결된다.

* 두괄식 구성

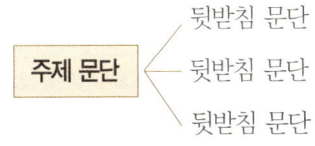

다음 예문을 보기로 한다.

A   그 여자는 꼭 박꽃처럼 웃는다. 초저녁 박꽃같이 하얗게 웃는다. 그녀가 웃을 때면 화장기 없는 얼굴이 일시에 환해지며 가는 눈이 더 가늘어진다. 여간해서는 웃음소리가 새지 않는데도 이따금은 입을 가리고 웃는다. <u>수줍음이 묻어나는 무공해 웃음, 나는 그 웃음이 좋다.</u>

B   친정에서 농사지어 온 완두콩이나, 아침에 따온 단감 하나, 판촉물로 받은 작은 화장비누를 살며시 건네며, 그녀는 그렇게 소리 없이 웃는다. 한 교실에서 글공부를 하면서도 달리 베풀어 준 것이 없는 내게, 그녀가 보이는 맹목의 호의는 나를 자주 부끄럽게 한다.

C   어느 때엔 진돗개 백구 이야기가 적힌 동화책을, 또 어느 때에는 요리책이 딸린 작은 가계부를 봄이 한창 무르익을 즈음에야 주춤주춤 내밀기도 했다. 다른 사람이 볼까 봐 나한테만 몰래 건네 주면서 그녀는 귓가에 조그맣게 속삭인다. 그냥…… 드리고 싶어서요. 그 다음에 따라오는 것이 예의 그 박꽃웃음이다. 순하디 순한 얼굴에 번지는 환한 미소를 바라볼 때마다 마른 들을 달려온 풀 향기 같은 것이 금방 가슴으로 전해져 온다.

최민자, 「흰 꽃 향기」

밑줄 친 부분이 주제 문이다. 이 글은 A라는 문단 차원에서 보면 주제문이 문단의 끝나는 부분에 놓았으므로 미괄식이다. 그러나 A~C 전체로 볼 때 첫 문단이 주제 문단이므로 두괄식이 된다. '여인의 묘한 웃음을 좋아한다'는 결론을 먼저 내리고 그 뒤에 이유를 상술한 뒷받침 문단 B, C가 이어졌기 때문이다.

* 미괄식 구성

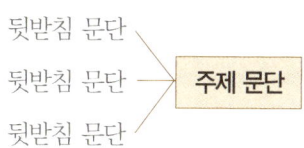

이양하의 「나무」를 보기로 한다.

본문

    A : 나무는 덕을 지녔다

    B : 나무는 고독하다

    C : 나무에게 친구가 있다

    D : 나무는 주어진 생명을 성실히 산다

    E : 나무는 자기를 해쳐도 원망하지 않는다

결미

    F : 나무는 견인주의자다(E)

        고독의 철인이다(B)

        안분지족의 현인이다(A)

    G : 나는 죽어서 나무가 되고 싶다

이 글은 서두가 없다. 처음부터 본문 내용 A—B—C—D—E가 병렬되어 있다. 그리고 결미 F에서 요약하여 세 가지로 통합한다. 주제 문단 F가 뒤에 왔으므로 이 글의 구성은 미괄식이다. G는 부연 강조이다.

* 양괄식 구성

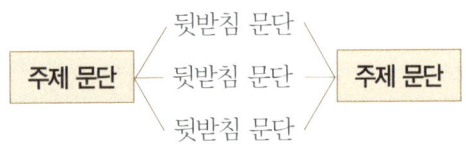

위의 그림과 같이 양괄식은 서두와 결미에 주제 문단을 반복하는 형식이다. 예문은 생략하기로 한다.

(3) 삽입구성

어떤 이야기 속에 다른 이야기가 삽입되어 있는 구성이다. 이 구성에는 '액자구성'과 '삽화구성'이 있다.

  액자구성은 한 편의 수필이, 액자 구실을 하는 외부 이야기와 그림 구실을 하는 내부 이야기로 되어 있는 구성을 말한다. 이 경우 중심이 되는 것은 외부 이야기가 아니라 내부 이야기다. 따라서 전체 이야기의 주인공은 내부 이야기의 주인공이다. 외부 이야기는 단지 내부 이야기를 끌어들이기 위한 장치다. 내부 이야기가 일상에서는 쉽게 경험할 수 없는 내용일 경우 그 이야기의 목격자를 등장시킴으로써 내부 이야기에 신빙성을 높여 주는 효과가 있다. 뿐만 아니라 목격자 또는 관찰자를 서술자로 등장시킴으로써 내부 이야기와 거리를 유지하게 하여 객관성을 얻을 수 있게 한다.

이런 액자에는 두 가지가 있다. "이야기의 도입부에 놓는 도입액자와 이야기 끝에 놓는 결말액자가 그것이다. 도입액자는 내부 이야기를 하게 된 동기나 목적을 제시한다. 액자에 등장하는 서술자는 내부 이야기의 참여자가 아니라 관찰자로서의 거리를 유지한다."[1] 그렇게 함으로써 내부 이야기에 신빙성을 부여한다. 결말액자는 내부 이야기에 대한 부가적 해설, 작가의 이념, 교훈 내지는 주제를 강조하는 구실을 한다.

외부 이야기의 시점은 1인칭이고, 내부 이야기의 시점은 1인칭 또는 3인칭이다. 그러나 외부 이야기와 내부 이야기의 시점이 같은 1인칭이라도 동일 인물인 경우는 드물다. 김동인의 「배따라기」, 김소운의 「가난한 날의 행복」, 이범선의 「도마뱀의 사랑」이 모두 그렇다. 외부 이야기의 1인칭 '나'는 관찰자, 서술자, 목격자로서의 '나'이고, 내부 이야기의 1인칭 '나'는 고백자로서, 행위 참여자로서, 이야기 주인공으로서의 '나'이다. 이런 시점의 이동은 작품에 입체감을 주며, 리얼리티를 강화한다.

"액자수필에서는 액자 부분의 분량이 내부 이야기의 분량보다 미미하여 대개는 액자 부분의 분량이 전체 이야기의 5~15퍼센트쯤 차지하는 것으로 보는 것이 좋다."[2]

(1) 일본에서 실제로 있었던 이야기라고 한다.
(2) 어떤 사람이 집의 벽을 수리하기 위해서 뜯었다.
(3) 나무로 얼기설기 대고 그 양쪽에 흙을 발라 만드는 것으로 속이

---

1. 이재선, 『한국 단편소설 연구』, 일조각, 1997, p.128.
2. 안성수, 「수필의 구성 미학」, 〈수필학〉 제8집, 2001, p.96.

비어 있는 벽이었는데, 그 속에 도마뱀 한 마리가 꼬리에 못이 박힌 채 꼼짝 못하고 있었다.
(4) 자세히 보니 그 못은 10년 전 집 수리를 할 때 박은 것이었다.
(5) 그러니까 도마뱀은 10년 동안 그런 상태로 살아온 것이 분명했다.
(6) 집 주인은 궁금증이 생겨서 하던 일을 멈추고 한참을 기다리고 있으니까 어디선가 다른 도마뱀 한 마리가 먹이를 물고 나타나는 것이었다.
(7) 못에 박힌 도마뱀을 위하여 10년 동안 먹이를 물어 날랐을 것을 생각하니 그 지극한 사랑에 말문이 막힐 뿐이었다.
(8) 나는 그 말을 듣고 그 숭고한 사랑의 힘에 뭉클했다.

이범선, 「도마뱀의 사랑」

이것은 원문의 화소話素만 간추린 것이다. 여기서 (1)이 도입액자이고, (2)~(7)까지는 내부 이야기이고, (8)는 결말 액자이다. (1)와 (8)의 화자는 필자이고, (2)~(7)의 화자는 목격자이다. 실제 주인공은 도마뱀이다. 즉 외부 이야기의 서술자와 내부 이야기의 서술자가 일치하지 않는다.

액자구성과 혼동되는 것이 삽화구성이다. 전체 이야기에서 내부 이야기가 중심이면 액자구성이라 하고, 외부 이야기가 중심이 되고 삽입된 이야기가 종속적인 경우 이를 삽화구성이라 한다.

삽화구성에 삽입되는 에피소드는 몇 가지 미적 기능을 수행한다. "흥미거리와 다양한 정보 제공을 통해 작품의 분위기를 전환시키거나, 이야기 전개의 완급과 긴장감의 강도를 조절하여 작품의 구조 미학과 문학성을 풍부하게 한다."[3]

　일화의 구비 요건은 희소성, 참신성, 의외성이다. 이런 요건을 갖추어야 독자에게 흥미와 감동을 줄 수 있다. 삽입된 일화는 전체 주제를 살리는 데 공헌해야 한다.

A　우리 집에는 병아리니 햄스터니 열대어니 하는 자잘한 동물들을 거쳐 지금은 어른 손바닥만하게 자란 청거북 한 마리가 열대어 어항을 차지하고 있다. 아이들이 나가고 없는 시간에 먹이를 주면서 나는 그놈에게 말을 걸기도 하고, 눈을 맞추기도 한다. 그 때 그 눈을 빤히 보고 있노라면(아시겠지만 거북은 다소 징그러운 줄무늬에 비해 작은 눈이 맑고 예쁘다. 그 윤기!) 그놈 역시 나를 그렇게 빤히 올려다보면서 무언가 '생각'을 하고 있다는 느낌을 떨치기 어렵다. 그 눈으로 볼 때 우리 인간들은 희한하게 생겼으리라. 눈 위에 붙은 필요 없는 털, 쓸데없이 솟은 코(거북이는 콧구멍만 뚜렷하다), 고기를 낚아 채기에는 너무 연해 보이는 입술……. 나아가 어항 속을 헤엄쳐 다니면서 나를 볼 때는, 내가 공기 속을 헤엄쳐 다니는 것처럼 보이리라는 데까지 생각은 비약한다. (중략)

　그런데 동물이 사람을 볼 때는, 사람이 동물을 보는 만큼 이질적으로 보이지 않는 모양이다.

　이런 이야기가 있다.

B　"어느 해 여름에 나는 오리건에서 넉 달간 삼림 감시원 노릇을 한 적

---

3. 한용환, 『소설학 사전』, 고려원, 1992. p.303.

이 있습니다. 나는 늘 혼자였고 거의 벌거벗다시피 했습니다. 주위에는 전혀 인적이 없었으니까요.

　나는 삼림 깊숙한 곳에 있었어요. 그 여름이 끝날 무렵 내 피부는 아주 보기 좋게 그을었고 내 마음은 무척이나 차분하게 가라앉았습니다. 8월 말경, 하루는 내가 산딸기나무들이 무성하게 자란 곳에 쭈그리고 앉아 산딸기를 따먹고 있는데, 갑자기 혀 같은 것이 내 어깨를 핥는 거예요. 천천히 고개를 돌리고 보니까 사슴 한 마리가 내 잔등에 흐르는 땀을 핥아먹고 있는 게 아니겠어요! 나는 움직이지 않았습니다. 이윽고 사슴은 내 옆으로 돌아와 산딸기를 따먹기 시작했어요. 우리는 한동안 조용히 산딸기를 따먹었어요. 나는 무척이나 감동했습니다. 동물이 나를 그처럼 믿어 주다니!"

C　나는 이 '우리는'이라는 낱말을 읽었을 때, 인간의 언어가 동물의 세계에서도 통용될 듯한 묘한 충격을 받았다. 사슴이야말로 '우리는 함께 산딸기를 따먹었다'라고 말할 법한 상황이지 않은가.

이희자, 「짐승에 관한 세 가지 이야기」

　B는 삽입된 일화이다. 전체 주제를 살리는 데 이바지하면서 독자에게 흥미를 준다. 이 때 삽입된 일화가 전체 이야기와 비교해서 3분의 1 이상을 넘으면 중심 이야기가 압도당할 염려가 있다. 중심축이 삽화 쪽으로 기우는 일이 생기기 때문이다.

　액자구성과 삽화구성의 차이점은 물리적 분량에만 있는 것이 아니다. 구조적인 차이점을 가지고 있다. 액자구성의 서술자는 내부 이야기에 대한 증인, 목격자 또는 관찰자이다. 거기에 비해서 삽화구성의 서술자는 삽화의 내용에 대한 증인도 목격자도 아니다. 인용된 삽화는 책이나 영화 같은 다른 텍스트에서 따온 것일 수도 있고, 행위 참여자로부터 직접 들은 경우가 아니고 제3자를 통해서 들은 이야기일 수도 있다. 따라서 서술자와 삽화의 거리가 멀다. 액자구성보다 삽화구성은 간접적이다. 게다가 그 삽화가 이미 독자에게 알려진 것일 경우 독자는 흥미를 잃고 만다. 일화는 알려지지 않은 것일수록 좋다.

이제 지금까지 언급한 구성의 원리를 다섯 가지로 요약해 본다.

첫째 작가의 강조점이 무엇인가에 따라 구성이 달라진다.
둘째 감동의 극대화를 위해 구성이 정해진다.
셋째 모든 내용은 약한 것에서 강한 것으로 점층시켜야 한다.
넷째 사건의 정점은 전체 분량의 2/3 또는 3/4의 지점 또는 그 이후에 놓는 것이 효과적이다.
다섯째 중요한 사항에는 그렇지 못한 사항보다 많은 지면을 배당해야 한다.

첫째의 경우에 대해서 예를 들어 본다. 여기 소나무에 대한 세 가지 항목이 있다고 하자.

(1) 소나무의 경제적 가치
(2) 소나무의 아름다움
(3) 소나무의 상징적 의미

이 세 가지 항목을 가지고 글을 쓴다고 가정할 때, 소나무의 '경제적 가치'를 말하고 싶다면, (1)을 본문의 제일 뒤에 놓아야 한다. '소나무의 아름다움'을 말하고 싶다면, (2)를 본문의 제일 뒤에 놓아야 한다. '소나무의 상징적 의미'를 말하고 싶다면, (3)을 제일 뒤에 놓아야 한다. 이처럼 글을 쓰는 사람의 의도에 따라 같은 자료를 가지고도 구성의 순서는 달라진다.

둘째의 경우는, 작품의 효과를 위해서는 사건의 발생 순서와 구성의 배열 순서를 달리해야 한다는 이야기다. 단계적 구성 가운데 역순적 구성이 여기에 속한다.

셋째의 경우는, 감동의 효과는 낮은 상태에서 높은 상태로 점층시켰을 때 일어난다. 예를 들어 강풍이 불 때 다음 세 가지 상황이 일어났다고 하자.

(1) 풀이 눕는다
(2) 지붕이 날아간다
(3) 나무 가지가 부러진다

이 때 배열의 순서는 (1)-(3)-(2)로 해야 효과가 극대화된다.

넷째의 경우는, 모든 이야기 정점은 그 이야기의 후반부에 위치하게 해야 한다. 절정이 전반부에 있다면 절정 이후에 전개되는 내용에 대해 독자는 곧 지루함을 느낀다. 이미 잔치는 끝났는데 어물쩡거리고 있는 느낌이 드는 것과 같다. 강조점도 마찬가지다.

다섯 번째의 경우는, 글 쓰기에서는 '양이 곧 질을 결정한다'는 이야기다. 한 편의 글에서 여러 종속제재 중 중요도에 따라 지면을 배분해야 한다. 중요한 종속제재를 위해서는 석 줄을 배당하고 그렇지 않은 내용을 위해서는 일곱 줄을 배당한다면 그 글은 중심이 바뀌고 만다.

03

발상에서 조정, 구성, 집필까지

좋은 수필을 쓰기 위해서 필요한 것은 수필의 정의를 내리는 것이 아니라 실제로 수필을 써 보는 데 있다. 이 장에서는 지금까지 공부한 모든 기초 지식을 동원해서 한 편의 수필을 써 가는 과정을 실전으로 체험해 보기로 한다. '실전 1'을 제외하고 '실전 2'와 '실전 3'은 초보자의 습작이다. 수필을 쓰는 과정에서 일어날 수 있는 여러 가지 문제점을 잘 드러내고 있기 때문이다.

설명의 순서는 구성을 중심으로 하되, 구성 이전 단계인 발상, 조정과 구성 이후 단계인 집필까지의 전 과정을 순차적으로 설명하려고 한다.

일단 제재가 정해지면 다음 단계는 제재의 본질을 찾아 나서는 데서부터 수필 쓰기는 시작된다. 즉 제재를 핵核으로 해서 여러 각도에서 떠오르는 여러 가지 아이디어를 모으는 단계, 그것을 '발상發想 단계'라고 부르기로 한다.

그리고 그 제재를 중심으로 모여진 많은 아이디어를 통일성과 일관성을 갖춘 작품이 되도록 하기 위하여 다시 취사 선택하게 되는데, 이 과정을 '조정調整 단계'라고 부르기로 한다.

　조정 단계를 거쳐서 살아 남은 몇 개의 아이디어를 다시 몇 가지 기준에 의해서 분류한 다음, 그것들을 시간 내지 공간적으로, 또는 내용의 경중이나 강약이라든지, 감동의 극대화와 같은 목적을 위해 재배열시켜야 하는데, 이와 같은 감동의 극대화를 위한 재배열 과정을 '구성構成 단계'라고 한다.

　그리고 살을 붙이고 피를 통하게 하는 '집필執筆 단계'와 재조정을 하는 '퇴고堆敲 단계'를 거쳐 비로소 한 편의 수필이 완성된다.

　구성만을 가지고 설명하는 것보다 위에서 언급한 네 단계를 일목요연하게 보이는 것이 수필을 쓰는데 실질적으로 도움이 될 것이라 생각되어, 다소 설명이 복잡해질 우려가 없지 않지만 굳이 구성의 앞 단계와 뒤 단계를 연계시켜 설명하는 것이다. 따라서 이 단원이 이 책의 핵심 단원이 될 것이다. 글을 쓸 때 매 단계에서 부딪치는 문제를 어떻게 해결하는 것이 효과적인가 하는 것을 쉽게 이해할 수 있으리라 믿는다.

(1) 실전 1

수박송

　'수박'이라는 제재가 정해졌다고 가정하고 그것으로, 발상-조정-구성-집필을 거쳐 한 편의 수필을 완성시켜 보기로 한다.

가. 발상 단계

– 발상은 브레인스토밍으로

　발상發想 단계에서 우리가 해야 할 일은 그 어떤 생각도 완전한 자유가 보장되어야 한다는 것이다. 어떤 선입견이나 기존의 가치관에 의해 제약을 받아서는 안 된다. 어떤 전제나 제약이 주어지면 사고는 위축되고 만다. 폭발적으로 일어나는 '아이디어의 폭풍'이 자유롭게 좌우로 또는 앞뒤로 흔들거리며 진행하도록 길을 터 주어야 한다. 폭풍의 진로를 왜곡하려 들지 말라. 이것이 이 단계에서 우리가 지켜야 할 사항이다.

　떠오르는 아이디어에 대하여 그 유용성, 적절성, 참신성을 따지지 말고, 더 많이, 더 다양하게 자기를 표현하도록 내버려 두어야 한다. 그것이 가치 있는 것인지 여부는 조정단계에서 할 일이다. 이 단계에서는 통일성이나 일관성과 같은 질서는 잠시 접어 두기로 한다. 발상은 질서가 아니라 혼돈 자체일 때 가장 창의적이다.

　이와 같은 필자의 생각과 일치하는 것이 최근 경영학 분야에서 자주 응용되고 있는 '브레인스토밍brainstorming 기법'이다. 이 기법은 문자 그대로 '뇌 폭풍'이란 뜻으로, 10명 미만의 사람들이 모여 앉아 주어진 주제에 대해서 생각나는 대로 자유롭게 자기의 아이디어를 말하게 한 후 그것을 기록해 두었다가 나중에 그 가운데서 가치 있다고 생각되는 아이디어를 취사선택하여 제품 생산이나 경영분야에 반영하는 일종의 집단적 사고과정을 말한다.

　브레인스토밍과 글쓰기의 발상 단계와 다른 점이 있다면 브레인스토밍은 이처럼 집단적 사고인 데 반해서, 글쓰기는 필자 단독으로 하는 사고라는 점이다. 브레인스토밍에서 여러 사람이 다양한 의견을 내는 것이라면, 글쓰기에서는 작가 한 사람이 여러 각도에서 다양한 아이디어를 내는 것이라고 할 수 있다. 그 때문에 글쓰기에서의 아이디어 창출이 어렵다는 이야기도 되겠다. 일인일역一人一役이 아니라 일인삼역一人三役이기 때문이다.

다시 정해진 제재 '수박'으로 돌아간다. 그리고 브레인스토밍을 시작하기로 한다.

'수박' 하면 떠오르는 것이 무엇일까. 생각의 고삐를 풀어 놓고 자유롭게 연상되는 것을 적어 본다. 이럴 때 사람에 따라 연상의 순서는 모두 다를 것이다. 수박의 특이한 '초록색 얼룩무늬'가 제일 먼저 떠 오를 수도 있고, 그 '엄청난 크기'가 먼저 떠오를 수도 있다. 아니면 그 '선정적 분홍색 과육'이 제일 먼저 떠오르는 사람도 없지 않을 것이다. 발상의 단계에서 연상의 순서 같은 것은 의미가 없다. 앞에서 말한 것처럼 수박의 특성과 본질을 놓치지 않고 모두 찾아내는 일이 중요할 뿐이다.

우선 떠오르는 아이디어들을 제재인 '수박'을 핵核으로 해서 방사선放射線으로 배열해 보기로 한다.[1] 가령 수박에 대해서 제일 먼저 떠오른 것이 그 특이한 초록색 얼룩 무늬였다고 가정하자. 이 때 그 앞에 번호 (1)을 붙여서 '수박'을 핵으로 해서 제일 앞에 적는다. 그 다음 엄청난 크기와 무게가 떠 올랐다고 가정하자. 그 앞에 번호 (2)를 붙여 시계 방향에 따라 (1)의 다음에 적는다. 세번째로 선정적 분홍색 과육이 떠 올랐다면 그것을 (3)이라 하고 (2)의 다음에 적는다. 이렇게 떠오르는

---

1. Roger Lewis, *How to Write Essays*, Heinemann, 1982, p.18.

대로 즉 브레인스토밍 결과를 시계 방향으로 적어 나가면 다음과 같은 그림이 된다.

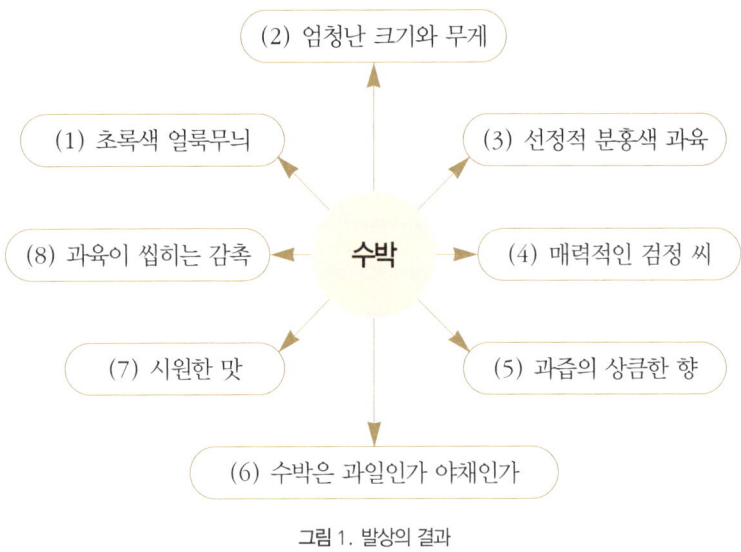

그림 1. 발상의 결과

브레인스토밍을 계속하면 수박의 특질에 대해서 더 많은 것을 찾을 수 있을 것이다. 그러나 너무 복잡하면 설명이 어려워지므로 우선 여덟 가지 정도로 시작하기로 한다. 나중에 좋은 아이디어가 떠오르면 구성 단계나 집필 단계 또는 퇴고 단계에서 보충해도 늦지 않을 것이다. 발상 단계에서 모든 것을 완결지어야 하는 것은 아니다.

나. 조정 단계
　－무엇을 버리고 무엇을 남길 것인가

　이 단계에서는 위 그림에 열거된 여덟 개의 항목 가운데 무엇을 취하고 무엇을 버릴 것인가를 결정해야 한다. 만약 여덟 개의 항목을 모두 가지고 글을 쓰고자 한다면 그렇게 할 수도 있다. 수박이란 제재에서 동떨어진 항목은 없기 때문이다.

　그런데 위에 열거된 항목 중에서 (6) '수박은 과일인가 야채인가'가 문제다. 만약 여기서 수박이 과일인가 야채인가에 대해서 이야기하다 보면 이 글은 설명문 성격을 띠게 되고, 그렇게 되면 문학으로부터 멀어지고 말 것이다. 따라서 여덟 가지 항목 가운데 문제가 되는 (6)은 제외시키기로 한다.

　살아 남은 일곱 가지 항목들의 공통점은 모두 수박의 미덕에 속하는 내용들이다. 따라서 이 수필의 주제는 '수박의 미덕 예찬'이 될 것이고, 임시 제목으로는, '수박 예찬' 또는 '수박송' 정도로 하는 것이 좋을 것이다. 앞 장에서 글의 제목은 그 글 속에 있다고 했다. 그리고 제목을 찾는 방법 가운데 하나는 글의 주제문을 찾아 압축하거나 요약하는 경우가 있다고 했다. 이 글의 제목은 주제를 요약한 경우에 해당한다.

다. 구성 단계
  — 통일성과 일관성 그리고 최대의 효과를 위한 배열

살아 남은 일곱 가지 항목을 가지고 세번째 단계인 구성에 들어간다.

그런데 여기서 잠시 새로운 이야기를 하고자 한다. 보통 우리가 글을 쓸 때 '서두—본문—결미' 순서로 써 나간다. 이 때 만약 서두에서 길을 잘 못 들면 본문에서 말하고자 하는 내용과 다르게 엉뚱한 방향으로 흘러가는 경우가 적지 않다. 그 때문에 서두를 몇 번씩 고쳐 쓰게 된다. 그래서 "서두 다섯 줄만 쓰면 수필은 완성된 거나 마찬가지다"라는 말이 나올 정도이다. 그만큼 서두 쓰기가 어렵다는 이야기다.

쉽게 쓰는 방법이 있다. 본문을 구성해 놓고 거기에 맞는 서두를 쓰면 된다. 결미도 마찬가지다. 본문에 들어갈 내용을 차례대로 배열한 다음, 거기에서 결미를 끌어 내는 것이 수월하다. 그러니까 서두부터 쓰려고 애쓸 필요가 없다는 이야기다. 이 단원에서는 모든 구성을 본문 구성에서부터 시작한다.

이제 다시 구성으로 들어가자.

위의 그림에 열거된 각 항목들 앞에 매긴 (1)부터 (8)까지 번호는 발상의 순서이다. 구성의 순서가 아니다. 무시해도 좋다. 우리가 주의를 기울여야 할 것은 어떻게 하면 미적 감동을 극대화하는가 하는 문제이다. 그러기 위해서는 각 항목을 다시 배열하지 않으면 안 된다.

효과적이고 논리적인 배열을 하려면 우선 분류부터 해야 한다. 분류 기준에 대해서는 "효과적 내용 전개"에서 설명했다. 그리고 이 장의 "실전 2"에서 다시 설명한다. 여기서는 선택된 일곱 가지 항목에 대한 분류만 하고 넘어가기로 한다.

　위의 그림에 열거된 각 항목을 자세히 보면, 우선 '세 개의 집단'으로 분류할 수 있다. 첫째 집단으로는 수박의 외양을 말한 (1) '초록색 얼룩무늬'와 (2) '엄청난 크기와 무게'를 하나로 묶을 수 있다. 둘째 집단으로는 수박을 쪼갰을 때 속을 보여 주는 (3) '선정적인 분홍색 과육', (4) '매력적인 검정 씨'를 하나로 묶을 수 있다. 셋째 집단으로는 수박을 먹을 때의 감각을 말한 (5) '과즙의 상큼한 향기', (7) '시원한 맛', (8) '과육이 씹히는 감촉'을 하나로 묶을 수 있다.

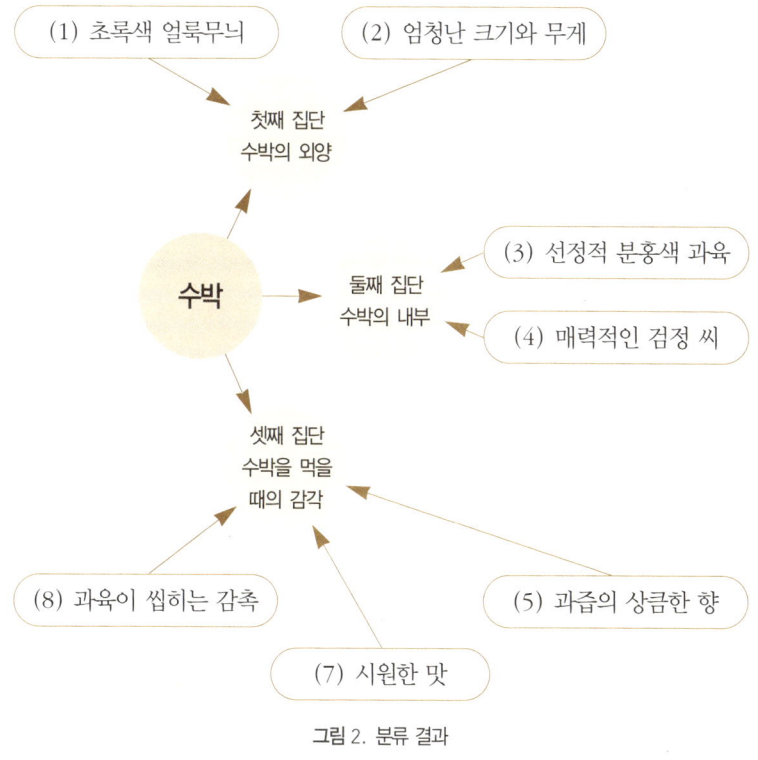

그림 2. 분류 결과

이제 세 개의 집단 중에서 어느 집단을 앞에 놓을 것이며, 어떤 집단을 제일 뒤에 놓는 것이 효과적인가 하는 문제가 남는다. 필자의 생각으로는, 우리가 일상 생활에서 한 통의 수박을 먹기까지의 과정에 따라 배열하는 것이 가장 자연스러울 것 같다. 다시 말해서, 독자가 한 통의 수박을 고르고, 그것을 쪼개 보고, 다음은 그것을 먹는 것과 같은 실감을 체험하도록 배열하는 것이 가장 효과적이라는 이야기다.

또 그렇게 하는 것이 위에서 분류한 내용과도 잘 맞아 떨어진다. 본문의 배열 순서는 다음과 같이 한다.

첫째 단계 : 수박의 외양을 보여 준다
둘째 단계 : 수박을 쪼갰을 때의 속을 보여 준다
셋째 단계 : 수박을 먹을 때의 감각을 체험하게 한다

첫째 단계인 수박의 외양 묘사에 있어서, 발상의 순서대로, (1) '색깔과 무늬'를 먼저 놓고, 다음에 (2) '크기와 무게'를 놓을 수도 있다. 하지만 둘째 단계에서 수박을 쪼갰을 때 처음 눈에 들어오는 것은 (3) '선정적 분홍색 과육'이다. 즉 색깔이 나온다는 이야기다. 수박 표면의 색깔과 무늬에 이어, 수박 속의 색깔로 이어지는 것이 일관성 있는 배열이 된다. 따라서 (2) '크기와 무게'를 앞에 놓고, 그 다음에 (1) '색깔과 무늬'를 배열하기로 한다.

첫째 단계 : (2) – (1)

둘째 단계는 쪼갰을 때의 수박 속을 보여 줄 차례다. (3) '선정적 분홍색 과육'이 제일 먼저 시각에 잡히므로 (3)을 앞에 놓고, 다음에 거기에 (4) '매력적인 검정 씨'를 (3)의 다음에 놓는다. 이렇게 해서 수박의 겉과 속을 모두 보여 주었다.

둘째 단계 : (3) – (4)

셋째 단계는 수박을 먹을 때처럼 독자가 직접 체험하는 것 같은 실감을 느끼게 해야 할 차례다. 그러기 위해서 우선 (8) '과육이 씹히는 감촉'을 문단의 앞에 배열하고, 다음에 (5) '과즙의 향기'를 배열하기로 한다. 물론 이 때 후각인 향기를 먼저 놓고, 다음에 촉각인 씹는 맛을 놓을 수도 있을 것이다. 이 경우 어느 것이 꼭 먼저 와야 하는 것은 아니다. 하지만 본문의 제일 끝에는 반드시 (7) '시원한 맛'을 놓는 것이 효과적이다. 여름 더위와 수박의 시원한 미각을 대비시켜서 본문의 마지막을 수박에 대한 통합적 인상으로 마무리짓기 위해서이다.

셋째 단계 : (8) – (5) – (7)

다시 정리해 보기로 한다. 본문 구성은 첫째 단계에서 수박의 외부를 보여 주고, 둘째 단계에서는 내부를 보여 주고 그리고 셋째 단계에서는 먹을 때의 감각을 표현함으로써 독자가 직접 체험하는 것과 같은 느낌을 받도록 배열한다.

지금까지 설명한 내용을 일목요연하게 보기 위하여, 발상 단계의 순서와 구성 단계의 순서가 어떻게 달라졌는지 살피기로 한다.

발상의 순서 : (1) - (2) - (3) - (4) - (5) - (6) - (7) - (8)

구성의 순서 : (2) - (1) - (3) - (4) - (8) - (5) - (7)

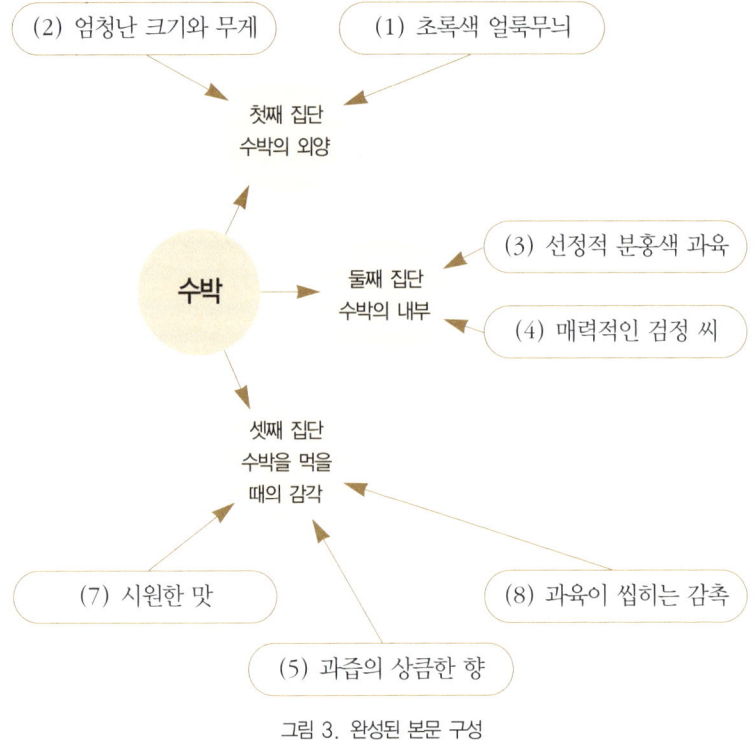

그림 3. 완성된 본문 구성

발상 단계에서 얻은 (6) '수박은 과일인가 야채인가'는 배제되고 남은 항목들을 세 개의 단계로 재배열하였다. 발상의 순서와 달라진 것은 미적 효과의 극대화를 위한 구성이었다는 것을 우리는 이해했다. 이제 이것을 바탕으로 본문을 구성하여 본다.

첫째 단계 – 수박의 외양
    (2) 크기와 무게
    (1) 초록색 얼룩무늬

둘째 단계 – 수박 속
    (3) 선정적 분홍색 과육
    (4) 매력적인 검정 씨

세째 단계 – 수박을 먹을 때의 감각
    (8) 과육이 씹히는 감촉(촉각)
    (5) 과즙의 향(후각)
    (7) 시원한 수박 맛(미각)

본문 구성이 완성되었으므로 서두와 결미에 대해 생각할 차례이다. 본문 내용은 앞에서 말한 것처럼 '수박의 미덕이 열거된 것이다. 따라서 서두는 본문 내용을 참작해서 여름 과일로는 여러 면에서 수박이 제일이라는 점을 "여름 과일의 대명사는 역시 수박이다"라는 말로 본문의 내용을 포괄적으로 제시한다.

결미에서는 본문의 내용을 요약하고 단정하기 위해서, "여름이 되어서 수박이 여는 것이 아니라 수박이 열어서 비로소 여름이 되는 것이다"라고 역설법을 써서 수박의 여름 과일로서의 가치를 강조한다.

라. 집필 단계

- 뼈대만으로 글이 되지 못한다. 살을 붙이고 피를 통하게 하고 신경을 이어야 한다

이제 앞에서 그려 놓은 설계도에 따라 써 나가면 된다. 그러나 그냥 글이 되는 것이 아니다. 구성이 뼈대를 세우는 단계라면 집필 단계에서는 그 뼈대에 살을 붙이고 피를 통하게 하고 신경을 연결시켜야 하는 단계이다. 다시 말하자면 추상적 진술에 대해 구체적 진술로 뒷받침해 주거나, 수사법을 동원하여 추상적 개념을 형상화시켜야 한다. 그리고 문단과 문단이 단절되지 않고 문맥이 자연스럽게 통하도록 해야 한다.

구성이 수학적으로 또는 논리적으로 얼개를 짜는 작업이라면, 집필은 문학적 감성과 표현력이 요구되는 작업이다. 적절한 어휘 선택, 문장의 장단 조절, 완결된 문단, 경제성, 명료성, 균형 그리고 예술성을 생각하면서 써나가야 한다. 다음은 앞에 정리한 개요를 다시 서두부터 결미까지 보완해서 정리한다. 본격적인 집필 단계에 들어가기 위한 예비 단계이다.

서두: 여름철 과일의 대명사는 수박이 아닌가 한다.
본문: (2) 수박은 우선 과일 중에서 제일 크고 무겁다.
　　　(1) 그 겉모습이 또한 시원해서 좋다. 연두색 바탕에 짙은 초록

색 얼룩무늬가 인상적이다.
　(3) 그 분홍색 속살이 자못 선정적이다.
　(4) 게다가 적당히 박힌 검은 씨앗의 악센트는 보는 이의 시각을 즐겁게 한다.
　(8) 한 번 베어 물었을 때 씹히는 과육의 감촉이 그만이다.
　(5) 이어서 입 속을 적시는 과즙의 상큼한 향기.
　(7) 시원하기로 말하면 어떤 과일도 수박의 맞수가 되지 못한다.
결미: 그러니 여름이 되어서 수박이 여는 것이 아니라, 수박이 열어서 비로소 여름인 것이다.

대충 얽어 놓았다. 어설프지만 이제 여기에 살을 붙이고 피를 통하게 하고 신경을 이어 놓으면 한 편의 아담한 글이 될 것이다.
　서두에서 '여름철 과일의 대명사는 수박이 아닌가 한다'로 시작했다. 그러나 여기에 뒷받침 문장이 없어 구체성이 떨어진다. 이런 경우 어떤 제재의 특징을 잘 파악할 수 있는 방법은 가까운 이웃 대상들과의 비교 대조라는 것을 앞장 '효과적 내용전개' 중 '비교와 대조에서 자세히 설명했다. 여기서 그것을 동원해 본다. 우선 여름 과일을 상기해 보면 자두니 참외니 복숭아 같은 것들이 떠오른다. 그런 과일과 비교 대조한 내용을 뒷받침 문장으로 쓰면 앞의 내용이 구체화된다. 이 내용을 요약해서 다음과 같이 a〈 　〉라 한다.

　　a〈자두니 참외니 복숭아 같은 것도 좋지만 수박을 당할 것이 없다.〉

다음은 본문의 집필이다. 본문의 처음은 (2) '크기와 무게'로 시작했다. 이 문장도 더 구체적인 뒷받침 문장이 와야 실감이 난다. 자, 수박의 '크기와 무게'를 실감하게 할 수 있는 말이 무엇일까? 필자는 과일 하나로 온 가족이 둘러 앉아 먹을 수 있는 것은 수박밖에 없다고 생각한다. 이 말은 수박이 얼마나 큰가 하는 것을 구체적으로 실감나게 하기에 충분하다. 이제 이것을 요약해서 b〈 〉라 하고 이것을 (2) 다음에 쓴다.

b〈한 통으로 온 가족이 둘러 앉아 먹고도 남는 것은 역시 수박뿐이다.〉

이제 (1) '연두색 바탕에 짙은 초록색 얼룩무늬'로 시작할 차례이다. 이 문장을 바로 b〈 〉에 이어서 쓰면 앞 문장과 연결이 자연스럽지 못하다. 연결 고리 구실을 하는 문장이 필요하다. 이런 경우 앞의 문장을 요약하면서 다음 문장으로 넘어가는 것이 좋다. 이런 문장을 연결문장이라 한다. 그러면 앞의 문장 (2)의 내용은 크기와 무게이다. 그러나 수박이 대단한 것은 크기와 무게 때문이라면 별로 대단할 것이 없는 과일이다. 더 대단한 것이 있다는 것을 말하여 독자의 흥미를 붙잡아 두어야 한다. 그런 내용을 요약 정리하여 c〈 〉라 하고 그것을 (1) 앞에 놓는다.

c〈수박이 대단한 것은 크기 때문만은 아니다.〉

이렇게 c〈 〉를 먼저 쓴 다음에 (1) '그 겉모습이 또한 시원해서 좋다. 연두색 바탕에 짙은 초록색 얼룩무늬'를 쓴다. 그런데 이렇게 쓰다 보면 생각이 꼬리를 물고 일어나게 된다. 다시 말하면 하나의 단어는 처음에는 생각지 않았던 단어를 끌고 오고, 하나의 문장은 애초에는 생각지도 않은 다음 문장을 끌어 온다. 이런 것은 글을 써 본 사람이면 누구나 경험했으리라 믿는다. 이 말을 여기서 하는 것은 연두색 바탕에 짙은 초록색 얼룩무늬를 쓰는 순간, 뭔가 연상되는 것이 있을 것이라는 이야기다. 뭐가 연상될까?

필자는 순간 풀밭에서 예비군들이 낮은 포복을 할 때의 '엉덩짝'이 떠올랐다. 수박 밭에 가 보라. 내 말이 틀림없다는 것을 알게 될 것이다. 이런 연상작용이 바로 비유로 가는 길이다. 수박이 얼룩무늬 위장복을 입은 예비군 엉덩짝 같다면 얼마나 재미 있는 비유인가. 비유는 대상을 감각적으로 형상화하는 데 가장 효과적인 방법이라는 사실을 앞에서 공부했다. 이제 이것을 정리하여 d〈 〉라 하고 그것을 (1) 다음에 쓴다.

d〈어찌 보면 풀밭에서 낮은 포복을 하고 있는 예비군의 엉덩짝 같다.〉

연상은 끝이 없다. 군인들이야 적군으로부터 자기를 보호하기 위해서 위장복을 입는다지만, 과일이 무엇으로부터 자기를 숨겨야 한단 말인가. 이런 의문이 생길 것이다. 왜냐하면 다른 과일들은 오히려 자기를 눈부시게 드러내서 동물들이 먹고 종족을 멀리 그리고 많이 퍼뜨리게 하는데, 굳이 수박은 왜 자신을 숨겨야 하는가 하는 재미 있는 발상이 떠오를 수 있기 때문이다. 그와 동시에 답이 생각 날 수 있다. 수박이 숨기고 있는 '핑크빛 속살이 얼마나 선정적인가' 하는 것을 우리는 알고 있기 때문에 답은 의외로 쉽게 나온다. '그래, 속에 그런 열정을 숨겼으니 그걸 겉으로 드러냈다가는 어찌 뒤끝을 감당할 것인가' 하는 생각에 미치면서 수박은 인간으로 변모하게 된다. 즉 의인법이 성립되는 순간인 것이다. 이제 이런 내용을 요약 정리해서 e⟨ ⟩, f⟨ ⟩, g⟨ ⟩로 한다.

> e⟨다른 과일들은 겉모습을 눈부시게 하여 동물들의 시선을 끌어들이는데, 수박은 무엇을 숨기기 위해 저런 위장술까지 써야 하는지 모를 일이다.⟩
>
> f⟨하지만 수박을 쪼개 놓고 보면 그 까닭을 알게 된다.⟩
>
> g⟨그렇게 뜨거운 속내를 지녔으니 그것을 그대로 드러냈다가 그 뒤끝을 어찌 다 감당하겠는가. 위장을 해야 하는 이유를 알 만하다.⟩

이제 이 세 개의 문장을 배열한다. e⟨ ⟩, f⟨ ⟩를 차례로 쓴 다음 (3)을 쓰고 그리고 그 뒤에 g⟨ ⟩를 쓴다. 이제 본문의 둘째 문단인 수박의 속살 이야기까지 끝냈다.

다음은 (4) '검정 씨앗'의 매력에 대해서 이야기 할 차례다. 앞에서 선정적인 속살 이야기가 끝났으나, 수박의 미덕을 그것으로 다 말한 것은 아니다. 그래서 씨앗의 매력을 이야기 하려니 자연히 점층적으로 독자의 관심을 끌어 올려야 한다. 그래서 (4) '적당히 박힌 검은 씨앗의 악센트는 보는 이의 시각을 즐겁게 한다'는 말 앞에 '게다가'란 접속부사를 넣어서 관심을 붙잡아 둔다.

그리고 검정 씨에서 연상된 것은 '애교점'이다. 씨앗의 매력과 관능적인 속살이 결합하면서 연상된 것이 육체파 배우 마릴린 먼로이다. 이런 내용을 요약 정리하여 h⟨ ⟩라 하고 그것을 (4) 다음에 쓰기로 한다.

h〈마릴린 먼로의 입가에 찍힌 검정 애교점 같다.〉

이런 식으로 나머지 i〈 〉, j〈 〉, k〈 〉, l〈 〉을 써 나간 결과 다음과 같은 문장이 완성되었다. 설명하지 않은 부분에 대해서는 잘 읽고 왜 그런 표현이 들어갔는가, 그것이 들어감으로써 어떤 효과를 거둘 수 있었는가에 대해서 생각해 보기 바란다.

이제 지금까지 설명한 내용을 정리하여 하나의 완성된 수필을 만든다.

서두: 여름철 과일의 대명사는 수박이 아닌가 한다. a〈자두니 참외니 복숭아 같은 것도 좋지만 수박을 당할 것이 없다.〉

본문: (2)수박은 우선 과일 중에 제일 크고 무겁다. b〈한 통으로 온 가족이 둘러 앉아 먹고도 남는 것은 역시 수박뿐이다.〉 c〈수박이 대단한 것은 크기 때문만은 아니다.〉 (1)그 겉모습이 또한 시원해서 좋다. 연두색 바탕에 짙은 초록색 얼룩무늬. d〈어찌 보면 풀밭에서 낮은 포복을 하고 있는 예비군의 엉덩짝 같다.〉 e〈다른 과일들은 겉모습을 눈부시게 하여 동물들의 시선을 끌어들이는데, 수박은 무엇을 숨기기 위해서 저런 위장술까지 써야 하는지 모를 일이다.〉

f〈하지만 수박을 쪼개 놓고 보면 그 까닭을 알게 된다.〉 (3)그 분홍색 속살이 자못 선정적이다. g〈그렇게 뜨거운 속내를 지녔으니 그것을 그대로 드러냈다가 그 뒤끝을 어찌 다 감당하겠는가. 위장을 해야 하는 이유를 알 만하다.〉 (4)게다가 적당히 박힌 검은 씨앗의 액센트는 보는 이의 시각을 즐겁게 한다. h〈마

릴린 먼로의 입가에 찍힌 검정 애교점 같다.〉
i〈그러나 이 정도로 수박의 덕을 다 예찬했다고 할 수는 없다.〉
(8)한 번 베어 물었을 때 씹히는 과육의 감촉. (5)이어서 입 속을 적시는 과즙의 상큼한 향기. j〈수박이 왜 여름 과일의 대명사인가를 비로소 알게 된다.〉 (7)그 시원하기로 말하면 어떤 과일도 수박의 맞수가 되지 못한다. k〈두어 쪽만 먹어도 샤워를 한 차례 한 것만큼이나 심신이 상쾌하다.〉
l〈입속이 상쾌하고 가슴이 상쾌하고 그래서 정신이 온통 상쾌하다.〉

결미: 그러니 여름이 되어서 수박이 여는 것이 아니라, 수박이 열어서 비로소 여름인 것이다.

집필 과정에서 어떤 것들이 덧붙여졌는지, 왜 그렇게 했는가에 대하여 설명을 했다. 이 정도로 충분치 않다는 것을 잘 안다. 그러나 이쯤에서 멈추기로 한다. 각자가 **뼈대에 살을 붙인다**는 것이 무엇인지, 피와 신경을 통하게 한다는 것이 무엇인지 생각하면서 거듭 읽어 보기 바란다.

(2) 실전 2

등잔불

다음은 수필에 입문한 지 얼마 되지 않는 어떤 수강생의 글이다. 마치 발상 단계에서 떠오른 생각을 두서 없이 적어 놓은 것 같이 무질서하다.

다시 말해서 브레인스토밍의 결과를 기록해 놓은 정도의 상태라고 할 수 있다. 이것을 발상 단계에서 우리가 얻은 결과라 생각하고 앞의 '실전 1'을 참고 하면서 조정 단계에서부터 구성, 집필 단계로 넘어가기로 한다.

가. 발상 단계

A_1 시골에 사시는 외삼촌 집에 갔다. 그 동안 외삼촌도 많이 늙으셨다.

A_2 무엇을 찾다가 다락문을 열어 보니, 간장종지보다 약간 큰 하얀 등잔을 발견했다. 심지를 끼우고 불을 붙이는 뾰족한 부리가 정겨웠다. 생각해 보니 초등학교 때 내가 쓰던 것이 분명했다. 반가웠다.

A_3 나는 어렸을 때 전기가 들어오지 않는 시골에서 밥상에 책을 놓고, 등잔불을 켜고 공부를 했다.

A_4 등잔불에는 그만의 장점이 있다. 우선 등잔불은 책만 밝게 해 준다. 그것에 익숙해지면 천장 구석구석까지 비추는 전등 아래서는 집중이 안 된다. 방 전체가 환하면 정신이 산만해지기 때문이다. 그 장점 때문에 커서도 무슨 시험에 대비해서 공부하거나 책을 집중해서 볼 경우, 나는 등잔 대신 촛불을 사용했다.

A_5 어렸을 때였다. 공부는 해야 하는데, 졸음이 문제였다. 등잔불에서 공부하다 꾸뻑 졸면 이마가 등잔에 가까워지고, 앞머리가 부지직하고 탔다. 깜짝 놀라 잠에서 깨게 되었다. 다음날 학교에 가서 친구들 이마를 보면 얼마나 공부했는지 알 수 있었다. "너 어제 밤 공부 많이 했구나" 그러면 머리칼을 태워 먹은 애들은 머쓱해 하곤 했다.

A6 이런 일 저런 일을 생각하다가 갑자기 등산에 애착이 갔다. 외삼촌 몰래 가져오고 싶은 유혹을 느꼈지만 참기로 했다.

B 그러나 온 식구가 마루에 앉아서 얘기할 때는 남포불을 켰다. 더러워진 등피를 닦는 담당은 언제나 나였다. '왜 나만 시키지?' 하고 그 때는 속으로 불만이 많았다. 잘못하면 깨뜨리기 쉽고, 깨뜨리면 야단을 맞기 때문이었다.

C 내가 싫어하는 일이 있었다. 외할머니가 다리미질을 할 때마다 나더러 옷을 잡으라고 하셨다. 여름 같은 날 숯불을 담은 다리미가 내 가까이 올 때마다 얼굴이 화끈거려서 싫었다. 그뿐이 아니었다. 친구들이 밖에서 놀자고 할 때면 틀림없이 외할머니는 날 잡아 앉히곤 하셨다. 그래서 할머니가 미웠다. 그러나 내가 외할머니 말씀을 거역할 수 없는 이유가 있었다.

"너 말 안 들으면 제삿날 안 깨울 거야."

이것이 나를 꼼짝 못하게 하는 할머니의 무기였다. 제삿날에만 쌀밥과 고기 국과 굴비와 김이 나왔다. 그것을 놓친다는 것은 여간 억울한 일이 아니었다. 할머니는 내 그런 약점을 잘 이용하시는 것이었다. 요새 애들이 들으면 궁상 맞은 이야기라고 할지 모른다.

D 가난하게 살았어도 사람들 사이에 정다운 마음이 오고 갔다. 서로 도와 가며 살았다. 밤에는 마당에 모깃불을 태우며 멍석에 앉아 옥수수를 나누어 먹었다.

E 여름 밤에는 또 재미 있는 일이 벌어지곤 했다. 개울에서는 여자들이 몰래 목욕을 하는 것이었다. 히히덕거리며 총각들이 몰래 다가가다가 동네 할머니들에게 들키면 막대기로 얻어맞고 도망가곤 했다. 다음날

다리를 절뚝거리는 총각들은 밤에 그렇게 맞은 사람들이었다. 짓궂게 물으면 대답도 못하고 얼버무리었다.

수강생의 글

다섯 개의 내용 문단 A, B, C, D, E는 서로 독립되어 있다. 한 마디로 말해서 '혼돈混沌' 그 자체이다. 그러나 두려워 할 것이 없다. 글쓰기의 최초 단계, 즉 발상 단계에서는 이렇게 연상되는 것을 모두 적어 두는 것이 중요하다. 취사 선택의 문제는 다음 단계에서 하면 된다.

나. 조정 단계

앞의 각 문단을 읽고, 가치 있는 것, 즉 독자에게 감동을 줄 수 있는 내용이 어느 부분에 들어 있는지 생각해서 그것을 남기고 그렇지 않은 내용은 제외시킨다. 그것이 조정 단계에서 우리가 해야 할 과제라는 것을 앞에서 말했다. 취사선택을 쉽게 하기 위해서 우선 다섯 개 문단의 내용을 각각 요약해 본다.

$A_1 \sim A_6$: 등잔불에 관한 이야기
B : 남포불에 관한 이야기
C : 외할머니에 대한 이야기
D : 시골 인심에 대한 이야기
E : 시골 여름 밤 처녀 총각들에 관한 이야기

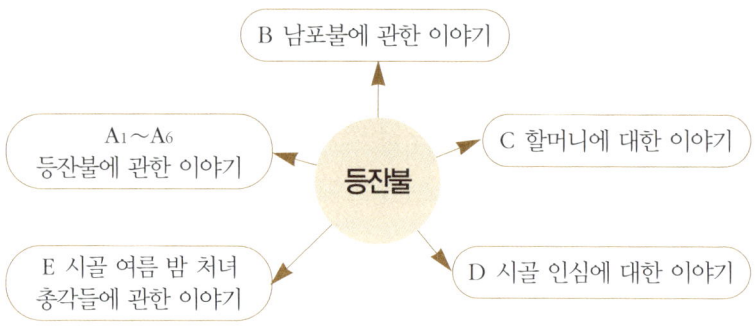

그림 1. 1차 브레인스토밍 결과

　이 글의 제목은 「등잔불」이지만 다섯 개의 문단에는 일관성도 통일성도 없다. A문단만 제목과 내용이 일치할 뿐이다. A만 남기고 나머지는 제외시킨다. 그래야 통일성과 일관성을 갖춘 글이 된다.
　그렇더라도 A문단만으로는 이야기가 너무 단순하고 빈약하다. 독자를 감동시킬 수 없다. 대상인 등잔불에 대하여 더 깊이 있게, 더 지속적으로 브레인스토밍을 해야 한다. 더 풍부한 내용을 얻기 위해서 다시 발상 단계로 돌아가서 사고를 진행시켜야 한다는 이야기다. 글을 쓰는 과정에서 이런 일은 언제나 반복되는 과정이다.
　그러기 위해서 제시된 예문에 언급된 내용을 정리한 다음, 더 보충할 수 있는 것이 무엇인가 생각해 본다.

　　　전등은 주의를 분산시키지만 등잔불은 정신을 집중시켜 준다

이것이 예문의 작가가 등잔불의 장점이라고 내 놓은 아이디어 전부이다. 그 밖에도 졸음을 깨워 준다는 것을 장점으로 들었지만 그것은 장점이 아니라 단점이 될 수도 있다. 머리를 태우기 때문이다. 게다가 대상을 보는 시각이 장점에만 국한되어 있다. 대상의 장점만 말한다면 그것은 객관성을 잃어 버린 글이 되고 만다. 어떤 사물이든 긍정적인 면만 있는 것은 아니다.

보다 효과적인 사고 즉 브레인스토밍을 하기 위해서 먼저 생각해야 할 것이 있다. 사고의 곡간에 들어가기 위해서는 열쇠가 필요하다. '실전 1'에서도 말했지만 그 열쇠는 제재인 등잔불과 이웃한 소재들이다. 그런 이웃 소재가 무엇인가 하는 것에서부터 생각의 실마리를 풀어 가기로 한다.

이 글 가운데서 등잔불의 특징을 잘 드러내기 위해서 비교 대조할 수 있는 사물은 무엇일까? A_4와 B를 다시 읽어 보면 다음과 같은 세 가지 이웃 소재를 발견할 수 있다.

(1) 전등불
(2) 촛불
(3) 남포불

등잔불을 이 세 가지 소재와 비교 대조시키고, 나아가서 등잔불의 '긍정적인 면'과 '부정적인 면'을 각각 나누어 보면, 위에서 예문의 작가가 언급한 "전등은 주의를 분산시키지만 등잔불은 정신을 집중시켜 준다"고 한 하나의 장점 외에 다음과 같이 열 가지나 되는 새로운 내용을 얻을 수 있다. 브레인스토밍 결과를 그 대로 나열해 본다. 앞에서 제시한 등잔불의 장점을 (1)이라 하여 제일 앞에 쓰고, 재차 브레인스토밍에서 얻은 아이디어에 (2), (3), (4)…… 식으로 번호를 차례로 매겨 나간다. '실전 1'에서 응용한 로저 루이스Roger Lewis의 그림을 이용하여 나타내본다.

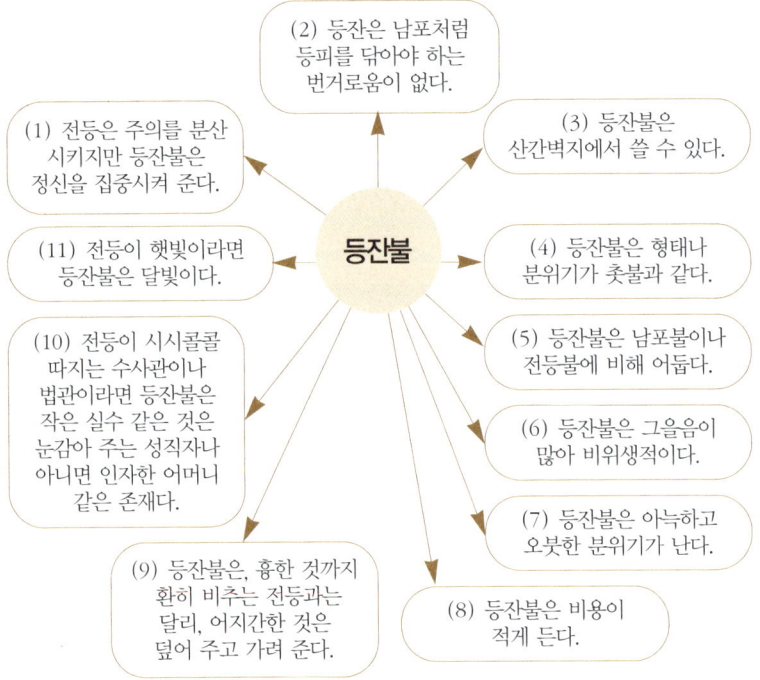

그림 2. 2차 브레인스토밍 결과

(1) 전등은 주의를 분산시키지만 등잔불은 정신을 집중시켜 준다.
(2) 등잔불은 남포처럼 등피를 닦아야 하는 번거로움이 없다.

(3) 등잔불은 산간 벽지에서도 쓸 수 있다.
(4) 등잔불은 형태나 분위기가 촛불과 같다.
(5) 등잔불은 남포불이나 전등불에 비해 어둡다.
(6) 등잔불은 그을음이 많아 비위생적이다.
(7) 등잔불은 아늑하고 오붓한 분위기가 난다.
(8) 등잔불은 비용이 적게 든다.
(9) 등잔불은, 흉한 것까지 환히 비추는 전등과는 달리, 어지간한 것은 덮어 주고 가려 준다.
(10) 전등이 시시콜콜 따지는 수사관이나 법관이라면, 등잔불은 작은 실수 같은 것은 눈감아 주는 성직자나, 아니면 인자한 어머니 같은 존재이다.
(11) 전등이 햇빛이라면 등잔불은 달빛이다.

위에 열거된 각 항목 중에는, 장점과 단점, 분위기, 인상, 중심 심상 등이 한데 뒤섞여 있다. 만약 위에 열거한 내용을 그대로 쓴다면 결과는 일관성이 없는 글이 되고 말 것이다. 따라서 (1)부터 (11)까지를 어떤 기준에 의해 분류할 필요가 있다. 글의 일관성을 위해서이다. 이런 분류와 배열은 다음 단계인 구성에서 다루기로 한다.

다. 구성 단계

'실전 1'에서 잠시 이야기했지만, 배열이 합리적으로 이루어지려면 어떤 기준에 의해 분류해야 한다. 아이디어의 종류가 다양하면 다양할수록 분류의 필요성은 커진다. 항목이 많으면 대상의 특징과 본질을 파악하는 것이 그만큼 어려워지기 때문이다.

  그렇다면 분류의 기준에는 어떤 것이 있을까? 그 문제에 대해서는 너무 염려할 필요가 없다. 우리가 보통 여러 가지 복잡한 사항을 볼 때 사용하는 통상적인 기준이 있는데, 다음에 열거한 것이 그런 기준들이다.[3]

  (1) 정의나 특성에 따른 분류
  (2) 유용성 여부에 따른 분류
  (3) 장점과 단점에 따른 분류
  (4) 긍정적이냐 부정적이냐에 따른 분류
  (5) 개인적이냐 사회적이냐에 따른 분류
  (6) 과거인가 현재인가에 따른 분류
  (7) 단기적 문제냐 장기적 문제이냐에 따른 분류
  (8) 정의냐 불의냐에 따른 분류
  (9) 윤리적이냐 또는 비윤리적이냐에 따른 분류

  이 외에도 사안에 따라 분류 기준은 더 많아질 수도 있겠지만 대략 이 정도로 잡으면 어지간한 문제들은 분류할 수 있다.

  이제 생각나는 대로 나열한 항목 (1)부터 (11)까지, 장단점에 따른 분류 기준과, 특징에 따른 분류 기준을 적용해서 일차적으로 각 항목들을 크게 세 개의 집단으로 분류해 본다.

---

3. 정희모·이재성, 「글쓰기의 전략」, 들녘, 2005. p.93.

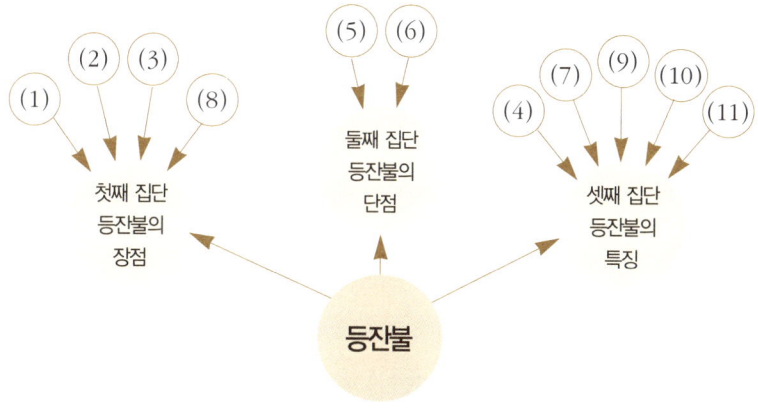

그림 3. 분류 결과

(i) 장점 : (1) 전등은 주의를 분산시키지만 등잔불은 정신을 집중시켜 준다.
(2) 등잔불은 남포처럼 등피를 닦아야 하는 번거로움이 없다.
(3) 등잔불은 산간 벽지에서도 쓸 수 있다.
(8) 등잔불은 비용이 적게 든다.

(ii) 단점 : (5) 등잔불은 남포불이나 전등불에 비해 어둡다.
(6) 등잔불은 그을음이 많아 비위생적이다.

(iii) 특징 : (4) 등잔불은 형태나 분위기가 촛불과 같다.
(7) 등잔불은 아늑하고 오붓한 분위기가 난다.
(9) 등잔불은, 흉한 것까지 환히 비추는 전등과는 달리, 어지간한 것은 덮어 주고 가려 준다.

(10) 전등이 시시콜콜 따지는 수사관이나 법관이라면, 등잔불은 작은 실수 같은 것은 눈감아 주는 성직자나, 아니면 인자한 어머니 같은 존재다.

(11) 전등이 햇빛이라면 등잔불은 달빛이다.

일차적으로 각 항목들을 공통점에 따라 분류했지만 이대로 본문에 배열할 수는 없다. 내용 전개를 하려면 무엇을 앞에 놓고 그 다음에 무엇을 놓아야 미적 효과를 극대화할 수 있는가 하는 문제가 먼저 해결되어야 한다.

우선 (i)'장점'을 앞에 놓고 (ii)'단점'을 놓을 것인가, 아니면 (ii)단점을 앞에 놓고 다음에 (i)장점을 놓을 것인가 하는 것이다. 이 문제를 해결하려면 필자가 대상에 대하여 가지는 태도가 어떤 것인가 하는 점이다. 이 글을 읽어 보면 필자는 대상인 등잔불에 대해서 긍정적이다. "정겹다"든가 "가지고 싶다"는 말로 태도를 나타내고 있다. 뿐만 아니라 발상 단계에서 얻은 각 항목의 내용이 대부분 긍정적이다. 따라서 이 글의 결미는 긍정적으로 끝날 수 밖에 없다. 그렇다면 앞에 (ii)'단점'을 놓고 그 뒤에 (i)'장점'을 놓아야 결말이 긍정적으로 끝낼 수 있다. 아니면 부정으로 끝난다.

다음 문제 즉 (iii)'특징'을 어디에 놓는가 하는 문제는 절로 해결되었다. (i)장점 뒤에 놓을 수 밖에 없다. 왜냐하면 (iii)특징에 열거된 항목들은 등잔불의 분위기거나 인상 또는 중심 심상들과 같이 모두 긍정적인 내용들이기 때문이다. 지금까지 분석한 것을 정리하면, (ii)-(i)-(iii)의 순서가 된다.

이제 남은 문제는 (ii), (i), (iii)에 들어 있는 작은 항목들을 어떻게 배열하는가 하는 문제다. (ii)단점에 속한 (5)와 (6)의 순서는 그대로 두어도 좋고 바꾸어도 관계 없다. 다시 말해서, (5)"등잔불은 남포불이나 전등불에 비해 어둡다"를 앞에 놓든가, (6)"등잔불은 그을음이 많아 비위생적이다"를 앞에 놓든가 상관 없다.

(i)장점에 속하는 작은 항목의 배열이다. 네 가지 항목 가운데 (3)을 앞에 놓고 (8)을 그 다음에 놓아도 좋고 이 순서를 바꾸어도 상관없다. 그 다음에 (2)를 놓고 (1)을 마지막에 놓은 것이 좋다. 하지만 이 순서도 절대적인 것은 아니다.

다음은 (iii)특징에 속하는 작은 항목들의 배열이다. 이 부분에서는 우선 뒤에서부터 배열하는 것이 좋을 듯싶다. 즉 중심 심상을 제일 나중에 놓아야 하기 때문에 자연적으로 (11)을 제일 뒤에 놓아야 한다. 다음에 (10)을 그 앞에 놓는 것이 좋다. 이제 이런 순서로 본문을 구성해 본다.

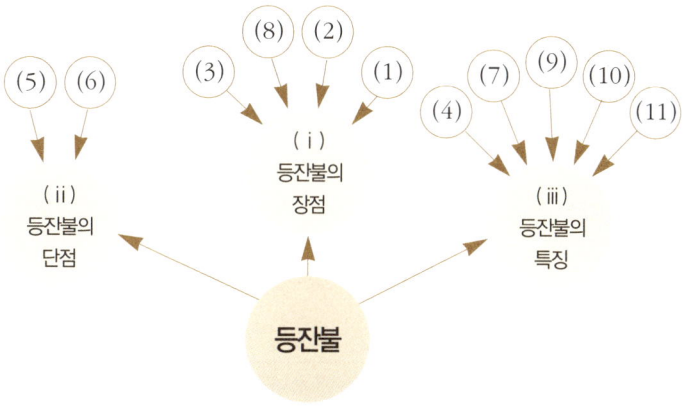

그림 4. 완성된 본문 구성

본문의 구성 : (ii) 단점 : (5), (6)
　　　　　　(i) 장점 : (3), (8), (2), (1)
　　　　　　(iii) 특징 : (4), (7), (9), (10), (11)

본문의 구성이 완성되었으므로 이제 서두와 결미를 써야 한다. 그런데 예문의 서두인 A군에서 A_1, A_2를 그대로 가져오면 자연스럽게 본문의 내용과 연결된다. 결미도 마찬가지다. A군의 결미 부분에 해당하는 A_6을 가져오면 된다. 그리고 일화 A_5를 본문의 끝에 넣어서 결미에 나오는 등잔에 대한 애착과 자연스럽게 연결짓는 것이 좋다.
글 전체 구성은 다음과 같다.

서두 : A_1, A_2
본문 : (ii) 단점 : (5), (6)
　　　(i) 장점 : (3), (8), (2), (1)
　　　(iii) 특징 : (4), (7), (9), (10), (11)
　　　(iv) 일화 : A_5
결미 : A_6

이제 무질서한 여러 가지 내용을 장점과 단점에 따른 분류 기준, 특징에 따른 분류 기준에 의해 나누고 그것들을 실질적인 것에서 추상적인 것으로, 또 지배적 심상의 순서로 구성해 보았다. 다음은 이 뼈대에 맞추어서 살을 붙이고 피를 통하게 하고 신경을 연결시키는 집필 단계로 넘어간다.

라. 집필 단계

완성된 설계도에 의해 집필해 본다.

서두: (A₁) 시골에 사는 외삼촌 집에 갔다. 그 동안 외삼촌도 많이 늙으셨다.

(A₂) 무엇을 찾다가 다락문을 열어 보니, 간장 종지보다 약간 큰 하얀 등잔을 발견했다. 심지를 끼우고 불을 붙이는 뾰족한 부리가 정겨웠다. 생각해 보니 초등학교 때 내가 쓰던 것이 분명했다. 반가웠다

본문: (ii) (5)등잔불은 남포불이나 전등불에 비해 어둡다. (6)게다가 그을음이 많아서 비위생적이다. a⟨자고 나면 콧구멍 속이 굴뚝처럼 까맣게 그을러 있었다.⟩

(i) (3)그러나 등잔불은 b⟨전기가 들어갈 수 없는⟩ 산간 벽지에서도 쓸 수 있다. (8)비용이 적게 든다. (2)게다가 등잔불은 남포처럼 등피를 닦아야 하는 번거로움이 없다. (1)그뿐만 아니라 전등은 주의를 분산시키지만 등잔불은 정신을 집중시켜 준다.

(iii) (4)등잔불은 형태나 분위기가 촛불과 같다. (7)등잔불은 아늑하고 오붓한 분위기가 있어 좋다. (9)등잔불은, 흉한 것까지 환히 비추는 전등과는 달리, 어지간한 것은 덮어 주고 가려 준다. (10)전등이 시시콜콜 따지는 수사관이나 법관이라면, 등잔불은 작은 실수 같은 것은 눈감아 주는 성직자나, 아니면 인자한 어머니 같은 존재다. (11)전등이 햇빛이라면 등잔불은 달빛이다.

(iv) (A₅) 어렸을 적 공부는 해야 하는데 졸음이 문제였다. 등잔불에서 공부하다 꾸벅 졸면 이마가 등잔에 가까워지고 앞머리가 부지직하고 탔다. 깜짝 놀라 잠에서 깨었다. 다음 날 학교에 가서 친구들 이마를 보면 얼마나 공부했는지 알 수 있었다.
"너 어제 밤 공부 많이 했구나."
그러면 머리를 태워 먹은 애들은 머쓱해 하곤 했다.

결미 : (A₆) 이런 일 저런 일을 생각하다 보니 갑자기 등잔에 애착이 갔다. 외삼촌 몰래 가져오고 싶은 유혹을 느꼈지만 참기로 했다. c⟨외삼촌도 나처럼 등잔불에 얽힌 추억이 있을지 모르니까.⟩

통일성과 일관성과 초점이 뚜렷한 한 편의 글이 되었다. 그리고 집필 과정에서 살을 붙이고 피가 통하게 하기 위하여 a⟨ ⟩, b⟨ ⟩, c⟨ ⟩을 보충하였다. 그렇게 한 결과 문장이 부드러워지고 의미의 연결이 자연스럽게 되었다. 처음 브레인스토밍 결과를 나열했던 원문보다 많이 달라진 사실을 알 수 있다.

이 글의 구성 유형은 시간적 구성 중에서 역순적 구성과 삽화구성을 취하고 있다. (iv)가 어린 날의 삽화이다.

(3) 실전 3

> 빛 바랜 나의 신화

앞에 든 '실전 1'과 '실전 2'는 구체적 대상을 다룬 구상수필이다. 이제 다른 종류의 수필 즉 자전수필 또는 서사 수필일 경우를 생각해 보기로 한다. 구상수필처럼 대상에 대한 치밀한 관찰, 분석, 분류 없이도 자전수필은 시간의 경과에 의한 전개적 구성이 주로 쓰이므로 구상수필의 구성처럼 그렇게 어렵지 않다. 최근 들어 구상수필이나 추상수필보다 이와 같은 자전수필이 주류를 이루고 있는 이유도 쓰기 쉽기 때문일 것이다. 다음 예문도 브레인스토밍의 결과 정도에 지나지 않는다. 조정 단계, 구성 단계를 거친 다음 집필 단계까지 진행한다.

가. 발상 단계

(1) 내가 초등학교 2학년 때 6.25가 터졌다. 다음날 오후반이라 점심을 먹고 학교에 갔더니 선생님이 교문에서 이제부터 학교에 나오지 않아도 된다고 말했다. 나는 그냥 집으로 돌아왔다.

(2) 며칠 후 인민군이 들어와 북아현동 애기릉 근처에 집결했다. 그리고 한 사람이 입에 확성기를 대고 학생들은 학교에 나오라고 소리치며 다녔다.

(3) 학교에 갔더니 노래를 가르쳐 주었다. 제목을 잊었지만 "장백산 줄기줄기"로 시작되는 노래였다. 우리는 인공기를 흔들며 아현동

거리를 행진도 했다. 그리고 단단히 주의를 받았다. 이제부터는 "동해물과 백두산이"는 부르지 말라는 것이었다. 잡아간다고 했다.

(4) 9.28 수복이 되었다. 나는 다시 학교에 나갔다. 그런데 이번에는 "장백산 줄기줄기"를 부르면 안 된다고 했다. 잡아간다고도 했다. 같은 선생님이 이랬다 저랬다 해서 헷갈렸다.

(5) 어른들은 어린이들이 어떤 혼란을 겪고 있는지 생각이나 했을까? 아마도 거기까지는 생각지 못했을 것이다. 특히 우리 나라 어른들은 더 그렇다. 선진국에서는 어린이의 생각도 존중하는데 말이다.

(6) 우리는 1.4 후퇴 때 충청도 외가로 피난을 갔다. 거기서 3학년부터 학교에 다녔다. 전쟁 중인데도 매번 가을이면 운동회를 했다. 학부형들이 몰려왔고 운동장에는 만국기가 휘날렸다. 면 전체가 잔치 분위기였다.

(7) 운동회에서 인기 종목은 마지막 달리기였다. 보통 8명이 달렸는데 3등 안에 들어야 상을 탈 수 있었다. 1등은 공책에 연필 한 자루. 2등은 공책, 3등은 연필만 주었다. 그런데 나는 체구가 작은데다가 나이도 제일 어려서 매번 꼴찌 아니면 꼴찌서 두 번째였다.

(8) 그런데 그 날은 내가 1등을 한 것이다. 그 때의 감격은 지금도 잊을 수 없다. 다른 학년은 그냥 달리기만 했는데, 우리 학년은 달리다가 칠판에 써 있는 셈본 문제를 풀고 그 답을 결승점에서 선생님에게 말해야 하는 경주였다. 나는 셈본이라면 자신이 있었다. 두근거리는 가슴을 누르며 출발선에 섰다. 드디어 "탕!" 하는 소리와 함께 우리는 우르르 달려나갔다. 이번에도 나는 꼴찌였다. 내

앞에 일곱 명이 달리고 있었으니까. 그런데 한참 달리다보니 칠판에 분필로 쓴 문제가 보였다.

"48+75=?"

앞서 달리던 아이들은 문제를 보는 순간 갑자기 달리기를 멈추고 땅바닥에 엎드렸다. 그리고는 손가락으로 땅바닥에다 계산을 하는 것이었다. 나는 엎드리지 않았다. 달리면서 머릿속으로 암산했다.

답은 123이었다.

뒤를 돌아다 보니 다른 아이들은 그제야 일어나서 뛰기 시작하는 것이었다. 나 혼자 결승선을 향해 1등으로 달리고 있었다. 갑자기 "와!" 하는 함성과 함께 학교가 떠나갈 듯이 박수 소리가 터져 나왔다. 달리기에서 나는 평생 처음이자 마지막인 1등을 한 것이었다.

(9) 나중에 그 얘기는 외가 친척들 사이에서 자주 입에 오르내리었다. 나는 어른들이 내 이야기를 하는 소리를 안 듣는 척하면서도 은근히 즐기고 있었다. 이야기 속에 나오는 아기 장수라도 된 기분이었다.

(10) 결혼 후 나는 아내에게 그 이야기를 했다. 재미있다고 했다. 그 후에 아들애와 며느리에게도 했다. 그런데 그냥 피식 웃고 마는 것이었다. 나는 좀 섭섭했다. 이러다간 손자놈들 대에 이르면 웃기조차 않을지 모른다는 생각이 들었다. 내 일생 일대의 신화가 벌써 빛이 바랬다는 증거일까?

(11) 옛날 초등학교에 나이가 많은 학생들이 많았다. 왜냐하면 돌이 되기 전에 홍역으로 많이 죽었기 때문에, 돌이 지나야 떡을 돌리

고 호적에 올리는 것이었다. 그것도 차일피일 미루다 보니 2, 3년 늦는 건 보통이었다. 게다가 학교가 멀어서 8살짜리를 십 리나 이십 리 밖에 있는 학교에 혼자 보낸다는 것은 엄두도 못 낼 일이었다. 그래서 내가 다니던 학교만 해도 열일곱 살이 넘는 애들이 수두룩했다. 연애질을 한다는 소문도 돌았다. 그래도 그 때가 좋았다.

수강생의 글

나. 조정 단계

이 글의 내용을 분석하면 크게 A, B 두 개의 집단으로 나눌 수 있다. A집단은 시간적으로 6.25 직후이고, 공간적으로는 서울이다. 그리고 이런 배경 속에서 주인공이 겪은 일과 그에 대한 의견으로 되어 있다. B집단은 시간적으로 1.4 후퇴 이후이고, 공간적으로는 충청도 외가가 있는 마을이다. 그리고 사건은 주인공이 거기서 겪은 일과 의견으로 되어 있다.

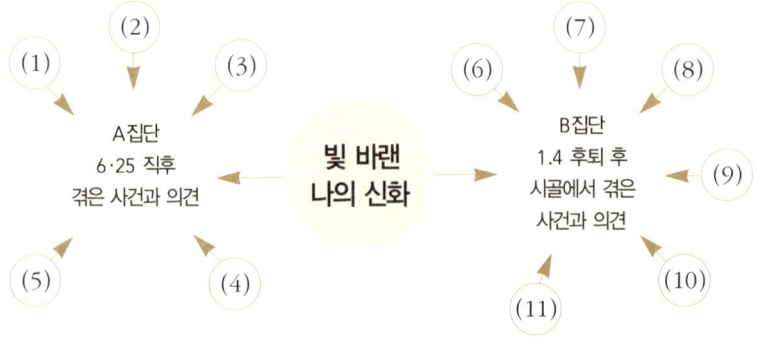

그림 1. 분류 결과

두 내용 가운데 A집단을 가지고 쓴다면 좀더 사회 비판적인 글이 될 것이다. 이데올로기의 모순이 지적될 수도 있을 것이고, 동족상잔에 대한 비판적 내용이 될 수도 있을 것이다.

반대로 B집단을 가지고 글을 쓴다면 사적이면서 정서적 감동을 줄 수 있는 한 편의 자전수필이 될 수 있다. 여기서는 우선 A집단을 제외시키고 B집단을 가지고 글을 쓰기로 한다. 늘 꼴찌만 하던 아이가 어느 날 일등을 했다는 역전 드라마는 독자에게 감동을 주기에 충분하다.

그럴 경우에도 이 글의 주제에서 벗어난 항목이 있는지 검토해 봐야 한다. 이 글의 중심은 1등을 한 역전逆轉 드라마에 있는데, 그렇게 되면 (11)이 문제가 된다. 그런데 (11)의 내용과 (7)의 내용에 공통점이 있다. 시골 초등학생의 연령 문제가 그것이다. 그렇다고 (11)을 통째로 (7) 다음에 넣을 수는 없다. 너무 장황하여 주제에서 많이 벗어나기 때문이다. 이럴 경우에는 (11)의 내용을 다음과 같이 요약한 다음 (7)에 넣는 것이 좋다.

(11) 그 당시 시골에서는 아이들을 늦게 학교에 입학시키는 것이 보통이어서 우리 반에는 17살 되는 애들도 적지 않았기 때문이다.

다. 구성 단계

이제 구성 단계로 들어간다. 이 글은 조정 단계만 거쳐도 구성 단계는 어렵지 않게 이루어진다. 서사적인 내용이 이미 시간 순서대로 구성되어 있기 때문이다. 사건의 발생 순서를 바꾸어서 더 큰 효과를 기대할 수 있다면 그렇게 하는 것이 좋겠지만 이 소재에서는 그대로 내용을 전개해도 무관하다. 다만 (11)의 배열만 조정하면 된다.

발상 순서 : (6) – (7) – (8) – (9) – (10) – (11)

구성 순서 : (6) – (7) – (11) – (8) – (9) – (10)

서두 : (6)
본문 : (7), (11), (8), (9)
결미 : (10)

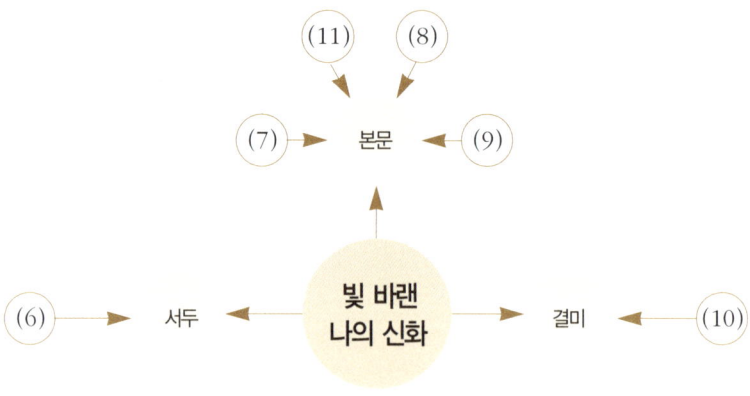

그림 2. 완성된 전문 구성

라. 집필 단계

서두 : (6) 우리는 1.4 후퇴 때 충청도 외가로 피난을 갔다. 거기서 3학년부터 학교에 다녔다. 전쟁 중인데도 매번 가을이면 운동회

를 했다. 학부형들이 몰려왔고 운동장에는 만국기가 휘날렸다. 면 전체가 잔치 분위기였다.

본문 : (7) 운동회에서 인기 종목은 마지막 달리기였다. 보통 8명이 달렸는데 3등 안에 들어야 상을 탈 수 있었다. 1등은 공책에 연필 한 자루, 2등은 공책, 3등은 연필만 주었다. 나는 체구가 작은 데다가 나이도 제일 어려서 매번 꼴찌 아니면 꼴찌에서 두 번째였다.

(11) 그 당시 시골에서는 아이들을 늦게 학교에 입학시키는 것이 보통이어서 우리 반에는 17살되는 애들도 적지 않았기 때문이었다.

(8) 그런데 그 날은 내가 1등을 한 것이다. 그 때의 감격은 지금도 잊을 수 없다. 다른 학년은 그냥 달리기만 했는데, 우리 학년은 달리다가 칠판에 써 있는 셈본 문제를 풀고 그 답을 결승선에서 선생님께 말해야 하는 경주였다. 나는 셈본이라면 자신이 있었다. 두근거리는 가슴을 누르며 출발선에 섰다. 드디어 "탕" 하는 소리와 함께 우리는 우르르 달려나갔다.

이번에도 나는 꼴찌였다. 내 앞에 일곱 명이 달리고 있었으니까. 그런데 한참을 달리다 보니 칠판에 분필로 쓴 문제가 보였다.

"48+75=?"

앞서 달리던 아이들은 문제를 보는 순간 갑자기 달리기를 멈추고 땅바닥에 엎드렸다. 그리고는 손가락으로 땅바닥에다 계산을 하는 것이었다. 나는 엎드리지 않았다. 달리면서 머릿속으로 암산했다.

답은 123이었다.

뒤를 돌아다 보니 다른 아이들은 그제야 일어나서 뛰기 시작하는 것이었다. 나는 혼자 결승선을 향해 1등으로 달리고 있었다. 갑자기 "와!"하는 함성과 함께 학교가 떠나갈 듯이 박수소리가 터져 나왔다. 달리기에서 나는 평생 처음이자 마지막인 1등을 한 것이었다.

(9) 나중에 그 이야기는 외가 친척들 사이에서 자주 입에 오르내리었다. 나는 어른들이 내 이야기를 하는 소리를 안 듣는 척하면서도 은근히 즐기고 있었다. 이야기 속에 나오는 아기장수라도 된 기분이었다.

결미 : (10) 결혼 후 나는 아내에게 그 이야기를 했다. 재미있다고 했다. 그 후 아들애와 며느리에게도 했다. 그런데 그냥 피식 웃고 마는 것이었다. 나는 좀 섭섭했다. 이러다간 손자놈들 대에 이르면 웃지조차 않을지 모른다는 생각이 들었다. 내 일생일대의 신화가 벌써 빛이 바랬다는 증거일까.

몇 군데 행을 바꾸고 요약했을 뿐 거의 원문을 그대로 옮겼다. 일관성과 통일성을 갖춘 글이 되었다. 원래 제목은 「6.25 회상」이었다. 너무 평범하다. 제목은 그 글 속에 있다고 했다. 결미의 마지막 문장을 보면 '내 일생일대의 신화가 벌써 빛이 바랬다는 증거일까'라는 말이 나온다. 이 내용을 간추려서 「빛 바랜 나의 신화」 정도로 하면 독자의 호기심을 끌 수 있을 것이다.

한 가지 더 짚고 넘어가기로 한다. 다시 말해서 A집단을 완전히 배제하지 않고 글을 쓸 수는 없을까 하는 문제다. 그렇다. A집단과 B집단을 결합해서 한 편의 글을 쓸 수 있다. 그럴 경우 A집단은 B집단에 종속시켜야 한다. 처음에 든 예문처럼 대등하게 배열해서는 안 된다. A집단에 언급된 내용은 B집단에서 1.4 후퇴 때 시골로 피난을 갈 수 밖에 없었던 이유를 밝히는 수준에서 멈춰야 한다. 그럴 경우에도 전체 내용과 동떨어진 (5)는 제외시키고, 나머지 네 문단 (1), (2) (3), (4)도 다음과 같이 요약적으로 제시하여 글 전체의 서두로 삼으면 될 것이다.

> 내가 초등학교 2학년 때 6.25가 터졌다. 학교에 나갔더니 "장백산 줄기줄기"라는 노래를 가르쳐 주었다. 그러면서 "동해물과 백두산이"를 부르면 잡아간다고 했다.
> 9.28 수복이 되었다. 학교에 나갔더니 이번에는 그 노래를 부르면 잡아 간다고 했다. 같은 선생님이 그 때마다 다른 말을 하는 것이 헷갈렸다.

보충: 게다가 서울에 남아 있던 사람들은 여러 가지로 곤욕을 치러야 했다. 부역을 했다든가 하는 문제가 나오면 어른들은 어려운 처지에 놓이게 되는 수가 많았다.

이 경우 '보충' 부분이 없으면 (6)과 연결이 자연스럽지 못하게 된다. 구성 단계에서 볼 때 구상수필보다 자전수필이 쉽다는 것을 알 수 있다. 그러나 감동의 극대화를 위해서는 서사수필에서도 사건 순서와 구성 순서는 조정되어야 하며, 전체 이야기의 3분의 2 지점에 가장 피크가 되는 내용을 배치해야 하는 등 효과적 구성의 필요성이 요구된다.

　지금까지 발상—조정—구성—집필이라는 네 단계를 일목요연하게 보이기 위해 구체적 예문을 들어 가면서 실제 체험해 보았다. 다소 설명이 번거로운 점도 없지 않았다. 그러나 수필을 실제 써 나가는 과정을 체험했고, 그것을 기초로 해서 정해진 제재나 주제에 대해서 어떻게 접근할 것이며, 거기에서 얻은 여러 항목들을 어떻게 조정하고 분류하고 배열하는가 하는 문제와 표현의 중요성에 대해서도 이해했으리라 믿는다.

04
퇴고의 원리와 실전

퇴고를 하느냐 안 하느냐 하는 것은 질문이 되지 않는다. 적게 하느냐 많이 하느냐 하는 질문이 성립될 뿐이다.

초고를 퇴고하는 것은 당연한 일이고 개정판을 낼 때마다 매번 퇴고하는 작가도 있다. 최인훈은 그의 소설 「광장」을 일곱 번 개정판을 냈는데 그 때마다 퇴고를 했다.

안 해도 되는 글을 퇴고하는 것은 낭비다. 안 하면 안 되는 글을 안 하는 것은 태만이다. 만족스러울 때까지 퇴고를 거듭하는 것은 그런 의미에서 자기 작품에 대한 애정인 동시에 독자에 대한 성의다. 그러나 지나치게 퇴고하면 선도鮮度가 떨어질 수도 있다. 선도가 떨어지지 않도록 세심한 주의가 필요하다.

퇴고는 크게 두 가지로 나누어 생각할 수 있다. 하나는 구성 차원에서 하는 퇴고이고, 다른 하나는 단어, 문장, 표현 차원에서 하는 퇴고다. 구성 차원에서 하는 퇴고는 전체 주제와 소주제, 전체 제재와 종속제재 간의 통일성과 일관성 그리고 완결성과 균형을 유의하면서 미적 효과의 극대화에 중점을 두는 퇴고이고, 표현 차원에서 하는 퇴고는 단어의 선택과, 문장의 선택 그리고 형상화에 대한 퇴고이다. 두 경우 모두 중요하지만 우선 구성부터 잘 짜여져야 좋은 글이 되므로 퇴고과정에서 이 점에 중점을 두어야 한다.

(1) 구성 차원의 퇴고

구성 차원의 퇴고에 있어서는 주제에서 벗어난 내용은 과감히 삭제해야 하지만 반대로 주제를 살리는 데 필요하다고 생각하면 구체적 진술로 보충해야 한다. 이것이 첨삭添削의 원리이다. 수필은 자기의 경험을 진술하는 것이므로 자칫하면 일어났던 일을 모두 쓰려는 경향이 있다. 처음 수필을 쓰는 사람일수록 이런 경향이 심하다. 많이 써 본 사람이라도 과단성이 없으면 마찬가지다. 일단 써 놓은 다음에는 아까워서 잘라내지 못한다. 미적 효과를 위해서는 과감해질 필요가 있다.

    종속제재의 배열도 유의해야 할 점이다. 본문에서 종속제재의 배열 순서는 서두에 나오는 종속제재들의 언급 순서와 일치해야 한다. 이것이 뒤바뀌게 되면 글은 일관성을 잃고 혼란에 빠지게 된다.

    자기가 말하고자 하는 초점이 어디에 있는가 하는 것을 늘 확인해야 한다. 만약 제재에 대해서 긍정적인 글을 쓰고자 할 때는 단점을 앞에 놓고 장점을 뒤에 놓아야 한다. 그렇지 않고 비판적일 때는 장점을 먼저 언급하고 뒤에서 단점을 언급해야 한다. 그렇지 않으면 엉뚱한 결과에 도달한다.

지면 배당도 유의해야 할 점이다. 강조하고 싶은 종속제재에는 많은 양의 지면을 배당해야 하고 덜 중요한 종속제재에는 적은 양의 지면을 배당해야 한다. 지면의 많고 적음에 따라 그 제재에 대한 비중이 결정된다. 구성 차원에서 유의해야 할 점에 대해서는 "아름다운 수필의 요건"에서 자세히 설명했다. 참고 삼아 다시 한 번 읽어 보는 것이 도움이 될 것이다. 첨삭의 원리와 미적 효과의 극대화라는 점을 염두에 두면서 다음 예문을 읽는다.

A   몇 해가 더 지난 일이다. 결혼을 앞두고 우리는 전셋집을 구하러 다녔다. 가진 돈은 적고 좋은 집은 얻고 싶고 그러다 보니 마음에 드는 것을 잡을 수 없었다. 저녁에 집에 오면 발등이 통통 부어 있었다.

B   그러던 어느 날 마음에 드는 집을 발견했다. 아담한 2층 양옥이었는데, 전망이 괜찮았다. 집옆으로 꽤 넓은 채소밭이 있고, 그 채소밭 가장자리를 따라 뺑 둘러 옥수수가 자라고 있었다. 베란다 문을 열면 밭 귀퉁이 쪽에 복숭아 나무 몇 그루가 서 있는 것이 시야에 들어 오는 것도 좋았다. 우리는 바로 계약을 했다.

C   집들이를 하던 날 찾아온 친구들이 무릉도원이 따로 없다며 부러워했다. 하지만 무릉도원에 사는 우리는 생각만큼 화목하지 않았다. 툭하면 싸우고 툭하면 토라지곤 했다. 보금자리랍시고 차렸지만 세상의 풍파를 막아 내기에는 턱없이 허약했기 때문이었을까. 아니면 신혼초에 흔히 있다는 주도권 싸움 때문이었을까.

D   그 날도 전날 밤에 있었던 사소한 말다툼 뒤라 서로 마음을 풀지 못한 채 남편은 휑하니 출근해 버렸다. 다른 날 같으면 출근하자마자 화

해 전화를 했을 텐데, 그 날은 그것도 없었다. 오후를 지나면서 칠월의 햇볕은 날을 세운 채 내리 꽂히고, 집안은 가마솥 속처럼 달아 올랐다. 창문을 활짝 열어 젖히고 베란다에 호수로 물을 솰솰 뿌려 보았지만 금세 말라 버리고 말았다. 임신 8개월째. 몸은 천근만근 무겁고 마음은 또 천근만근 서글펐다.

나는 열려 있는 베란다 문설주에 기대 섰다. 채소밭 너머로 복숭아 나무들이 눈에 들어왔다. 얼마 전만 해도 작고 푸른 복숭아가 올망졸망 달려 있었는데, 이제는 종이 봉지를 찢고 빨갛게 익은 복숭아가 빼꼼이 내다보고 있었다.

E 그런데 내 시야 속으로 어떤 움직임이 들어 온 것은 바로 그 때였다. 초등학교 상급학년쯤 되었을까. 빨간 티셔츠를 입은 남자 아이였다. 몸을 낮춰 앉은 걸음으로 복숭아 나무를 향해 가고 있었다. 그 아이를 보는 순간 내 가슴이 뛰기 시작했다. 나는 더욱 창 쪽에 바싹 기대서 아이를 주시했다. 숨을 죽인 채. 닥치는 대로 복숭아를 따던 아이가 복숭아 하나를 바지에 쓱 문지르더니 우접우접 먹고 있는 것이었다. 내 입에도 단물이 고였다. 침을 삼키는 소리가 너무 커서 내 자신이 깜짝 놀랄 정도였다. 금단의 열매 복숭아는 내 입안에서 몇 개째 씨가 발라졌다.

복숭아를 다 먹고 난 아이가 갑자기 엉덩이를 까고 일을 보는 것이 아닌가. 순간 내 뱃속도 이상해지는 것 같았다. 엉덩이를 깐 채 엉금엉금 앉은 걸음으로 가던 아이가 호박잎을 따서는 뒤를 닦는 것이었다. 나는 내가 몰래 훔쳐 보고 있다는 사실도 잊은 채 소리를 지를 뻔했다. 내 그런 처지를 알 턱이 없는 아이는 바지를 올리더니 재빠르게 복숭아 몇 개를 더 따 가지고는 오던 길을 따라 쏜살같이 달아났다. 무사히 밭을 빠져 나가는 것을 본 다음에야 나는 내 다리가 후들거린다는 것을 알았다. 그 자리에 주저앉아 버렸다.

F   한 편의 스릴 넘치는 영화를 감상하고 난 느낌이었다고나 할까. 내가 영화 한 컷을 찍은 느낌이었다고나 할까. 순간 그렇게 내리 쬐던 햇볕도 수그러든 것 같았다. 가마솥 속 같던 방안도 한결 시원해진 것 같았다. 내 입술에서는 나도 알 수 없는 웃음이 자꾸 피식피식 새어 나왔다. 좀전에 그렇게 서글펐던 마음도 맑게 개인 하늘이 되어 있었다.

G   퇴근한 남편에게 졸랐다. 저 밭 복숭아를 따 달라고 했다. 손오공의 괴력도 복숭아 먹고 얻은 것이고, 삼천갑자 동방삭도 복숭아를 먹고 삼천갑자나 산 것이라고 우겼다. 게다가 먹고 싶은 걸 먹지 못하면 애의 눈이 작아질지도 모른다고 협박까지 했다. 그런 나에게 밤이 깊으면 따다 준다고 했다. 그러나 밤이 깊으면 남편은 나보다 먼저 잠들어 버리는 것이었다.

H   며칠째 복숭아 타령을 했더니 남편이 집을 나갔다. 그가 돌아올 때까지 왜 내 가슴이 그렇게 콩당거리던지. 이윽고 남편이 봉지를 하나 들고 들어왔다. 그런데 남편이 들어오자 똥 냄새도 함께 따라 들어왔다. 그 아이가 배설한 것을 밟은 것이 틀림없었다. 나는 복숭아를 먹을 생각이 들지 않았다.

I   그러면서도 습관처럼 복숭아 밭을 내려다보며 침을 삼키는 것을 남편이 알았던지 며칠 후에 돌아온 남편 손에는 복숭아가 든 봉지가 들려 있었다. 저번처럼 변을 밟지 않으려고 조심했다는 말까지 덧붙였다. 진짜 맛있었다. 앉은 자리에서 3개나 먹었다.

J	문제는 그 복숭아를 먹고 나서였다. 죄의식이 수시로 나를 엄습해 오는 것이었다. 애를 가진 여자가 서리해 온 복숭아를 먹었다는 사실 때문인 것 같았다. 꿈을 꿔도 배 부른 여자가 복숭아 밭에 들어갔다가 나오지 못해서 쩔쩔 매는 꿈이었다. 결국 그 날 남편이 가져온 복숭아는 훔친 것이 아니라 가게에서 사 온 것이란 말을 듣고야 마음이 좀 놓이는 것이었다.

K	그런 일이 있고 며칠이 지나서였다. 밀짚모자를 눌러 쓴 복숭아 밭 임자가 나타났다. 창문 가까이 가지도 못하고 멀찍이서 그 모습을 보면서 침을 흘리고 있었다. 복숭아를 따고 있는 아저씨가 좀 야속하게 여겨졌다. 안 먹어도 좋으니 그대로 보기만 해도 좋을 것이란 생각 때문이었을까.

L	그 날 해거름이 되어서였다. 문밖에서 "새댁, 새댁!" 하고 부르는 소리가 났다. 나는 문을 열었다. 거기에는 복숭아밭 주인이 서 있었다. 손에 든 빨간 플라스틱 소쿠리에 털이 보송보송한 복숭아가 가득 들어 있었다. 밭을 일구다 허리를 펼 때마다 창가에 서 있곤 하던 내 배부른 모습을 본 것일까. 아니면 복숭아 서리를 해 먹고 싶어 했던 내 마음을 눈치라도 챈 것일까? 나는 소쿠리를 받으며 몇 번이나 고맙다고 머리를 주억거리었다.

수강생의 글

이 글의 핵심은 '빨간 티셔츠를 입은 남자애가 복숭아 서리를 하는 광경'을 묘사한 E문단이다. 이 사건을 경계로 해서 그 전과 그 후로 나뉜다. 따라서 E문단이 이 글의 정점이다. 정점이 전체 분량 중 중간에 위치하고 있기 때문에 후반부가 지루하게 느껴진다. '그림 1'과 같다.

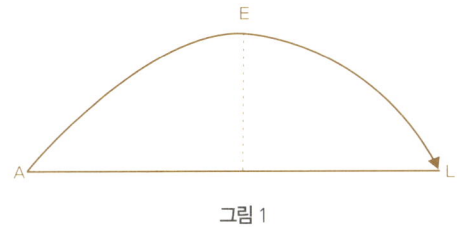

그림 1

미적 효과가 반감되고 말았다. 정점이 전체 분량의 2/3 내지 3/4 지점에 오도록 재구성해야 한다.

이 글은 문단의 선후를 바꿀 필요는 없다. 단지 제거의 원리에 의해서 비효율적인 문단을 제외시키면 된다. 이를 위해서는 두 가지 방법이 있다. 하나는 뒤에 오는 일곱 개의 문단 F, G, H, I, J, K, L 가운데 F, G문단만 남겨서 전체 글의 결미로 삼고, 나머지는 모두 제외시키는 방법이다. 한 편의 깔끔하고 인상적인 수필이 될 것이다. '그림 2'와 같다.

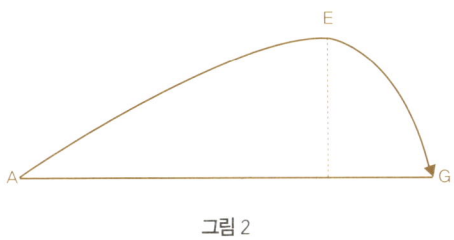

그림 2

둘째 방법은 세 개의 문단 H, I, J만 제외시키는 방법이다. 그림3과 같다.

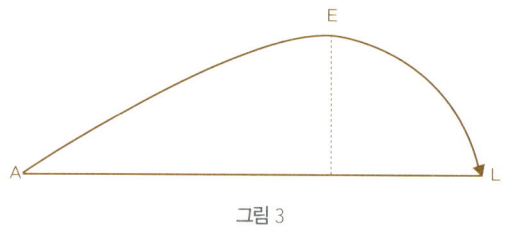

그림 3

첫 번째 경우보다 정점 E에서 내려오는 결미 부분이 완만한 것이 다른 점이다. 경험한 이야기라고 해서 모두 늘어 놓는 것은 어리석은 일이다. 이야기가 지루해지기 때문에 미적 효과를 기대할 수 없다. 과단성이 필요하다.

두 경우를 각각 비교하면서 어느 경우가 더 효과적일까 하는 문제를 생각해 보기 바란다.

(2) 단어, 문장 표현 차원의 퇴고

표현 차원에서의 퇴고는 단어의 선택이 적절했는가. 단어들의 서로 호응에 무리가 없는가. 상위 개념과 하위 개념이 체계적으로 잘 배열되었는가. 동일계통의 단어인가 아닌가 하는 점에 유의해야 한다.

문장의 퇴고에서는 주어와 서술어의 호응이 명료한가. 홑문장과 겹문장이 적절히 효과적으로 배열되었는가. 필요 없는 수식어구가 들어간 것은 아닌가. 하는 문제에 유념한다. 주어와 서술어의 호응이 불확실하거나 문법에 맞지 않으면 뜻이 모호해진다. 그리고 홑문장이든 겹문장이든 같은 길이의 문장이 계속되면 따분해진다. 홑문장과 겹문장이 적절히 교체되면서 이어져 나갈 때 문장이 리듬을 타게 된다. 리듬을 탄 문장은 유연하다. 낭창거리는 문장, 그것은 길고 짧은 문장의 적절한 배열에 의해 결정된다. 그러나 리듬에 너무 신경을 쓰면 뜻의 전달에 방해가 되는 경우도 있으니 유의할 일이다.

그리고 극적인 대목에서는 수식어가 많이 붙지 않은 홑문장이 효과적이다. 길게 늘어진 문장은 긴장감을 감소시킨다. 생생한 국면도 제시하지 못한다. 그리고 같은 어미의 반복도 될 수 있는 대로 피해야 한다. 특히 우리 말의 평서형 종결어미는 "~다"로 끝나기 때문에 어찌하다 보면 "다 다 다 다…."가 연발하게 되어 마치 기관총소리를 연상하게 된다. "~리라" 또는 "~일까" "~는가"와 같은 어미를 적절히 배치하여 변화를 주는 것이 좋다.

뿐만 아니라 서두의 첫 문장의 길이는 짧을수록 좋다. 첫 문장이 길어지면 처음부터 숨이 가쁘게 느껴진다. 문턱이 높은 상점에는 손님이 잘 들어가려고 들지 않는다. 쉽고 매력적인 문장으로 손님을 끌어서 쉽게 접근 가능하게 하는 것이 문장가가 갖추어야 할 친절이다. 필자가 조사한 통계에 의하면 좋은 수필의 60%가 서두의 첫 문장의 길이가 25자를 넘지 않았다.

"말을 버려라"

이것은 옛 선배들의 충고이다. 이 말의 뜻은 필요 없는 수식어의 남용은 뜻을 애매하게 하고 글의 생기를 떨어뜨린다는 이야기다. 초보자일수록 수식어를 많이 동원해야 대상의 특징을 잘 표현할 수 있다고 착각하기 쉽다. 하나의 피수식어에 세 가지 이상의 수식어가 오면 오히려 심상이 흐려진다. 앞에서도 말한 것처럼 세 가지 이상의 물감을 섞으면 색채가 탁해진다. 될 수 있는 한 수식어를 배제하는 훈련이 필요하다.

어조도 그렇다. 너무 강하면 독자가 질려 버린다. 문학은 연설문이 아니다. 아래로부터 오는 감동 즉 물감이 화선지에 번지듯이 스며드는 감동이 문학적 감동이다. 강렬하다 싶으면 한 옥타브를 낮추도록 하는 것이 효과적이다. 희곡 작가는 폭발을 통해 감동을 주고, 시인은 절규를 통해 감동을 주며, 수필가는 침묵을 통해 감동을 준다. 낮은 목소리로 속삭이는 것보다 더 설득력이 있는 것은 없다.

표현은 문채文彩를 내는 작업이다. 비단 무늬처럼 표현은 글에 아름다움을 준다. 비유에서 원관념과 보조 관념의 관계가 적절하고 효과적인가 하는 것에 유념해야 아름다운 글을 쓸 수 있다. 원관념과 보조관념이 어느 한 면에서만 유사해서는 안 된다. 형태만 아니라 색채와 향기까지 유사해야 한다. 대상의 모든 특징을 '통합적'으로 표현할 수 있는 보조관념을 찾는 데 아무리 많은 시간을 투자한다 해도 아깝지 않다는 것을 이해하는 것이 좋다.

다음 글은 필자가 1994년 잡지에 발표했던「달팽이」를 2000년에 단행본으로 내면서 다시 퇴고한 것의 전반부이다. 퇴고 전과 퇴고 후의 차이를 검토해 본다.

달팽이를 보고 있으면 걱정이 앞선다. 험한 세상 어찌 살까 싶어서 그렇다고

이다. 개미의 억센 턱도 없고 벌의 무서운 독침도 없다. 메뚜기나 방아

깨비처럼 힘센 다리를 가진 것도 아니다. 집이라도 한 칸 있으니 그나

마 다행이다 싶지만, 찬찬히 뜯어 보면 허술하기 이를 데 없다. 시늉만 해도 바스러질 것 것만 같은 투명한 껍데기. 속까지 비치는 실핏줄이 소녀의 목처럼 애처롭다.

달팽이는 뼈도 없다. 뼈가 없으니 힘이 없고 힘이 없으니 아무에게도 위협이 되지 못한다. 하물며 무슨 고집이 있으며 무슨 객적은 주장 같은 것이 있으랴. 그대로 '무골호인'이다. 여리디 여린 살 대신 굳게 쥔 주먹을 기대해 보지만 아무래도 무리인 것 같다.
그렇다고 감정마저 없다는 의미는 아니다. 민감하기로는 오히려 미모사 잎보다 더하다. 사소한 자극에도 목을 움츠리고 이마를 스치는 바람에도 고개를 숙인다. 비겁해서가 아니라, 예민해서요 수줍어서이다. 동물이라기에는 너무나 식물 같은 동물이다.

길을 잃은 것일까? 아니면 무엇을 찾고 있는 것일까? 달팽이는 언제나 긴 목을 뽑아들고 주위를 두리번거린다. 그러나 그의 이웃은 아무 데도 없다. 소라, 고동, 다슬기 같은 것들이 있긴 하지만 그들은 그의 이웃이 아니다. 아득히 먼 물나라의 시민들이다.

모든 생물이 다 그러하듯 달팽이의 고향도 바다였던 때가 있었다. 그런데 어느 날 먼 조상들 중 유달리 호기심이 많은 하나가 처음으로

뭍으로 올라왔다가 그만 돌아갈 길을 잃어 버리고 말았다. 물 달팽이
                     →고
가 뭍에 사는 달팽이로 바뀌는 슬픈 역사가 그렇게 해서 시작된 것이다.
    →육지에   →기구한
    잃어버린 고향에 대한 그리움 때문일까? 육지에 사는 달팽이의 목
과 눈은 물에 사는 달팽이의 그것보다 훨씬 길고 가늘다. 슬픔도 유전
한다는 말이 있다. 수많은 세월이 흐르고 흘렀는데도 달팽이는 조상들
 →내림이라.
의 슬픔에서 벗어날 수 없는 것이다. 어쩔 수 없는 영원한 실향민의 후
             →으로부터 자유로울   →모양
예. 해서 달팽이는 나면서부터 외로움을 탄다. 외롭다 못해 때로는 길
                         →언제나
가에 구르는 작은 돌멩이라도 품어 주고 싶다.

    어디 좋은 친구 하나 없을까?
달팽이는 개구리에게 다가가 본다.
    개구리는 달팽이처럼 습지를 좋아하니 벗이 되어 줄 법도 하다. 하
                                    →한 일이
지만 그들은 너무 크고 또 너무 빠르다. 벌이나 매미는 어떨까? 그들
                  도무지 따라잡을 수가 없다. 부지런한 것은 더없이 좋지만
은 이기적인데다가 배타적이기까지 하다. 제 동족 외에는 모두 자기들
                          →인 것이 좀 마음에 걸린다. →이 아니면
의 먹이 정도로밖에 생각하지 않으니 탈이다.
                  →말
    시인이 죽으면 나비가 된다는 말이 있다.
              나비가 죽으면 무엇이 될까. 아니, 달팽이가 죽으면 무엇이 될까.

    전체적으로 퇴고 전보다 수식어 같은 것들이 많이 제거되었음을 알

수 있다. 삭제하거나 다른 말로 바꾼 전 과정을 일일이 설명하는 것은 번거로운 일이라 생각되어 이 정도에서 멈춘다. 거듭 읽으면서 퇴고 전과 퇴고 후의 차이를 이해하기 바란다.

앞에서도 말한 것처럼 누구나 글은 다듬는다. 초고 상태를 그대로 발표하는 일은 없다. 다만 적게 다듬는가 아니면 많이 다듬는가 하는 차이가 있을 뿐이다. 덜 다듬은 글은 덜 다듬은 조각처럼 거칠고 조잡하다. 글은 그렇다고 너무 많이 다듬으면 선도鮮度가 떨어진다. 다듬되 선도가 떨어지지 않게 하는 것이 중요하다. '지금이다' 하는 순간 멈출 줄 아는 절제와 용기가 필요하다.

두보杜甫는 퇴고를 많이 한 시인이었다. 그가 말한다.

"語不驚人이면 死不休라."

"내 시가 남을 감동시키지 못한다면 죽어서도 쉬지 않으리라."
천 년이 지난 지금도 그의 결의는 검광처럼 서슬이 시퍼렇다.

■ 참고 문헌

1. 김남조 외 4인 편, 『한국 대표 수필 문학 전집』(전12권), 을유문화사, 1975.
2. 서거정 편, 『동문선』(전12권), 민문고, 1989.
3. 손광성 편, 『한국의 명수필』(1, 2), 을유문화사, 2006.
4. 손광성 외 2인 편역, 『아름다운 우리 고전 수필』, 을유문화사, 2006.
5. 최승범, 『수필의 ABC』, 형설출판사, 1965.
6. 이대규, 『수필의 해석』, 신구문화사, 1996.
7. 오한진, 『독일 에세이론』, 한울림, 1998.
8. 권호, 『고전수필 개론』, 동문선, 1998.
9. 정진권, 『수필 쓰기 이론』, 학지사, 2000.
10. 박양근, 『좋은 수필 창작론』, 수필과 비평사, 2004.
11. 김진악, 『한국 수필의 표정』, 지식더미, 2007.
12. 박항식, 『수사학』, 현대문학사, 1976.
13. 이대규, 『수사학』, 신구문화사, 1998.
14. 정희모·이재성, 『글쓰기 전략』, 들녘. 2005.
15. 이상섭, 『문학비평용어사전』, 민음사, 2001.
16. 오규원, 『현대시작법』, 문학과 지성사, 1998.
17. 이지엽, 『현대시 창작 강의』, 고요아침, 2006.
18. 이승훈, 『시작법』, 문학과 비평사, 1989.
19. 김태형·정희성, 『현대시의 이해와 감상』, 문원각, 1994.
20. 정한숙, 『소설 기술론』, 고려대학교 출판부, 2000.

21. 이재선, 『한국 단편소설 연구』, 일조각, 1997.

22. 한용한, 『소설학 사전』, 고려원, 1992.

23. 아리스토텔레스, 천병희, 『시학』, 문예출판사, 2000.

24. E. M 포스터, 이성호, 『소설의 이해』, 문예출판사, 2000.

25. 게오르그 루키치, 반성완, 『루카치 소설의 이론』, 심설당, 1998.

26. Terence Hawkes, 심명호, 『은유』, 서울대학교 출판부, 1986.

27. Peter Dixon, 강대건, 『수사법』, 서울대학교 출판부, 1987.

28. Arther Pollard, 송낙헌, 『풍자』, 서울대학교 출판부, 1986.

29. D.C Muecke, 문상득, 『아이러니』, 서울대학교 출판부, 1986.

30. 아르쌘·다르매스뜨때애르, 최석규, 『단어의 생태』, 문교부, 1963.

31. 김인식, 『이미지와 글쓰기, 롤랑 바르트의 이미지론』, 세계사, 2000.

32. 르네 웰렉·오스틴 워렌, 이경수, 『문학의 이론』, 문예출판사, 2002.

33. 나탈리 골드버그, 권진욱, 『뼛속까지 내려가서 써라 II』, 한문화, 2006.

34. 바바라 애버크롬비, 이민주, 『글 잘 쓰는 기술』, 브리즈, 2008.

35. Roger Lewis, *How to Write Essays*, Heinamann Educational Books Ltd, 1982.

36. M. H. Abrams, *A Glossary of Literary Terms*, Thomson, 2004.

■ 논문

1. 안성수, 「소설 서사와 수필 서사의 시학적 거리」, 〈에세이문학〉 95호, 2006.
2. 안성수, 「수필의 구성 미학」, 〈수필학〉 제8집, 2001.
3. 정주환, 「수필문학 명칭 형성과 고찰」, 〈수필학〉 제11집, 2003.